D1983522

Kristiane Müller-Urban

Die schönsten Vornamen aus aller Welt

Kristiane Müller-Urban

Die schönsten Vornamen aus aller Welt

mit Illustrationen von
Anja Güthoff

Weltbild

Das Werk einschließlich aller Texte ist urheberrechtlich geschützt. Jede Verwertung außerhalb des Urhebergesetzes ist ohne Zustimmung des Verlages unzulässig und strafbar. Das gilt insbesondere für Vervielfältigungen, Übersetzungen, Mikroverfilmungen und die Einspeicherung und Verarbeitung in elektronischen Systemen.

Der Text dieses Buches folgt den neuen Regeln der deutschen Rechtschreibung.

© 1998 by Weltbild Verlag GmbH, Augsburg
Koordination und Redaktion:
AMS Autoren- und Medienservice, Reute
Illustrationen, Einbandentwurf, Layout und Satz: Anja Güthoff, Augsburg
Druck und Bindung: Offizin Andersen Nexö – ein Betrieb der INTERDRUCK graphischer Großbetrieb GmbH, Leipzig

Printed in Germany

ISBN 3-89604-379-X

INHALT

VORWORT

Wie soll unser Kind heißen?

Wenn Sie dieses Buch in Händen halten, werden Sie sich wahrscheinlich schon bald über Ihr Baby freuen können. Also ist es höchste Zeit, sich Gedanken über den richtigen Namen zu machen. Der Name begleitet einen Menschen sein ganzes Leben, deshalb sollte er mit Sorgfalt und Liebe ausgewählt werden.

Jeder Mensch hat das Recht auf einen oder mehrere Vornamen. Sobald das kleine Kind das Licht der Welt erblickt hat, müssen Sie beim Standesamt den oder die Vornamen registrieren lassen. Von der Zeugung bis zur Geburt bleibt Ihnen genug Zeit, sich den schönsten Namen für Ihr Kind auszusuchen. Da heute das Geschlecht des Kindes oft lange vor der Geburt festgestellt werden kann, wissen Sie vielleicht frühzeitig, ob Sie einen Mädchen- oder Jungennamen auswählen müssen. Damit Sie zielgerichtet suchen können, ist dieses Buch in zwei Teile gegliedert: vorne finden Sie die Mädchen-, ab Seite 113 die Jungennamen.

Rund 10.000 Vornamen für Mädchen und Jungen sind bekannt. Für all jene, die sich nicht für den Namen von Verwandten, Paten oder Freunden entscheiden, haben wir in diesem Buch über 2.000 der schönsten und interessantesten Namen zusammengetragen, kurz die Herkunft und Bedeutung erklärt, bekannte Namensträger aus Kultur und Politik aufgeführt und die Namenstage dazugesetzt. Bewusst haben wir auf alte deutsche Namen wie Adalger, Efrun, Hugbert usw. verzichtet, die heute ungebräuchlich sind und als Exoten gelten können. Nicht aber auf traditionsreiche Vornamen wie Fritz, Heinrich, Lothar, Oskar, Wilhelm, Annemarie, Elisabeth, Katharina, Paula und viele andere, die gegenwärtig bei jungen Eltern wieder sehr beliebt sind.

Damit es bei der Eintragung des Namens beim Standesamt nicht zu unliebsamen Überraschungen kommt (nicht alles, was Eltern gefällt, ist nämlich als Name zugelassen), sollten Sie unbedingt die Einführung durchlesen und erst dann nach einem passenden und ansprechenden Namen in diesem Buch Ausschau halten.

Aber nicht nur an junge Eltern wendet sich dieses Buch. Natürlich können Sie hier auch erfahren, was es mit Ihrem eigenen Namen auf sich hat, woher er kommt, was er bedeutet und welche berühmte Persönlichkeit denselben Namen trägt.

Die Autorin und der Verlag wünschen Ihnen viel Spaß beim Lesen. Wir sind sicher, hier werden Sie einen wirklich schönen Namen für den neuen kleinen Erdenbürger finden und darüber hinaus viel Interessantes über die Geschichte und Bedeutung von Vornamen erfahren.

Die Geschichte der Vornamen

Vor langen Zeiten brauchten die wenigen Menschen bei uns nur einen Namen, mit dem sie gerufen wurden. Zu Verwechslungen konnte es aufgrund der geringen Population kaum kommen. Germanische Namen waren einstämmig, Beispiele: Ernst, Karl, Otto, Emma und Berta. Im Laufe der Zeit setzten sich zweistämmige Namen durch, Beispiele: Adalgunde (*adal* = edel, vornehm, *gund* = Kampf) und Eckehard (*ecka* = Schwertspitze, *harti* = hart, kräftig). Die Bedeutung der Namen ging mit der Zeit verloren, weil es üblich wurde, einen Teil des Vaternamens mit einem Teil des Mutternamens zu verbinden. Die Eltern Hildegard und German konnten ihren Sohn Hildeger oder Hildmann nennen. So entstanden immer neue Namen und damit veränderte sich auch der Sinn der Vornamen, sodass die Bedeutung, so wie wir sie heute verstehen, eine ganz andere gewesen sein mag. Der Wortstamm *Fried* (Friedhelm, Friederun), den wir mit Friede gleichsetzen, bedeutete im Altdeutschen *eingefriedet* und – um noch ein Beispiel zu nennen – der Wortstamm *hart* (Eberhard, Gerhard) bedeutete ursprünglich *Hass, Wut.*

Die meisten Eltern wählen den Namen für ihr Kind auch nicht nach der Bedeutung aus. Ausschlaggebend ist der Klang und die Begeisterung für moderne oder traditionelle Namen oder für eine berühmte Persönlichkeit dieses Namens. Wie vielfältig die Vorstellungen im Zusammenhang mit einem Vornamen sein können, sei am Beispiel des biblischen Namens Elisabeth aufgezeigt: Elisabeth war die Mutter Johannes des Täufers; ihre Verehrung trug ebenso zur Verbreitung des Namens im Laufe der Jahrhunderte bei wie die Verehrung der heiligen Elisabeth von Thüringen aus dem 13. Jahrhundert. Andere bekannte Namensträgerinnen sind aus England Königin Elisabeth I. (17.Jahrhundert), Elisabeth II. (20. Jahrhundert), aus Österreich und Ungarn Königin Elisabeth, genannt Sissi (19. Jahrhundert) und aus Russland Elisabeth Petrowna (18. Jahrhundert). Darüber hinaus tragen zahlreiche Künstlerinnen diesen Namen. Nach welchem Vorbild die Eltern den Namen Elisabeth für ihr Mädchen auswählen, mag unterschiedlich sein, sicher jedoch nicht nach der Bedeutung des Namens, nämlich *Gott ist Vollkommenheit.*

Auf der anderen Seite kennen wir Vornamen, die uns zumindest mit einem Wortstamm verständlich erscheinen, Beispiele: Eberhard, Siegfried, Hartmut, Friederun, Edelgard, aber auch Amandus (der Liebenswerte), Benedikt (der Gesegnete), Sönke (Söhnchen), Felicitas (die Glückliche). In diesen Fällen mag die Bedeutung des Namens ausschlaggebend sein.

Die Vornamen im Wandel der Zeit

Germanische Namen waren bis etwa zum 12. Jahrhundert bei uns vorherrschend. Erst als Herrscher sich Prinzessinnen aus anderen Ländern zur Frau nahmen, wurden ausländische Namen bekannt, die später auch vom Volk übernommen wurden. Mit dem Aufkommen der Heiligenverehrung nach dem 12. Jahrhundert erhielt fast jedes Kind den Namen eines Heiligen. Bis zum 16. Jahrhundert gab es neben den Heiligennamen auch starke Einflüsse aus dem europäischen Ausland.

Von großer Bedeutung waren zu jeder Zeit die Namen der Herrscher, wie Karl, Hermann, Otto, Wilhelm und andere. Es folgte eine Zeit, in der die Gebildeten Vornamen aus Literatur, Oper und Operette wählten, bis auch diese volkstümlich wurden. Um die Jahrhundertwende wurden Namen aus dem nordischen Sprachraum beliebt. Es folgten einige Jahrzehnte, in denen alte deutsche Namen bevorzugt wurden. Heute besitzen wir einen großen internationalen Namensschatz, der wie zu allen Zeiten Modeströmungen folgt. Was gestern als altmodisch angesehen wurde, gilt heute als schick und modern.

Motive der Namensgebung

Manche Paare wählen für ihr Kind den Namen von Verwandten, Paten, Freunden oder Heiligen. Andere wählen den Namen ihres Lieblingshelden aus Literatur, Theater oder Film oder sie entscheiden sich für den Namen eines verehrten Politikers, Schauspielers oder Sängers. Manche Eltern begeistern sich für ausgefallene ausländische Namen, weil sie besonders exotisch klingen. Dafür sollten sich Paare jedoch nur entscheiden, wenn die Familie einen Bezug zu diesem Land oder dem Namen besitzt, wenn beispielsweise Großeltern oder ein Elternteil aus dem Land stammen. Eleftherios Richter mag den deutschsprachigen Eltern gefallen, aber wie wollen sie ihrem Kind später den griechischen Vornamen erklären?

Es gibt Eltern, die sind mit Pumuckl, dem kleinen Rotschopf aus der gleichnamigen Fernsehsendung, groß geworden und wollen nun ihrem Kind diesen Namen mit auf den Lebensweg geben. Seit einigen Jahren ist Pumuckl als männlicher Vorname zugelassen. Aber welche Last kann es für ein Kind und für den Erwachsenen später sein, diesen Namen zu tragen und den Spott der Mitmenschen ertragen zu müssen.

Seit 1997 ist in Deutschland der Name Geronimo, wie der große Häuptling der Apachen hieß, zugelassen. Doch nur wer eine innige und echte Beziehung zu den Indianern Nordamerikas hat, sollte diesen Namen wählen. Genauso verhält es sich mit asiatischen und türkischen Vornamen. Andererseits sind im Zuge der Internationalisierung englische, italienische, französische, spanische, osteuropäische und nordeuropäische Vornamen wie Kevin, Carlotta, Claude, Roberto, Pavel und Nils durchaus modern und statthaft.

Wie finde ich den richtigen Namen für mein Kind?

Der Name des Kindes muss zuerst den Eltern gefallen. Ob Ihr Kind mit Ihrer Wahl später einverstanden ist, wird sich zeigen. Aber die meisten Menschen haben mit ihrem Namen keine Schwierigkeiten, wenn er mit Bedacht gewählt wurde.

Mütter und Väter sollten auch den Klang des Vor- und Zunamens berücksichtigen. Hans Krauss und Dörte Dörr klingen unschön, gefälliger klingen Dietrich Krauss und Annegret Dörr. Weniger wohlklingend sind auch einsilbige Vor- und Nachnamen wie Fritz Bahr. Zu ein- und zweisilbigen Vornamen passen am besten zwei- und mehrsilbige Familiennamen, Beispiel: Hanna Müller, Klaus Meyerbeer. Wählen Sie bei drei- und mehrsilbigen Familiennamen keine zu langen Vornamen, weil das doch recht umständlich klingt, Beispiel: Anna-Carina Attmannsdörfer.

Familien mit Allerweltsnamen wie Meyer, Müller, Schmidt, Schulze u. a. sei empfohlen, ihren Kindern einen ausgefallenen Vornamen zu geben, der ihre Individualität unterstreicht, Beispiele: Hans Meyer, Karl Müller, Renate Schmidt und Emma Schulze finden wir häufig in den Telefonbüchern großer Städte aufgeführt. Aber nach Maximilian Meyer, German Müller, Morgana Schmidt und Abigail Schulze wird man lange suchen müssen.

Bei der Namenswahl sollten die Eltern auch bedenken, was aus einem längeren Namen entstehen kann. Gerade im Kindergarten und in der Schule werden die Kinder nicht Katharina, Charlotte oder Maximilian gerufen, sondern Katie, Lotti oder Maxi. Wer Wert darauf legt, dass sein Kind bei seinem richtigen Namen genannt wird, sollte sich für kurze Namen wie Hanna, Ines, Marko oder Peter entscheiden.

Wer für sein Kind einen Namen wählt, der zum Zeitpunkt der Geburt aktuell und in aller Munde ist, sollte bedenken, dass andere Eltern genauso vorgehen könnten. Im Kindergarten und in der Schulklasse heißen dann womöglich drei Mädchen Marie oder Julia und bei der Nennung von Kevin oder Lukas fühlen sich gleich mehrere Kinder angesprochen. Zur besseren Unterscheidung heißt es dann: die dicke Marie und die rote Marie, Julia eins und Julia zwei usw. Ich kenne eine junge Frau, die seit ihrer Schulzeit die kleine Susanne heißt, während ihre Freundin die große Susanne gerufen wird – und das 12 Jahre nach dem Schulabgang. Um Ihr Kind vor solchen Verballhornungen zu bewahren, sollten sie die Listen mit den häufigsten Vornamen der Jahre 1994 bis 1996 lesen (ab Seite 14).

Wenn Eltern den Namen einer berühmten Persönlichkeit oder einen Namen aus Literatur, Theater oder Musik wählen, sollten sie bedenken, dass dieser Name dann auf immer mit dieser Persönlichkeit verbunden sein wird. Bei

Wilhelm denkt zwar nicht jeder an Wilhelm Tell, wer aber sein Mädchen Montserrat nennt, muss damit rechnen, dass es wahrscheinlich zeitlebens auf die große Sängerin Montserrat Caballé angesprochen wird. Wie unpassend kann sich im späteren Leben auch der Name Carmen für ein kleines, rotblondes und schüchterndes Mädchen erweisen.

Trotz der zahlreichen Möglichkeiten wählen manche Paare einen Fantasienamen für ihr Kind aus. Wer seinen Jungen Jeremy Blue nennen möchte, wird beim Standesamt erfahren, dass der erste Name eingetragen wird, aber nicht der zweite, weil Blue kein Vorname ist.

Wenn Sie sich für einen Namen entschieden haben, den der Standesbeamte nicht eintragen will, dann können Sie sich schriftlich an die Gesellschaft für deutsche Sprache, Spiegelgasse 11, D-65183 Wiesbaden wenden. Dort wird man prüfen, ob der von Ihnen gewählte Vorname in Deutschland verwendet werden kann.

Einer oder mehrere Vornamen?

Sie können Ihrem Kind einen oder mehrere Vornamen geben. Wer einen besonders geliebten Menschen ehren möchte, wählt für sein Kind den Namen von Verwandten, Paten oder Freunden. Ein derart geehrter Mensch wird den jungen Menschen, der seinen Namen trägt, sicherlich viele Jahre mit Liebe und Wohlwollen bedenken. Bei mehreren Vornamen ist es möglich, sich als Erwachsener einen anderen Rufnamen zu wählen, falls der eigene gar nicht gefallen sollte. Ein zweiter Vorname kann die Namenswahl auch erleichtern, falls man sich zwischen zwei Namen nicht entscheiden kann.

Mehr als drei Vornamen sind nicht sinnvoll; sie machen es dem Erwachsenen später besonders bei Behörden schwer. *Eberhard Manfred Gerhard Helmut Witzenhausen* findet keinen Raum in Formularen und Ausweisen.

Schreibweisen der Vornamen

Bei zahlreichen Vornamen lässt die Rechtschreibung mehrere Möglichkeiten zu. Namen wie Cornelius, Claus, Carola, Marco können auch mit k, Namen wie Gerhard, Eberhard und Waltraud können auch mit t, aber nicht mit th geschrieben werden. Möglich sind auch folgende Schreibweisen: Hanna und Hannah, Rut und Ruth, Grete und Grethe, Tillmann und Tilman, Ulrich und Ullrich, Tim und Timm. Vornamen, die aus dem Griechischen übernommen wurden wie Stephan, Christoph, Sophie, Joseph und Raphael können auch eingedeutscht mit f geschrieben werden. Obwohl Sibylle die historisch exakte Schreibweise ist, hat es sich doch eingebürgert, den Namen auch Sybille zu schreiben.

Nicht eingetragen werden von den Standesämtern Namen in falscher Schreibweise. So wollte eine deutsche Mutter vor einigen Jahren ihre Tochter Schanina nennen, was natürlich abgelehnt wurde, weil die richtige Schreibweise in der Landessprache Janina ist. Bei Zweifeln empfiehlt es sich, bei der Botschaft des entsprechenden Landes nach der exakten Schreibweise zu fragen. Auch die Eltern, die den Namen ihres Sohnes Christophpher schreiben wollten, wurden abgewiesen.

Bei der Schreibweise des Namens sollten Eltern auch bedenken, dass es später von Vorteil ist, wenn ein Name so einfach wie möglich geschrieben wird. Ein Hellmuth muss später jedes Mal, wenn er seinen Namen angibt, erklären: *Hellmuth, mit Doppel-l und th.*

Rechtliche Bestimmungen

Die Namensgebung, Eintragung und Rechtschreibung sind in Deutschland, Österreich und in der Schweiz beinahe identisch.

Der Gesetzgeber verlangt, dass aus dem Namen eindeutig das Geschlecht des Kindes hervorgeht. Es gibt jedoch einige Namen wie beispielsweise Alex (= Alexander, Alexandra), Andrea (= Andreas), Claude (= Claudius, Claudia), Dominique (= Dominik, Dominika), Gabriele (= Gabriel), Jean (= Johannes, Johanna), Kai/Kay, Kersten/Kirsten (= Karsten), Patrice (= Patrick, Patricia) und Sascha, die sowohl als weiblicher wie als männlicher Vorname gelten. In einem solchen Fall ist in Deutschland, Österreich und in der Schweiz ein zwei-

ter, eindeutig weiblicher oder männlicher Vorname vorgeschrieben, Beispiel: Kay Zora oder Kai Uwe.

Der Gesetzgeber und der gute Geschmack verbieten es, dem Kind einen verunglimpfenden oder lächerlichen Namen zu geben. Teddybär, Meeresbrise, Gummibärchen und Moppelchen sind selbstredend verboten. Aber auch so hübsche Bezeichnungen wie Tausendschön, Rosenrot und Schneewittchen, Prinzchen, Freitag und Herzbube sind nicht als Vornamen zugelassen, ebenso wenig geographische Bezeichnungen wie Adria, Anden oder Jenissej. Zum Wohl des Kindes sind auch negativ behaftete biblische Namen wie Judas, Kain und Satan nicht als Vornamen erlaubt.

Der weibliche Vorname Maria ist als zweiter Name bei Jungen zugelassen, Beispiel: Rainer Maria Rilke. Jesus und Christus sind in Deutschland als Vorname nicht erlaubt, wohl aber in einigen romanischen Ländern.

Kosenamen wie Gaby, Tommy und Rudi für Gabriele, Thomas und Rudolf sollten möglichst nicht eingetragen werden. Bei manchen Standesämtern besteht man auch auf der Ausschreibung des vollen Namens. Die Eltern können ihr Kind selbstverständlich mit dem Kosenamen rufen.

Die Namenstage

Vor allem in katholischen Regionen ist es eine alte Tradition, Kindern die Namen von Heiligen zu geben. Für den Täufling soll der Schutzpatron sein ganzes Leben als frommes und gottesfürchtiges Vorbild gelten. Der Jahrestag des Schutzheiligen ist in der Regel nicht sein Geburtstag, sondern sein Todestag oder der Tag, an dem er heilig gesprochen wurde. Dieser Tag wird bei den Mitgliedern der römisch-katholischen Kirche zusammen mit den Eltern und besonders den Taufpaten als besonderer Ehrentag begangen, manchmal sogar anstelle des Geburtstages.

Die Namenstage in diesem Buch wurden ausgewählt aus dem *Regionalkalender für den deutschen Sprachgebrauch,* dem *Neuen römischen Generalkalender,* dem *Eigenkalender deutschsprachiger Bistümer, Klöster und Ordensgemeinschaften* sowie aus dem *Großen Namenstagkalender* (Herausgegeben von Jakob Torig, Benziger/Herder, 3. Auflage). Darüber hinaus besitzt jede Diözese und jede Ordensgemeinschaft eigene Heiligenfeste.

Die zehn beliebtesten Vornamen von 1994 bis 1996

Alte Bundesländer, Jungen (1994)

1. Alexander
2. Daniel
3. Maximilian
4. Christian
5. Lukas
6. Tobias
7. Kevin
8. Marcel
9. Philipp
10. Sebastian

Alte Bundesländer, Mädchen (1994)

1. Julia
2. Katharina
3. Maria
4. Laura
5. Anna
6. Lisa
7. Sarah
8. Vanessa
9. Jessica
10. Franziska

Neue Bundesländer, Jungen (1994)

1. Philipp
2. Maximilian
3. Paul
4. Kevin
5. Sebastian
6. Florian
7. Felix
8. Tobias
9. Max
10. Alexander

Neue Bundesländer, Mädchen (1994)

1. Lisa
2. Maria
3. Julia
4. Anna, Anne
5. Sarah
6. Franziska
7. Jessica
8. Sophie
9. Laura
10. Jennifer

Alte Bundesländer, Jungen (1995)

1. Alexander
2. Maximilian
3. Daniel
4. Lukas
5. Philipp
6. Christian
7. Marcel
8. Michael
9. Tobias
10. Dominik

Alte Bundesländer, Mädchen (1995)

1. Maria
2. Katharina
3. Laura
4. Julia
5. Lisa
6. Sarah
7. Marie
8. Sophie
9. Anna, Anne
10. Vanessa

Neue Bundesländer, Jungen (1995)

1. Maximilian
2. Philipp
3. Florian
4. Felix
5. Paul
6. Lukas
7. Alexander
8. Sebastian
9. Kevin
10. Tobias

Neue Bundesländer, Mädchen (1995)

1. Maria
2. Lisa
3. Laura
4. Julia
5. Anna, Anne
6. Sophia
7. Sarah
8. Jessica
9. Franziska
10. Jennifer

Alte Bundesländer, Jungen (1996)

1. Alexander
2. Lukas
3. Maximilian
4. Daniel
5. Michael
6. Christian
7. Philipp
8. Marcel
9. Jan
10. Tobias

Alte Bundesländer, Mädchen (1996)

1. Maria
2. Julia
3. Katharina
4. Anna, Anne
5. Laura
6. Marie
7. Sophie
8. Lisa
9. Sarah
10. Lena

Neue Bundesländer, Jungen (1996)

1. Maximilian
2. Lukas
3. Philipp
4. Florian
5. Kevin
6. Max
7. Felix
8. Paul
9. Tom
10. Erik

Neue Bundesländer, Mädchen (1996)

1. Maria
2. Lisa
3. Laura
4. Anna, Anne
5. Sophia
6. Julia
7. Sarah
8. Michelle
9. Vanessa
10. Jessica

Quelle:
Der Sprachdienst, Wiesbaden 1997

Adelgunde
Ein alter deutscher Name, der so viel bedeutet wie *edle Kämpferin.* Die heilige Adelgunde (gest. um 695) ist die Schutzpatronin gegen Augenleiden, Krebs und Kinderkrankheiten. Andere Formen sind Adelgund, Gunda, Gundel und Gundala. Namenstag 30. Januar

Abigail
Der Name kommt aus dem Hebräischen und bedeutet so viel wie *Vaterfreuden.* Wir kennen Abigail aus dem Schauspiel *Hexenjagd* von Arthur Miller (*1915).

Ada
Kurzform von Adelheid.

Adela
Ebenso eine Kurzform von Adelheid, auch Adele geschrieben. Der Name fand eine gewisse Verbreitung durch die Verehrung der heiligen Adela (gest. um 734), die ein Nonnenstift bei Trier gründete. Namenstag 24. Dezember

Adelaide
Französische Form von Adelheid.

Adele
Eine andere Schreibweise von Adela (= Adelheid). Wir kennen die Figur der zimperlichen Jungfer Adele von Wilhelm Busch (1832–1908). Bekannte Namensträgerin ist die deutsche Schauspielerin Adele Sandrock (1864–1937).

Adelheid
Dieser Name stammt aus dem Althochdeutschen und bedeutet so viel wie *edles Wesen.* Im Mittelalter war Adelheid ein beliebter Adelsname. Im 18. Jh. fanden wir den Namen Adelheid ebenso wie den männlichen Vornamen Adalbert bevorzugt in Ritterdramen. Zur gleichen Zeit bürgerte sich in Deutschland Adelaide, die französische Form, ein. Adelheid von Sachsen-Meiningen, Frau des britischen Königs Wilhelm IV. (Regierungszeit 1830–1837), ist die Namenspatronin der südaustralischen Stadt Adelaide, 1836 gegründet. Andere Formen sind Ada, Adela/Adele, Adelaide, Alice, Elke, Heide und Heidi. Bekannte Namensträgerin ist die heilige deutsche Kaiserin Adelheid (um 931–999).
Namenstage 5. Februar, 11. Juni, 16. Dezember

Adelinde
Ein alter deutscher Name, dessen erste Silbe *vornehm, edel* bedeutet und die zweite Silbe *Lindenholzschild.* Eine andere Schreibweise ist Adelind.
Namenstag 28. August

Adelmut
Der Name kommt aus dem Althochdeutschen, die erste Silbe bedeutet *vornehm, edel* und die zweite Silbe *von edlem Sinn.* Eine andere Form ist Almut/Almuth.

Adeltraud
Ein alter deutscher Name, dessen erste Silbe *edel, vornehm* bedeutet und die zweite Silbe *Stärke.* Andere Formen sind Adeltraut, Audrey und Edeltraud/Edeltraut.
Namenstag 25. Februar

Adolfa
Die weibliche Form von Adolf. Eine andere Form ist Adolfine.

Adolfine
Andere Form von Adolfa.

Adriane
Die weibliche Form von Adrian. Andere Formen sind Adriana, Adrienne, Aria.
Namenstag 2. August

Aenna
Eine Nebenform von Anna, auch Änna geschrieben.

Aenne
Andere Form von Änne (= Anna), auch Änne geschrieben.

Afra
Der Name hat lateinischen Ursprung und bedeutet so viel wie *die Afrikanerin.* Der Name fand eine gewisse Verbreitung durch die Verehrung der heiligen Afra (gest. um 304). Aufgrund einer Legende gilt Afra als Schutzpatronin gefallener Mädchen. Wir kennen die Titelheldin gleichen Namens aus dem Roman *Afra* von Eva Demski (*1944).
Namenstag 7. August

Agascha
Russische Form von Agatha.

Agatha
Der Name ist ursprünglich griechisch und bedeutet so viel wie *die Gute.* Die Legende berichtet, dass die heilige Agatha (gest. 251) mit ihrem Schleier den glühenden Lavastrom des Ätna aufhielt und so Catania vor der Zerstörung rettete. Die heilige Agatha ist Beschützerin vor Feuergefahr und gilt als Schutzpatronin der Erzgießer und Hochofenarbeiter. Bekannte Namensträgerin ist die englische Kriminalschriftstellerin Agatha Christie (1890–1976).
Namenstag 5. Februar

Agathe
Eine andere Form von Agatha. Wir kennen die Figur der Agathe aus der Oper *Der Freischütz* von Karl Maria von Weber (1786–1826).

Agda
Schwedische Form von Agatha.

Agia
Die Herkunft und Bedeutung des Namens sind bisher unbekannt. Eine ande-

re gebräuchliche Form dieses klangvollen Namens ist Aya.
Namenstag 18. April

Aglaia
Der Name kommt aus dem Griechischen und bedeutet so viel wie *Pracht, Glanz.*

Agnes
Der Name stammt ebenfalls aus dem Griechischen und bedeutet so viel wie *keusch, rein.* Der Name fand eine weite Verbreitung durch die Verehrung der heiligen Agnes aus dem 3. Jh., die 13-jährig in Rom den Märtyrertod fand. Daher gilt sie als Schutzpatronin der Kinder und Jungfrauen. Wenn heiratslustige Jungfrauen am Agnestag fasten, sollen sie in der folgenden Nacht ihren Zukünftigen erblicken können. Das Schicksal der bayerischen Bürgertochter Agnes Bernauer, der Geliebten des Herzogs Albrecht III., die 1435 von dessen Vater ertränkt wurde, ist mehrfach literarisch verarbeitet worden. Andere Formen sind Agneta, Ines und Nesi. Bekannte Namensträgerinnen sind die deutsche Balladendichterin Agnes Miegel (1879–1964) und die deutsche Schauspielerin Agnes Fink (1919–1994).
Namenstage 21. Januar, 2. März

Alena
Kurzform von Magdalena.

Alessandra
Italienische Form von Alexandra. Die Kurzform ist Sandra.

Alex
Kurzform von Alexandra.
Namenstag 17. Juli

Alexandra
Die weibliche Form von Alexander. Dieser Name wurde erst im 19. Jh. aus dem männlichen Namen Alexander gebildet. Andere Formen sind Alessandra, Alex, Alice, Sacha, Sandra, Sandy, Sanja, Sascha und Xandra. Bekannte Namensträgerinnen sind die deutsche Fürstin Alexandra (1872–1918), Frau des letzten russischen Zaren Nikolaus II. Alexandrowitsch (1868–1918), die zusammen mit ihrer Familie ermordet wurde, und die österreichische Schlagersängerin Alexandra Sükar (*1981), berühmt geworden mit dem Titel *Komm setz di auf ein Sonnenstrahl.*
Namenstage 20. März, 21. April

Alice
Der Name kommt aus dem Englischen und ist die Kurzform von Adelheid, Alexandra und Elisabeth. Durch den Kinderroman *Alice im Wunderland* von Lewis Carroll (1832–1898) fand der Name eine gewisse Verbreitung. Bekannte Namensträgerinnen sind die

deutsche Schauspielerin, Tänzerin und Sängerin Alice Kessler, Zwillingsschwester von Ellen (eigentlich Alice Käßler; *1936), und die deutsche Feministin, Journalistin und TV-Moderatorin Alice Schwarzer (*1949).
Namenstag 11. Juni

Alina
Andere Schreibweise von Aline (= Helena/Helene).

Aline
Die schwedische und ungarische Form von Helena/Helene. Eine andere Schreibweise ist Alina.

Almut
Kurzform von Adelmut, auch Almuth geschrieben.
Namenstag 12. März

Almuth
Eine andere Schreibweise von Almut (= Adelmut).

Amabel
Der Name stammt aus dem Lateinischen und bedeutet so viel wie *liebenswert.* Andere Formen sind Anabel, Annabella und Mabel.
Namenstag 9. April

Amalia
Die Kurzform von alten deutschen Namen, die mit Amal- beginnen und so viel bedeuten wie *Beschützerin der aus dem Königsgeschlecht der Amaler Stammenden.* Die Verehrung der Herzogin Anna Amalia von Sachsen-Weimar (1739–1807), die zur Goethezeit Weimar in den Mittelpunkt der deutschen Kultur rückte, sorgte für eine weite Verbreitung des Namens. Aus dem Schauspiel *Die Räuber* von Friedrich von Schiller (1759–1805) kennen wir die Figur der Amalia. Andere Formen sind Amalie, Amelia, Amelie und Amélie.
Namenstag 10. Juli

Amanda
Weibliche Form von Amandus.

Amelia
Eine andere Form von Amalia, auch Amelie geschrieben.
Namenstage 10. Mai, 2. Juni

Amelie
Eine andere Form von Amelia (= Amalia). Dieser Name ist literarischen Ursprungs und war besonders im 15. und 16. Jh. in Adelskreisen sehr beliebt.

Amrei
Kurzform von Annemarie.

Anabel
Andere Form von Amabel (= Annabella).

Anastasia
Der Name hat griechischen Ursprung und bedeutet so viel wie *die Auferstandene.* Wir kennen die Figur der Anastasia aus dem Schauspiel *Die Ehe des Herrn Mississippi* von Friedrich Dürrenmatt (1921–1990). Andere Formen sind Asta und Nastassja. Bekannte Namensträgerin ist die russische Zarentochter Anastasia (1901–1918). Ob sie tatsächlich zusammen mit ihrer Familie ermordet wurde oder überlebte, ist nie bis zur Vollständigkeit geklärt worden.
Namenstag 25. Dezember

Andrea
Weibliche Form von Andreas. Die französische Form ist Andrée.

Andrée
Französische Form von Andrea.

Anemone
Der Name dieser Blume ist seit einigen Jahren als Vorname sehr beliebt.

Angela
Italienische Form von Angelika/Angelica mit der Bedeutung *Engel*. Eine andere Form ist Angelina. Namenstage 4. Januar, 27. Januar, 2. November

Angelica
Eine andere Schreibweise von Angelika. Bekannte Namensträgerin ist die schweizerische Malerin der Goethezeit Angelica Kauffmann (1741–1807).

Angelika
Der Name ist dem Griechischen entnommen und bedeutet so viel wie *die Engelhafte*. Andere Formen sind Angela, Angelica, Angelina und Angélique. Bekannte Namensträgerin ist die deutsche Sängerin Angelika Milster (*1951).

Angelina
Der Name ist die englische und italienische Weiterbildung von Angela (= Angelika) und bedeutet so viel wie *kleines Engelchen*.
Namenstag 10. Dezember

Angélique
Französische Form von Angelika.

Anita
Spanische Koseform von Anna. Bekannte Namensträgerinnen sind die deutsche Schauspielerin Anita Kupsch (*1940) und die österreichische Skiläuferin Anita Sänger (*1950).

Anja
Russische Form von Anna. Bekannte Namensträgerinnen sind die deutsche Schauspielerin Anja Kruse (*1956) und die deutsche Fechterin Anja Fichtel (*1968).

Anka
Polnische Form von Anna.

Anke
Die friesische Form von Anna. Bekannte Namensträgerin ist die deutsche Tennisspielerin Anke Huber (*1974).

Änna
Andere Form von Aenna und Anna.

Anna
Der Name stammt aus dem Hebräischen und bedeutet so viel wie *Gnade*. Der Name Anna wurde aus Ehrfurcht vor der Großmutter Gottes jahrhundertelang gemieden (vgl. hierzu auch den Namen Maria) und kam erst im 16. Jh. in Mode. Martin Luther (1483–1546) soll in gro-

ßer Gefahr ausgerufen haben: *Hilf, liebe heilige Anna, ich will ein Mönch werden!* Die heilige Anna gilt als Schutzpatronin der Ehe, Mütter, Witwen und Armen. Andere Formen sind Anne, Aenna/Aenne, Änna/Änne, Anita, Anja, Anka/Anke, Annette, Annika, Antje, Nana und Nanna. Bekannte Namensträgerin ist die deutsche Schriftstellerin Anna Seghers (1900–1983), berühmt geworden durch ihren Roman *Das siebte Kreuz.*
Namenstage 9. Februar, 26. Juli

Annabella
Der Name wurde zusammengesetzt aus Anna und Bella oder ist aus Amabel (= Mabel) entstanden. Andere Formen sind Amabel, Anabel, Bella und Mabel.

Annamaria
Der Name ist zusammengesetzt aus Anna und Maria.

Änne
Eine andere Form von Aenne und Anne (= Anna).

Anne
Eine Nebenform von Anna und die Kurzform von Namen, die mit Anne- beginnen (Annedore, Annegret, Anneliese, Annemarie und Annemie). Eine andere Form ist Nanne. Bekannte Namensträgerin ist die englische Dichterin Anne Brontë (1820–1849), Schwester der Schriftstellerinnen Charlotte Brontë (1816–1855) und Emily Jane Brontë (1818–1848).

Annedore
Der Name ist zusammengesetzt aus Anne und Dore (vgl. auch Theodora).

Annegret
Der Name ist eine Zusammensetzung aus Anne und Grete (= Margarete).

Anneliese
Der Name ist zusammengesetzt aus Anne und Liese (= Elisabeth). Bekannte Namensträgerin ist die deutsche Sängerin Anneliese Rothenberger (*1926).

Annemarie
Der Name wurde gebildet aus Anne und Marie. Andere Formen sind Amrei und Annemie. Bekannte Namensträgerin ist die deutsche Politikerin Annemarie Renger (*1919).

Annemie
Nebenform von Annemarie.

Annette
Der Name hat französischen Ursprung und ist die Verkleinerungsform von Anna. Eine andere Form ist Anne. Bekannte Namensträgerin ist die deutsche Schriftstellerin Annette von Droste-Hülshoff (1797–1848).

Annika
Der Name kommt aus dem Schwedischen und ist die Verkleinerungsform von Anna.

Annkathrin
Der Name ist zusammengesetzt aus Anna/Anne und Kathrin (= Katharina).

Anselma
Weibliche Form von Anselm, die Kurzform ist Selma.

Ansgard
Weibliche Form von Ansgar (= Oskar), dessen erste Silbe *Gott* bedeutet, während die zweite Silbe unbekannt ist.

Antje
Niederländische Form von Anna. Bekannte Namensträgerin ist die deutsche Politikerin Antje Vollmer (*1943).

Antoinette
Französische Form von Antonia.
Bekannte Namensträgerin ist Marie Antoinette (1755–1792), die Frau des französischen Königs Ludwig XVI. (1754–1793), beide wurden zum Tode verurteilt und starben unter der Guillotine.

Antonella
Italienische Form von Antonia.

Antonetta
Rätoromanische Form von Antonia.

Antonia
Die weibliche Form von Anton. Der Name wurde besonders in Italien beliebt durch die Verehrung der heiligen Antonia von Brescia (gest. 1505). Nachdem der Name im 17. Jh. in Adelskreisen beliebt war, wurde er im 18. Jh. volkstümlich. Andere Formen sind Antoinette, Antonella, Antonetta, Antonina, Toni/Tony und Tonja.
Namenstag 11. März

Antonina
Die italienische Form von Antonia. Andere Formen sind Ina und Nina.

Appolonia
Der Name kommt aus dem Griechischen und bedeutet so viel wie *die dem Gott Apollo Geweihte.*
Namenstage 9. Februar, 31. Dezember

Arabella
Herkunft und Bedeutung dieses Namens liegen im Dunkeln, vielleicht *die Araberin.* Wir kennen die Titelheldin der gleichnamigen Oper von Richard Strauss (1864–1949). Die Kurzform ist Bella.
Bekannte Namensträgerin ist die österreichische TV-Moderatorin Arabella Kiesbauer (eigentlich Cosima Arabella-Asereba Kiesbauer; *1969).

Aria
Niederländische Form von Adriana/Adriane.

Ariadne
Der Name hat griechischen Ursprung und bedeutet so viel wie *die Liebliche.* Die französische Form ist Ariane. Aus der griechischen Mythologie kennen wir Ariadne, die Tochter des kretischen Königs Minos. *Ariadne auf Naxos* heißt eine Oper von Richard Strauss (1864–1949). Namenstag 17. September

Ariane
Französische Form von Ariadne. Der Name wurde bekannt durch den Roman *Ariane* von Claude Anet (eigentlich Jean Schopfer; 1868–1931).

Arnika
Der Name ist die ungarische Koseform des bei uns nicht mehr gebräuchlichen Namens Arnolde. Arnika ist wie Iris, Heide und Jasmin auch der Name einer Blume bzw. eines Heilkrauts und als Mädchenname beliebt.

Aspasia
Der Name ist griechischen Ursprungs und bedeutet so viel wie *die Willkommene, die Erwünschte.* Aspasia war die zweite Frau des Perikles (um 500–429 v. Chr.), die einen großen Einfluss auf die Politik ihres Mannes ausübte.

Asta
Kurzform von Anastasia, Astrid und Augusta. Bekannte Namensträgerin ist die dänische Schauspielerin Asta Nielson (1881–1972).
Namenstag 10. August

Astrid
Der Name kommt aus dem Schwedischen, die erste Silbe bedeutet *Adler* und die zweite Silbe *schön.* Eine andere Form ist Asta. Bekannte Namensträgerin ist die schwedische Kinderbuchautorin Astrid Lindgren (*1907), Schöpferin der frechen Pippi Langstrumpf und der Detektivgeschichten um Kalle Blomquist.
Namenstag
10. August

Audrey
Englische Form von Adeltraud/Adeltraut. Bekannte Namensträgerinnen sind die amerikanischen Schauspielerinnen Audrey Hepburn (1929–1993) und Audrey Landers (*1959).

Augusta
Weibliche Form von August. August war viele Jahrhunderte ein beliebter Name in Adelskreisen. In einem alten berlinischen Soldatenlied heißt es: *Als ich 1870 bin nach Frankreich einmarschiert, hat Aujuste, die bewusste, mir een Butterbrot jeschmiert.* Andere Formen sind Asta, Gusti und Gustel. Bekannte Namensträgerin ist Augusta Viktoria (1858–1921), die letzte deutsche Kaiserin.
Namenstag 27. März

Aurelia
Der Name stammt aus dem Lateinischen. Aurelius war ein altrömischer Geschlechtername, Aurelia ist seine weibliche Umformung. Die Legende berichtet von der heiligen Aurelia, die auf der Flucht mit einem einzigen Schritt von Fussach nach Lindau (am Bodensee) gelangte. Viele Jahre soll man auf dem Hexenstein ihren Fußabdruck gesehen haben. Wir kennen auch die Figur der Aurelia aus dem Roman *Wilhelm Meisters Lehrjahre* von Johann Wolfgang von Goethe (1749–1832). Namenstage 13. Oktober, 15. Oktober

Aurora
So heißt die römische Göttin der Morgenröte. Andere Formen sind Rossana, Roxana/Roxane und Zorica.

Ava
Der Name kommt aus dem ostfriesischen Sprachraum und bedeutet so viel wie *Wasser.* Bekannte Namensträgerin ist die amerikanische Schauspielerin und Hollywood-Legende Ava Gardner (1922–1990).

Aya
Eine andere Form von Agia. Namenstag 18. April

Ayse
Dieser türkische Name ist arabischen Ursprungs und bedeutet so viel wie *die Lebende.* Ayse war der Name einer der Frauen des Propheten Mohammed (um 570–632).

Babette
Die französische Form von Barbara. Zu Beginn des 20. Jhs. war der Name bei Dienstboten besonders verbreitet, so dass sich die feineren Damen dieses Namens lieber mit Betty/Betti ansprechen ließen. Eine andere Form ist Barbe. Wir kennen die dänische Novelle (und den gleichnamigen Kinofilm) *Babettes Fest* von Tania Blixen (1885–1962).

Babs
Koseform von Barbara.

Banu
Dieser türkische Name kommt aus dem Persischen und bedeutet so viel wie *erhabene Dame.* Im Persischen ist Schahbanu die Anrede für die Frau des Schahs.

Baptista
Weibliche Form von Baptist.

Barb
Kurzform von Barbara.

Barbara
Der Name stammt aus dem Griechischen und bedeutet so viel wie

die Fremde. Der Name fand Verbreitung durch die Verehrung der heiligen Barbara, die wegen ihres Glaubens um 306 vom eigenen Vater enthauptet wurde. Andere Formen sind Babette, Babs, Bärbel, Barb, Barbe, Barbie, Varinka und Warwara. Bekannte Namensträgerinnen sind die deutschen Schauspielerinnen Barbara Rudnik (*1958) und Barbara Wussow (*1961).
Namenstage 9. März, 4. Dezember

Barbe
Französische Kurzform von Babette (= Barbara).

Bärbel
Kurzform von Barbara. *Hast du nichts vom Bärbelchen gehört?* heißt es im *Faust* von Johann Wolfgang von Goethe (1749–1832). Bekannte Namensträgerin ist die deutsche TV-Moderatorin Bärbel Schäfer (*1965).

Barbie
Die Kurz- und Koseform von Barbara. Wir kennen die von kleinen Mädchen so geliebte Barbie-Puppe.

Bea
Kurzform von Beate.

Beate
Der Name stammt aus dem Lateinischen und bedeutet so viel wie *die Glückliche.* Andere Formen sind Bea, Béatrice, Beatrice und Beatrix.
Namenstage 8. März, 8. April, 29. Juni, 6. September

Béatrice
Französische Form von Beatrix (= Beate).

Beatrice
Italienische Form von Beatrix (= Beate). Wir kennen die Figur der Beatrice aus der Komödie *Divina Commedia* von Dante Alighieri (1265–1321). Beatrice Portinari hieß die Jugendliebe des Dichters.

Beatrix
Eine andere Form von Beate. Die Kurzform ist Trixi. Bekannte Namensträgerin ist die niederländische Königin Beatrix (*1938).
Namenstage 17. Januar, 12. März, 30. Juli, 29. August

Behiye
Der Name ist türkisch und bedeutet so viel wie *schöne Dame.*

Bele
Eine Kurzform von Gabriele. Bekannte Namensträgerin ist die deutsche Künstlerin Bele Bachem (eigentlich Gabriele Bachem; *1916).

Belinda
Der Name stammt aus dem englischen Sprachraum. Bedeutung und Herkunft sind unklar, doch ist er wegen seines schönen Klangs verbreitet.

Bella
Kurzform von Namen, die auf -bella enden (Annabella, Arabella und Isabella).

Benedetta
Italienische Form von Benedikta.

Benedikta
Weibliche Form von Benedikt. Andere Formen sind Benedatta und Benita.

Benita
Spanische Form von Benedikta.

Berenike
Der Name kommt aus dem Griechischen und bedeutet so viel wie *die Sieg Bringende.* Die Legende erzählt, dass die ägyptische Königin Berenike ihr langes Haar der Liebesgöttin Aphrodite geopfert hatte. Aber das Haar schwebte vom Tempel hinauf zum Sternenhimmel. Seitdem werden die Sternansammlungen am Schwanz des Sternbildes Löwe Berenikes Haar genannt. Andere verbreitete Formen sind Bérénice, Verena und Veronica/Veronika.
Namenstag 4. Oktober

Bernadette
Die französische Koseform von Bernarda/Bernarde. Bekannte Namensträgerin ist Bernadette Soubirous (1844–1879), die in Lourdes eine Marienerscheinung erlebte und 1933 heilig gesprochen wurde.
Namenstage 18. Februar, 16. April

Bernarda
Weibliche Form von Bernard (= Bernhard). Andere Formen sind Bernarde und Bernadette.

Bernarde
Eine andere Form von Bernarda.

Berta
Andere Schreibweise von Bertha. Im Ersten Weltkrieg bezeichnete der Volksmund ein Geschütz als dicke Berta, deshalb wurde der Name jahrzehntelang gemieden. Heute kennen wir aus der TV-Kultserie *Lindenstraße* Berta Griese, das Rehlein von Hajo, dem Stotterer.

Bertha
Der Name kommt aus dem Althochdeutschen und bedeutet so viel wie *die Glänzende.* Eine andere Schreibweise ist Berta. Bekannte Namensträgerin ist die deutsche Schriftstellerin Bertha von Suttner (1843–1914).
Namenstage 4. Juli, 28. November

Bess
Englische Kurzform von Elizabeth (= Elisabeth). Die Koseform ist Bessie. Wir kennen die Titelfigur aus der Oper *Porgy and Bess* von George Gershwin (1898–1937).

Bessie
Koseform von Bess (= Elizabeth, Elisabeth). Bekannte Namensträgerin ist die amerikanische Bluessängerin Bessie Smith (1898–1937).

Bethli
Schweizerische Koseform von Elisabeth.

Betti
Die Kurz- und Koseform von Babette und Bettina/Bettine. Die englische Form ist Betty.

Bettina
Die Kurzform von Elisabeth und Elisabetta. Andere Formen sind Betti/Betty und Bettine. Bekannte Namensträgerin ist die deutsche Dichterin der Romantik Bettina von Arnim (1785–1859), Verfasserin von *Goethes Briefwechsel mit einem Kinde.*

Bettine
Andere Schreibweise von Bettina.

Betty
Englische Kurzform von Babette und Bettina/Bettine. Die deutsche Form ist Betti.

Bianca
Der Name kommt aus dem Italienischen und bedeutet so viel wie *die Weiße, die Glänzende.* Bianca hat sich vermutlich aus dem deutschen Wort blank entwickelt, das die Italiener für die bewunderten Blondinen verwendeten. Eine andere Form ist Blanka.

Biankamarie
Eine Zusammensetzung aus den beiden Namen Bianka und Marie. Eine andere Schreibweise ist Biancamarie.

Bibiane
Herkunft und Bedeutung des Namens sind unbekannt; vielleicht handelt es sich um die lateinische Form von Viviane. Der Name fand eine gewisse Verbreitung durch die Verehrung der heiligen Bibiane aus dem 4. Jh.
Namenstag 2. Dezember

Bine
Kurzform von Sabine.

Bionda
Der Name ist italienischen Ursprungs und bedeutet so viel wie *die Blonde.*

Birgit
Schwedische Kurzform von Brigitta/Brigitte. Die dänische Form ist Birte.

Birgitta
Schwedische Form von Brigitta/Brigitte. Die Kurzform ist Birte.

Birke
Der Name des Baumes ist als Vorname bekannt, wird aber selten gewählt.

Birte
Dänische Form von Birgit, Kurzform von Birgitta.

Blanca
Italienische Form von Blanka.

Blanche
Französische Form von Blanka.

Blanka
Der Name kommt aus dem Spanischen und bedeutet so viel wie *die Weiße.* Der Name fand eine gewisse Verbreitung durch die Verehrung der heiligen Blanka von Kastilien (1188–1252). Andere Formen sind Blanca und Blanche.
Namenstag 1. Dezember

Bridget
Englische Form von Brigitte.

Brigitta
Andere Form von Brigitte.

Brigitte

Der Name kommt aus dem Keltischen und bedeutet so viel wie *die Erhabene.* Andere Formen sind Birgitta, Birte, Brigdet, Brigitta, Brit, Britta und Gitta/Gitte. Bekannte Namensträgerinnen sind die deutsche Schauspielerin Brigitte Mira (*1915) und die französische Schauspielerin Brigitte Bardot (*1934).
Namenstage 31. Februar, 23. Juli

Brit

Kurzform von Brigitta/Brigitte.

Britta

Auch dieser Name ist eine Kurzform von Brigitta/Brigitte.

Brunhild

Ein alter deutscher Name, der so viel bedeutet wie *Kämpferin mit dem Brustpanzer.* Nach altgermanischem Brauch könnte der Name durch die Zusammensetzung der Elternnamen Bruno und Hildegard entstanden sein. Andere Formen sind Brunhilde, Bruni und Hilde.

Brunhilde

Eine andere Schreibweise von Brunhild. Im *Nibelungenlied* ist Brunhilde die Frau von König Gunther und die Rivalin von Kriemhild.

Bruni

Kurzform von Brunhild/Brunhilde. Bekannte Namensträgerin ist die deutsche Schauspielerin und Sängerin Bruni Löbel (*1920).

Cäcilia

Der Name kommt aus dem Lateinischen und bedeutet so viel wie *aus dem Geschlecht der Caecilier.* Der Name fand eine gewisse Verbreitung durch die Verehrung der heiligen Cäcilia (gest. um 230), einer römischen Märtyrerin. Andere Formen sind Cäcilie, Cécile, Cecily, Celia, Sheila, Silja, Silke, Sissi/Sissy und Zilli/Zilly.
Namenstage 4. Mai, 22. November

Camilla

Der Name ist aus dem Lateinischen und bedeutet so viel wie *Altardienerin.* Eine andere Schreibweise ist Kamilla. Bekannte Namensträgerin ist die Lebensgefährtin des britischen Thronfolgers Prinz Charles (*1949) Camilla Parker-Bowles (*1947).

Carda

Kurzform von Ricarda. Die Koseform ist Cardy.

Carina
Der Name kommt aus dem Italienischen und bedeutet so viel wie *die Hübsche.* Andere Formen sind Karen, Karin und Karina.
Namenstag 7. November

Carla
Eine andere Form von Karla und Karola/Carola.

Carlotta
Italienische Form von Charlotte. Andere abgeleitete Formen dieses Namens sind Charly, Lola und Lotta.

Carmen
Der Name kommt aus dem Spanischen und ist die Kurzform von *Jungfrau Maria vom Berg Karmel.* Wir kennen die feurige Spanierin Carmen aus der gleichnamigen Oper von Georges Bizet (1838–1875).

Carol
Englische Form von Carolina/Karolina.

Carola
Andere Schreibweise von Karola. Die Kurzform ist Carla.

Carolin
Eine andere Schreibweise von Carolyn (= Karolina/Karoline). Bekannte Namensträgerin ist die deutsche TV-Moderatorin Carolin Reiber (*1940).

Carolina
Eine andere Schreibweise von Karolina/Karoline. Andere Formen sind Carol, Carolin, Caroline, Carolyn und Ina.

Caroline
Andere Schreibweise von Carolina (Karolina/Karoline). Die bekannteste Namensträgerin ist Prinzessin Caroline von Monaco (*1957).

Carolyn
Englische Form von Karolina/Karoline, eine andere Schreibweise ist Carolin. Bekannte Namensträgerin ist Carolyn Kennedy (*1967), die Frau von John F. Kennedy jr. (*1958).

Cassandra
Eine andere Schreibweise von Kassandra. Andere Formen sind Cassie/Cassy und Sandra.

Cassie, Cassy
Kurzform von Cassandra/Kassandra.

Catalina
Spanische Form von Katharina/Catharina.

Catarina
Portugiesische Form von Katharina/Catharina.

Caterina
Die italienische Form von Katharina/Catharina. Bekannte Namensträgerin ist die italienische Sängerin, Tänzerin und Schauspielerin Caterina Valente (*1931).

Catherina
Eine englische Form von Katharina/Catharina. Andere englische Formen sind Kathleen/Cathleen und Kitty.

Cathérine
Die französische Form von Katharina/Catharina. Bekannte Namensträgerin ist die französische Schauspielerin Cathérine Deneuve (*1943).

Cathleen
Eine englische Form von Catrin/Cathrin und Katrin/Kathrin (= Katharina/Catharina). Eine andere gebräuchliche Schreibweise ist Kathleen.

Cathreen
Eine englische Form von Katharina/Catharina. Die Kurzform ist Kate.

Cécile
Französische Form von Cäcilia/Cäcilie.

Cecily
Englische Form von Cäcilia/Cäcilie. Die Kurz- und Koseform ist Sissi/Sissy.

Celia
Kurzform von Cäcilia.

Chantal
Der Name kommt aus dem Französischen und bedeutet so viel wie *die Singende.*

Charlotte
Der Name stammt ebenfalls aus dem Französischen und ist eine Weiterbildung von Charles (= Karl). Andere Formen sind Carlotta, Charly, Lo, Lotte, und Lotti. Bekannte Namensträgerinnen sind Charlotte von Stein (1742–1827), eine Freundin von Johann Wolfgang von Goethe (1749–1832), sowie die englische Schriftstellerin Charlotte Brontë (1816–1855), Schwester der Schriftstellerinnen Anne Brontë (1820–1849) und Emily Jane Brontë (1818–1848). Namenstag 17. Juli

Charly
Koseform von Carlotta und Charlotte.

Chiara
Die italienische Form von Klara. Bekannte Namensträgerin ist die italienisch-französische Schauspielerin Chiara Mastroianni (*1972), Tochter des italienischen Schauspielers Marcello Mastroianni (1925–1996) und der französischen Schauspielerin Cathérine Deneuve (*1943).

Chloe
Der Name kommt aus dem Griechischen und bedeutet so viel wie *treibender Zweig.*

Chris
Kurzform von Christa, Christiane und Christina/Christine.

Chrischona
Der Name ist wahrscheinlich die rätoromanische Form von Christa.

Christa
Kurzform von Christiane. Andere Formen sind Chris, Chrischona, Karsta und Krista.
Namenstag 4. Juni

Christamarie
Der Name wurde zusammengesetzt aus Christa und Marie. Eine andere Form ist Christamaria.

Christel
Die Verkleinerungform von Christiane und Christina/Christine. Eine andere Schreibweise ist Christl. Wir kennen die Christel von der Post aus der Operette *Der Vogelhändler.*

Christelle
Eine schweizerische Form von Christiane und Christine.

Christiane
Weibliche Form von Christian. Andere Formen sind Chris, Christa/Krista, Christel/Christl, Christelle, Christine/Christina, Kristiane, Nanna/Nanne und Tine. Bekannte Namensträgerinnen sind Christiane Vulpius (1765–1816), die Frau von Johann Wolfgang von Goethe (1749–1832), die österreichische Schauspielerin Christiane Hörbiger (*1938) und Christiane Herzog (*1934), die Frau des deutschen Politikers Roman Herzog (*1934).
Namenstage 22. Juni, 24. Juli, 26. Juli, 6. November, 29. November

Christin
Eine andere Form von Christine/Kristine und Kristina, gelegentlich auch Kristin geschrieben.

Christina
Ebenso eine andere Form von Christine, auch Cristina geschrieben. Andere Formen sind Ina, Nina und Tina.

Christine
Andere Form von Christiane. Weitere Formen sind Chris, Christelle, Christel/Christl, Christin/Kristin, Christina/Kristina, Kristine, Ina, Kerstin, Kirsten, Kirstin und Tine. Bekannte Namensträgerin ist die deutsche Schauspielerin Christine Kaufmann (*1945).

Claire
Die französische Form von Cläre/Kläre (= Klara/Clara). Bekannte Namensträgerin ist die deutsche Schauspielerin Claire Waldoff (1884–1957).

Clara
Andere Schreibweise von Klara. Andere Formen sind Cläre, Claire und Clarissa/Klarissa. Bekannte Namensträgerinnen sind die deutsche Pianistin Clara Schumann (1819–1896) und die deutsche Politikerin Clara Zetkin (1857–1933), die Initiatorin der sozialistischen Frauenbewegung war.
Namenstag 11. August

Cläre
Eine andere Schreibweise von Clara.

Clarissa
Andere Schreibweise von Klarissa (= Klara/Clara).

Claudia
Die weibliche Form von Claudius. Der Name fand weite Verbreitung durch die Verehrung der französischen Königin Claudia (gest. 1524). Nach ihr heißt eine Pflaumenart Reineclaude. Eine andere Schreibweise ist Klaudia. Bekannte Namensträgerinnen sind die italienische Schauspielerin Claudia Cardinale (*1938) und das deutsche Topmodel Claudia Schiffer (*1971).
Namenstage 2. Januar, 20. März, 18. Mai, 18. August, 15. Dezember, 27. Dezember

Colette
Französische Kurzform von Nicoletta. Bekannte Namensträgerin ist die französische Schriftstellerin Colette (eigentlich Sidonie Gabrielle Colette; 1873–1954); berühmt sind ihre *Claudine*-Romane.

Conny
Kurzform von Constance, Constanze/ Konstanze, und Cornelia. Bekannte Namensträgerin ist die amerikanische Sängerin und Schauspielerin Conny Francis (eigentlich Constance Franconero; *1938); ihr erster Welthit hieß *Who's sorry now.*

Constance
Der Name hat lateinischen Ursprung und bedeutet so viel wie *die Beständige, die Standhafte.* Wir kennen den Namen von verschiedenen frühchristlichen Märtyrerinnen. Später war der Name in Adelskreisen sehr beliebt. Das Schauspiel *Finden Sie, dass sich Constance (Konstanze) richtig verhält?* von William Somerset Maugham (1874–1965) sowie eine gleichnamige Frauenzeitschrift sorgten im 20. Jh. für eine weite Verbreitung des Namens. Andere Formen sind Conny, Constanze/Konstanze.
Namenstage 18. Februar, 25. Februar, 25. Juni

Constanze
Eine andere Form von Constance, auch Konstanze geschrieben. Bekannte Namensträgerin ist Constanze Weber (1763–1842), die Frau von Wolfgang Amadeus Mozart (1756–1791).

Cora
Die Kurzform von Cordelia, Cordula, Corinna und Cornelia. Eine andere Schreibweise ist Kora. Die Bedeutung *Jungfrau, Mädchen* leitet sich aus dem griechischen Wort *koré* her.

Coralie
Der Name ist wahrscheinlich niederländischen Ursprungs und bedeutet so viel wie *Koralle.*

Cordelia
Eine Nebenform von Cordula/Kordula, auch Kordelia geschrieben. Die Kurzform ist Cora.

Cordula
Der Name kommt aus dem Lateinischen und bedeutet so viel wie *Herzchen* oder *Spätgeborene.* Der Name wurde gern für spätgeborene Töchter gewählt. Andere Formen sind Cordelia/Kordelia, Cora und Kordula.
Namenstag 22. Oktober

Corinna
Der Name ist lateinischen Ursprungs und bedeutet so viel wie *Jungfrau, Mädchen.* Die griechische Dichterin Corinna soll um 500 v. Chr. den Lyriker Pindar in fünf musischen Wettkämpfen besiegt haben. Andere Formen sind Cora und Korinna. Bekannte Namensträgerin ist Corinna Schumacher (*1970), die Frau des Rennfahrers Michael Schumacher (*1969).

Cornelia
Weibliche Form von Cornelius. Die Patrizierin Cornelia (gest. 121 v. Chr.) gilt als eine der wichtigsten römischen Frauengestalten. Großmutter und Schwester von Johann Wolfgang von Goethe (1749–1832) trugen den Vornamen Cornelia. Andere Formen sind Conny, Cora, Cornélie, Kornelia, Nele und Nelli/Nelly. Bekannte Namensträgerin ist die deutsche Schauspielerin und Sängerin Cornelia Froboess (* 1943): ihren ersten großen Erfolg hatte sie im Alter von 7 Jahren mit dem Titel *Pack die Badehose ein.*
Namenstage 31. März, 14. April, 20. April

Cosima
Der Name ist griechischen Ursprungs und bedeutet so viel wie *Ordnung.* Bekannte Namensträgerin ist Cosima Wagner (1837–1930), die Frau von Richard Wagner (1813–1883).

Cristina
Andere Schreibweise von Christina. Bekannte Namensträgerin ist Prinzessin Cristina Federica Victoria Antonia de la Santisima Trinidad von Bourbon und Griechenland (*1965).

Dagi
Kurzform von Dagmar.

Dagmar
Der Name kommt aus dem Dänischen und ist wahrscheinlich die weibliche Form des alten deutschen Männernamens Dagomar = Dietmar. Die Kurzform ist Dagi. Bekannte Namensträgerin

ist die deutsche TV-Moderatorin Dagmar Berghoff (*1943).
Namenstag 24. Mai

Daisy
Der Name stammt aus dem Englischen und bedeutet so viel wie *Gänseblümchen, Margerite.* Aus den Comic-Geschichten mit Donald Duck kennen wir seine Angebetete Daisy.

Daliah
Andere Form von Delila/Delilah. Bekannte Namensträgerin ist die israelische Schauspielerin und Sängerin Daliah Lavi (*1942).

Dalila
Andere Form von Delila/Delilah, auch Dalilah geschrieben.

Dana
Die slawische Form von Daniela. Aus der amerikanischen TV-Kultserie *Akte X* kennen wir die Figur der Dana Scully. Bekannte Namensträgerin ist die Schauspielerin und Regisseurin Dana Vávrová (*1967).

Daniela
Die italienische weibliche Form von Daniel. Andere Formen sind Dana und Danielle.

Danielle
Französische Form von Daniela. Bekannte Namensträgerin ist die französische Schauspielerin Danielle Darrieux (*1917).

Daphne
Der Name ist aus dem Griechischen und bedeutet *Lorbeer.* Wir kennen die Titelheldin Daphne aus der gleichnamigen Oper von Richard Strauss (1864–1949). Bekannte Namensträgerin ist die englische Schriftstellerin Daphne du Maurier (1907–1989).

Daria
Weibliche Form von Darius.
Namenstag 25. Oktober

Davida
Weibliche Form von David.

Debora
Der Name kommt aus der Bibel und bedeutet so viel wie *die fleißige Biene.* Eine andere Schreibweise ist Deborah.
Namenstag 21. September

Delia
Der Name hat griechischen Ursprung und bedeutet so viel wie *die von der Insel Delos Stammende.*

Delila
Der Name stammt aus dem Hebräischen und hat etwa die Bedeutung *die mit dem lang gelockten Haar.* Andere Formen sind Daliah, Dalila/Dalilah und Delilah.

Denise
Die französische weibliche Form von Denis/Dennis. Bekannte Namensträ-

gerin ist die schweizerische Eiskunstläufin Denise Bielmann (*1962).
Namenstag 6. Dezember

Desideria
Weibliche Form von Desiderius (von lat. *desiderare:* wünschen)

Désirée
Französische Form von Desideria. Bekannte Namensträgerin ist die luxemburgische Schauspielerin und TV-Moderatorin Désirée Nosbusch (*1965).

Diana
Der Name ist lateinischer Herkunft und bezeichnet die römische Jagd- und Mondgöttin. Bekannte Namensträgerin ist die englische Prinzessin Diana von Wales (1961–1997).
Namenstag 10. Juni

Dietlind
Ein alter deutscher Name, dessen erste Silbe *Volk* bedeutet und die zweite Silbe *Lindenholzschild.* Eine andere Form ist Dietlindis.
Namenstag 22. Januar

Diotima
Der Name stammt aus dem Griechischen und bedeutet so viel wie *Gott geweiht.* Wir kennen die Figur der Diotima aus dem Roman von Robert Musil (1880–1942) *Der Mann ohne Eigenschaften.*

Dolores
Der Name kommt aus dem spanischen Sprachraum und bedeutet so viel wie *schmerzreiche Mutter.* Die Koseform ist Lola.
Namenstag 15. September

Dominika
Die weibliche Form von Dominikus. Andere Formen sind Dominique und Donka.
Namenstag 5. August

Dominique
Französische Form von Dominika.

Donka
Russische Koseform von Dominika.

Dora
Kurzform von Dorothea und Theodora.

Doreen
Eine englische Form von Dorothea.

Doris
Kurzform von Dorothea und Theodora. Bekannte Namensträgerinnen sind die amerikanische Schauspielerin Doris Day (*1924), die englische Schriftstellerin Doris Lessing (*1919) und die deutsche Regisseurin Doris Dörrie (*1955).

Dorothea
Der Name stammt aus dem Griechischen und bedeutet so viel wie *Gottesgeschenk.* Der Name fand weite Verbreitung duch die Verehrung der heiligen Dorothea aus dem 3./4. Jh. und die selig gesprochene Dorothea von Mentau (1347–1394). Wir kennen von Johann Wolfgang von Goethe (1749–1832) das

Schauspiel *Hermann und Dorothea.* Andere Namensformen sind Dora, Doreen, Doris, Dorothée, Dorothy, Dörte/Dörthe, Dorrit und Thea.
Namenstage 6. Februar, 25. Juni

Dorothee
Andere Form von Dorothea. Aus dem Werk von Wilhelm Busch (1832–1908) kennen wir die Figur der mustergültigen Hausfrau Dorothee.

Dorothy
Die englische Form von Dorothea. Bekannte Namensträgerin ist die englische Schriftstellerin Dorothy Sayers (1893–1957), berühmt geworden durch ihre witzigen Detektivgeschichten mit Lord Peter Wimsey.

Dorrit
Eine englische Form von Dorothea.

Dörthe
Niederdeutsche Form von Dorothea, auch Dörte geschrieben.

Dunja
Dieser slawische Name bedeutet so viel wie *die Wohlangesehene.* Bekannte Namensträgerin ist die jugoslawische Schauspielerin und Sängerin Dunja Rajter (*1940).

Edda
Die Kurzform von Edith, auch Etta geschrieben. Obwohl der Name mit dem nordgermanischen Heldenepos *Edda* nichts zu tun hat, sorgte dieses für eine gewisse Verbreitung des Namens.

Edeltraud
Die moderne Form des alten deutschen Namens Adeltraud/Adeltraut. Andere Formen sind Edeltraut, Traude und Traudel/Traudl.
Namenstag 23. Juni

Edith
Der Name stammt aus dem Englischen und bedeutet so viel wie *Kämpferin für Reichtum, Besitz.* Kurzformen: Edda/Etta. Bekannte Namensträgerinnen sind die deutsche Ordensfrau Edith Stein (Ordensname Teresia Benedicta a Cruce; 1891–1942), im Konzentrationslager Auschwitz ermordet, und die berühmte französische Chansonsängerin Edith Piaf (1915–1963), wegen ihrer geringen Körpergröße als Spatz von Paris bezeichnet.
Namenstage 16. September, 8. Dezember

Edna
Der Name ist hebräischen Ursprungs und bedeutet so viel wie *Entzücken*.

Effi
Eine Kurzform von Elfriede. Wir kennen die Titelfigur Effi aus dem Roman *Effi Briest* von Theodor Fontane (1819–1898).

Eike
Der Name ist die friesische Kurzform des männlichen Vornamens Eckard/Eckart. Eike kann sowohl männlich wie weiblich sein. Ein zweiter Vorname ist daher notwendig, aus dem eindeutig das Geschlecht des Kindes hervorgeht.

Eila
Kurzform von Eilen (= Helene).

Eileen
Englische Form von Helene.

Eilen
Skandinavische Form von Helene, auch in der Kurzform Eila verbreitet.

Elena
Italienische Form von Helena.

Eleonora
Andere Form von Eleonore. Bekannte Namensträgerin ist die italienische Schauspielerin Eleonora Duse (1858–1924).

Eleonore
Der Name ist arabisch und bedeutet so viel wie *Gott ist mein Licht*. Der Name Eleonore kam als Alienor über Spanien nach Frankreich und England, wo er sehr beliebt wurde. Durch die Werke von William Shakespeare (1564–1616) gelangte er im 18. Jh. nach Deutschland. Der Name fand außerdem eine gewisse Verbreitung durch die *Leonoren-Ouvertüren* von Ludwig van Beethoven (1770–1827). Andere Formen sind Eleonora, Ella, Ellen, Ellinor, Leonore/Leonora, Lore, Nele, Nelli/Nelly, Nora und Norina. Bekannte Namensträgerin ist die Übersetzerin und Kunstfördererin am Innsbrucker Hof, Eleonore von Österreich (1443–1480).
Namenstag 25. Juni

Elfi
Kurzform von Elfriede.
Eine andere Schreibweise ist Elfie. Bekannte Namensträgerin ist die österreichische Sängerin Elfi Graf (eigentlich Elfriede Sepp; *1952).

Elfriede
Die Herkunft und Bedeutung des Namens sind unbekannt. Die zweite Silbe kann *Friede* bedeuten. Wahrscheinlich geht der Name auf englische Literatureinflüsse zurück. Andere Formen sind Effi, Elfi/Elfie und Friedel. Bekannte Namensträgerin ist die österreichische Schriftstellerin Elfriede Jelinek (*1946).
Namenstage 20. Mai, 8. Dezember

Elga
Andere Form von Helga.

Elida
Herkunft und Bedeutung des Namens sind unklar, vielleicht ist er isländischen Ursprungs mit der Bedeutung *schnell segelndes Schiff.*

Eliette
Der Name ist eine französische Variante des hebräischen Namens Elias (französisch: Elie). Bekannte Namensträgerin ist Eliette von Karajan, die Frau des Dirigenten Herbert von Karajan (1908–1989).

Elisabeth
Der Name stammt aus dem Hebräischen und bedeutet so viel wie *Gott ist Vollkommenheit.* Im Mittelalter gehörte Elisabeth wie der Name Johannes zu den beliebtesten Vornamen. Der Name fand weite Verbreitung durch die Verehrung der heiligen Elisabeth von Thüringen (1207–1231). Als ihr Gemahl sie wegen ihrer Wohltätigkeit rügen wollte, waren die Brote in ihrem Korb in Rosen verwandelt. Elisabeth war außerdem ein beliebter Name in Adelskreisen. Andere Formen sind Alice, Bess/Bessie, Bethli, Bettina, Elisabetta, Elsbeth, Else/Elsa, Elizabeth, Elizaveta, Ilse, Liesa/Liese, Lili/Lilli/Lily, Lisa/Lise, Liesbeth, Liesel, Liz und Sissi/Sissy. Bekannte Namensträgerinnen sind Elisabeth, Kaiserin von Österreich und Königin von Ungarn (1837–1898), genannt Sissi, die österreichische Schauspielerin Elisabeth Bergner (1897–1986) und die deutsche Schauspielerin Elisabeth Volkmann (*1942). Namenstage 20. Januar, 22. Januar, 3. April, 19. Juni, 4. Juli, 19. November, 25. November

Elisabetta
Italienische Form von Elisabeth. Die Kurzform ist Bettina.

Elizabeth
Englische Form von Elisabeth. Die Kurzform ist Bess/Bessie. Bekannte Namensträgerin ist die britische Königin Elizabeth II. (*1926).

Elizaveta
Russische Form von Elisabeth.

Elke
Friesische Form von Adelheid. Für eine gewisse Verbreitung sorgte die Figur der Elke Haien in der Novelle *Der Schimmelreiter* von Theodor Storm (1817–1903). Bekannte Namensträgerin ist die deutsche Journalistin und Schriftstellerin Elke Heidenreich (*1943).

Ella
Kurzform von Mariella und Eleonora/Eleonore. Bekannte Namensträgerin ist

die amerikanische Jazzsängerin Ella Fitzgerald (1918–1996).

Ellen
Die schwedische und englische Form von Helene, Kurzform von Eleonore. Bekannte Namensträgerinnen sind die deutsche Schauspielerin, Tänzerin und Sängerin Ellen Kessler (eigentlich Ellen Käßler; *1936) und die aus vielen Filmen bekannte amerikanische Schauspielerin Ellen Barkin (*1954).

Ellinor
Englische Form von Eleonore/Eleonora.

Elsbeth
Kurzform von Elisabeth.

Elsa
Eine andere Schreibweise von Else (= Elisabeth). Bekannte Namensträgerin ist die Schwedin Elsa Brandström (1888–1948), die als Delegierte des Roten Kreuzes (1914–1920) maßgeblich an der Versorgung und Rückführung Kriegsgefangener in Russland beteiligt war.

Else
Kurzform von Elisabeth, gelegentlich auch Elsa. Bekannte Namensträgerin ist die deutsche Schriftstellerin Else Lasker-Schüler (1869–1945).

Elvira
Der Name kommt aus dem Spanischen, die Bedeutung ist jedoch unklar. Für eine gewisse Verbreitung des Namens sorgte die Figur der spanischen Prinzessin Elvira in der Oper *Don Juan* von Wolfgang Amadeus Mozart (1756–1791). Bekannte Namensträgerin ist die deutsche Malerin Elvira Bach (*1951).
Namenstage 16. Juli, 22. Juli, 25. August

Emanuela
Weibliche Form des aus dem Lateinischen stammenden Namens Emanuel. Eine andere Form ist Manuela.
Namenstag 9. Oktober

Emilia
Weibliche Form von Emil. Wir kennen von Gotthold Ephraim Lessing (1729–1781) die Titelfigur gleichen Namens aus seinem Schauspiel *Emilia Galotti.*
Andere Formen sind Emilie/Emily und Mile.
Namenstage 5. Januar, 17. Februar, 2. Juni, 19. August

Emilie
Eine andere Form von Emilia. Der Name wurde im 18. und 19. Jh. von zahlreichen Schriftstellern für eine tugendhafte, gut erzogene Tochter und Ehefrau gewählt.

Emily
Die englische Form von Emilia/Emilie. Bekannte Namensträgerin ist die englische Schriftstellerin Emily Jane Brontë (1818–1848), Schwester der Schriftstellerinnen Anne Brontë (1820–1849) und Charlotte Brontë (1816–1855).

Emma

Ein alter deutscher Name, Kurzform von weiblichen Namen, die mit der Silbe Irm beginnen (Irmgard und Irmtraud). Die Legende erzählt von Emma, der Tochter Karls des Großen, die verbotenerweise den Gelehrten Einhard liebte und ihn eines Nachts auf ihren Schultern über den Hof trug. Vater Karl entdeckte ihre Spuren im frisch gefallenen Schnee, war gerührt und verzieh den Verliebten. Nachdem der Name selten vergeben wurde (ein Pastor stellte 1816 fest, dass dieser *liebliche, glänzende Name der Vorzeit* fast verschwunden war), tauchte er im 18./19. Jh. so häufig auf, dass Christian Morgenstern (1871–1914) schrieb: *Die Möwen sehen alle aus, als ob sie Emma hießen.* Die Koseform ist Emmi/Emmy. Bekannte Namensträgerin ist die amerikanische Schauspielerin Emma Thompson (*1959).
Namenstage 19. April, 3. Dezember

Enid

Der Name kommt aus dem Irischen und bedeutet *kleines Feuer.* Bekannte Namensträgerin ist die britische Kinderbuchautorin Enid Blyton (1896–1968), berühmt durch *Hanni und Nanni.*

Erica

Eine andere Form von Erika. Bekannte Namensträgerin ist die amerikanische Schriftstellerin Erica Jong (*1942), berühmt geworden durch ihren Aufsehen erregenden Roman *Angst vorm Fliegen,* der in viele Sprachen übersetzt wurde.

Erika

Weibliche Form von Erich. Die Beliebtheit der Heidelandschaft im 19. Jh. und ihr Lob in Lied und Roman machten den Namen für das violette Heidekraut populär. Bekannte Namensträgerinnen sind die deutsche Schauspielerin und Schriftstellerin Erika Mann (1905–1969), die Tochter von Thomas Mann (1875–1955), und die österreichische Schauspielerin Erika Pluhar (*1939).

Ernestine

Weiterentwicklung von Ernesta.
Namenstag 14. April

Ernesta

Weibliche Form von Ernst. Eine andere Form ist Ernestine.

Esmeralda

Der Name kommt aus dem Spanischen und bedeutet *Smaragd.*

Estelle

Französische Form von Stella.

Esther

Ein biblischer Name, der ursprünglich aus dem Persischen kommt und *Stern* oder *junge Frau* bedeutet. Auch Ester geschrieben. Die englische Form ist Hester. Bekannte Namensträgerinnen sind die als Wassernixe berühmt gewordene amerikanische Schauspielerin Esther

Williams und die deutsche Schauspielerin und Komikerin Esther Schweins (*1970).
Namenstag 1. Juli

Estrelle
Die italienische und spanische Form von Stella.

Etiennette
Die französische Form von Stephanie/Stefanie.

Etta
Eine andere Schreibweise von Edda.

Eugenia
Weibliche Form von Eugen. Der Name fand eine gewisse Verbreitung durch die Verehrung der heiligen Eugenia. Von ihrer Liebe, ihrer Bekehrung zum Christentum und ihrer Treue erzählt Gottfried Keller (1819–1890) in den *Sieben Legenden.* Auch Eugenie und Eugénie.
Namenstag 26. September

Eugenie
Variante von Eugenia. Bekannte Namensträgerin ist die deutsche Schriftstellerin Eugenie Marlitt (eigentlich Eugenie John; 1825–1887), berühmt geworden mit ihren gesellschaftskritischen Unterhaltungsromanen.

Eugénie
Französische Form von Eugenia. Bekannte Namensträgerin ist die politisch engagierte Spanierin Eugénie (1826–1920), Kaiserin der Franzosen und Frau von Napoleon III. (1808–1873).
Namenstage sind 26. September und 25. Dezember

Ev
Kurzform von Eva, Evelyn und Eveline.

Eva
Der Name stammt aus dem Hebräischen und bedeutet so viel wie *die Leben Schenkende.* Wir kennen Adam und Eva, die nach den Erzählungen der Bibel als Stammeltern der Menschen gelten.

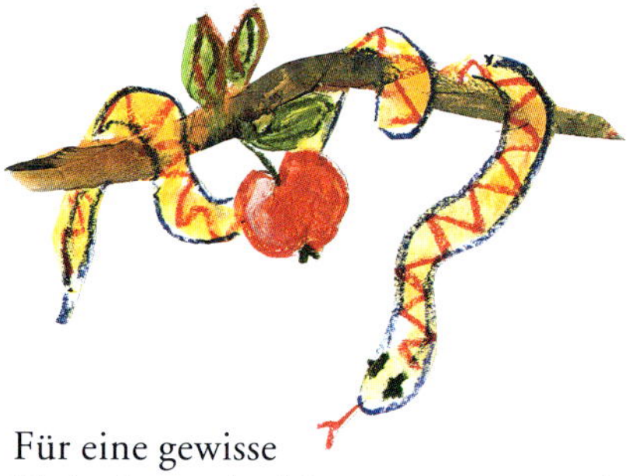

Für eine gewisse Verbreitung des Namens sorgte um die Jahrhundertwende die Figur des Evchens in den *Meistersingern* von Richard Wagner (1813–1883). Andere Formen sind Ev, Eve, Eveline, Evi, Evita und Evelyn. Bekannte Namensträgerinnen sind die deutsche Schauspielerin Eva Mattes (*1954) und die österreichische Opernsängerin Eva Lind (*1966).
Namenstage 11. Februar, 14. März, 30. August, 6. September, 24. Dezember

Evamaria
Der Name ist zusammengesetzt aus Eva und Maria. Andere Form: Evamarie.

Evelyn
Auch: Eveline. Der Name ist englischen Ursprungs und ist eine erweiterte Form von Eva. Bekannte Namensträgerin ist die deutsche Schauspielerin und Sängerin Evelyn Künneke (*1921). Kurzformen sind Ev und Evi.

Evi
Die Kurz- und Koseform von Eva, Eveline und Evelyn.

Evita
Spanische Form von Eva. Der Name wurde bekannt durch die argentinische Politikerin Evita Perón (eigentlich Eva Duarte de Perón; 1919–1952) und das Musical *Evita,* das ihre Lebensgeschichte erzählt.

Fabiane
Weibliche Form von Fabian. Andere Formen sind Fabienne und Fabiola.

Fabienne
Französische Form von Fabiane.

Fabiola
Die italienische Form von Fabiane. Bekannte Namensträgerin ist die Gattin des verstorbenen Königs Baudouin I. von Belgien, Fabiola, geb. de Mora y Aragón (*1928).
Namenstag 27. Dezember

Fanni
Kurzform von Franziska und Stefanie/Stephanie. Eine andere Schreibweise ist Fanny.

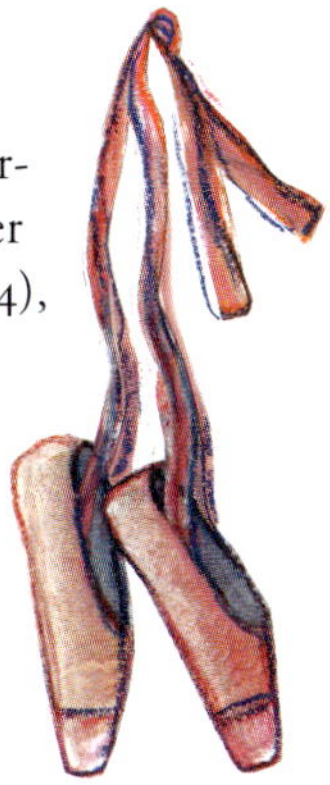

Fanny
Bekannte Namensträgerin ist die österreichische Balletttänzerin Fanny Elßler (eigentlich Franziska Elßler; 1810–1884), die gefeiertste Tänzerin des 19. Jhs.

Fatima
Der Name kommt aus dem Arabischen, die Bedeutung ist unbekannt. Fatima (606–632) war die jüngste Tochter des Propheten Mohammed (um 570–632).

Federica
Spanische Form von Friederike/Friderike.

Fee
Kurzform von Felicia/Felizia und Felicitas/Felizitas.

Fedora
Russische Form von Theodora, andere Formen sind Feodora und Fjodora.

Felicia
Eine andere Form von Felizia (Felizitas).

Felicitas
Andere Form von Felizitas.

Felipa
Spanische Form von Philippa.

Felizia
Weibliche Form von Felix. Andere Formen sind Felicia und Fee.

Felizitas
Der Name ist lateinischen Ursprungs und bedeutet so viel wie *Glückseligkeit, Fruchtbarkeit.* Der Name fand eine gewisse Verbreitung durch die Verehrung von zwei Märtyrerinnen dieses Namens aus frühchristlicher Zeit. Andere Formen sind Felicitas, Fee und Zita.
Namenstage 7. März, 23. November

Feodora
Eine andere Form von Fedora und Fjodora (= Theodora).

Fieke
Friesische Form von Viktoria.

Filippa
Italienische Form von Philippa.

Fiona
Der Name kommt aus dem Gälischen und bedeutet so viel wie *die Weiße, die Schöne.*

Fjodora
Andere Form von Fedora und Feodora (= Theodora).

Fleur
Französische Form von Flora.

Flora
Der Name ist der altrömischen Göttin der Blumen und Blüten entlehnt. Die französische Form ist Fleur.
Namenstage 29. Juli, 22. Oktober, 24. November

Florence
Englische Form von Florentine. Bekannte Namensträgerin ist die britische Krankenpflegerin Florence Nightingale (1820–1910), die während des Krimkriegs (1853–1856) die Verwundeten- und Krankenpflege organisierte.

Florentine
Weibliche Form von Florentin (= Florens/Florenz). Die englische Form ist Florence.

Floriane
Die weibliche Form von Florian.

Franca
Andere Schreibweise von Franka.

Frances
Englische Form von Franziska.

Francesca
Die italienische und spanische Form von Franziska.

Françoise
Die französische Form von Franziska. Bekannte Namensträgerin ist die französische Schriftstellerin Francoise Sagan (eigentlich Francoise Quoirez; *1935), berühmt geworden durch ihren Roman *Bonjour tristesse.*

Franka
Die weibliche Form von Frank. Eine andere Schreibweise ist Franca.
Namenstage 25. April, 22. Oktober

Frantje
Dieser neue Name ist bis heute in keinem Vornamenbuch verzeichnet und kann auch nicht gedeutet werden. Die Gesellschaft für deutsche Sprache hat jedoch keine Bedenken gegen diesen Namen, da sich Frantje wunderbar in die Reihe ähnlicher weiblicher Vornamen wie Antje, Jantje, Nantje, Rantje und Swantje einfügt.

Franzi
Kurzform von Franziska.

Franziska
Die weibliche Form von Franziskus (= Franz). Für eine gewisse Verbreitung des Namens sorgte die Verehrung von zwei Heiligen dieses Namens aus dem 15. und 19. Jh. Wir kennen aber auch die Kammerzofe Franziska aus dem Schauspiel *Minna von Barnhelm* von Gotthold Ephraim Lessing (1729–1781). Andere Formen sind Fanni/Fanny, Frances, Francesca, Françoise, Franzi und Ziska. Bekannte Namensträgerinnen sind die deutsche Sängerin und Produzentin Franziska Menke (*1960), bekannt geworden als Sängerin Fräulein Menke mit dem Titel *Hohe Berge,* und die deutsche Sportschwimmerin Franziska van Almsick (*1978). Namenstage 6. März, 9. März, 14. Dezember

Frauke
Ein alter deutscher Name, der so viel bedeutet wie *kleine Frau.*

Frederica
Die englische Form von Friederike/Friderike, die so auch in Italien und Spanien verbreitet ist.

Freya
Der Name kommt aus dem nordischen Sprachraum und bedeutet so viel wie *Herrin.* Eine andere Schreibweise ist Freia.

Friderike
Andere Schreibweise von Friederike.

Friedel
Kurzform von Elfriede.

Friederike
Die weibliche Form von Friedrich. Der Name fand eine gewisse Verbreitung durch zwei Frauen aus dem Umfeld Johann Wolfgang von Goethes, die diesen Namen trugen. Andere Formen sind Federica, Frederica, Friderike, Fritzi und Rike.

Friederun
Ein alter deutscher Name, zusammengesetzt aus den althochdeutschen Wörtern *fridu* (Friede, Schutz) und *runa* (Geheimnis).

Fritzi
Kurz- und Koseform von Friederike/Friderike. Bekannte Namensträgerin ist die österreichische Sängerin und Schauspielerin Fritzi Massary (eigentlich Friderike Massary; 1882–1969), die Anfang des 20. Jhdts. große Erfolge feierte. Sie gilt als erste deutsche Schlagersängerin.

Gabi
Kurzform von Gabriela/Gabriele. Eine andere Schreibweise ist Gaby.

Gabriela
Eine andere Form von Gabriele. Bekannte Namensträgerin ist die argentinische Tennisspielerin Gabriela Sabatini (*1970).

Gabriele
Die weibliche Form von Gabriel. Andere Formen sind Bele, Gabi/Gaby und Gabriela. Bekannte Namensträgerin ist die deutsche Schriftstellerin Gabriele Wohmann (*1932).
Namenstage 18. Januar, 24. März, 17. Juli

Gaby
Kurzform von Gabriele/Gabriela.

Gemma
Der Name stammt aus dem Lateinischen und bedeutet so viel wie *Edelstein.*

Genoveva
Ein alter deutscher Name, dessen Bedeutung unbekannt ist. Der Name fand eine gewisse Verbreitung durch die Verehrung der heiligen Genoveva (gest. 502). Nach der Sage wurde Genoveva von Brabant des Ehebruchs beschuldigt und lebte bis zum Beweis ihrer Unschuld mit ihrem Kind in der Wildnis. Dieser Stoff wurde mehrmals literarisch verarbeitet. Andere Formen sind Geneviève und Jennifer.
Namenstage 3. Januar, 26. November

Georgette
Französische Form von Georgia.

Georgia
Die weibliche Form von Georg.
Namenstag 15. Februar

Geraldine
Dieser englische Name ist eine Weiterentwicklung des deutschen Männernamens Gerald. Bekannte Namensträgerin ist die amerikanische Schauspielerin Geraldine Chaplin (*1944), Tochter von Charlie Chaplin (1889–1977).

Gerda
Der Name bedeutet so viel wie *Beschützerin* und ist eine Kurzform von Gertraud/Gertraude und Gertrud/Gertrude. Mögliches Namensvorbild ist Gerdhr, die Verlobte des Gottes Freyr in der *Edda.* Wir kennen Gerda als Figur in dem Märchen *Die Schneekönigin* von Hans Christian Andersen (1805–1875).

Gerlinde
Ein alter deutscher Name, dessen erste Silbe *Speer* bedeutet. Außerdem steckt das althochdeutsche Wort *linta*, das *Lindenholzschild* bedeutet, in dem Namen. Die Kurzform ist Linde/Linda.
Namenstag 3. Dezember

Gertraud
Eine Nebenform von Gertrud. Andere Formen sind Gertraude, Traude und Traudel/Traudl.

Gertrud
Ein alter deutscher Name, dessen erste Silbe *Speer* bedeutet und die zweite Silbe *Kraft*. Gertrud ist einer der wenigen Vornamen, die sich durchgängig seit der germanischen Zeit bis heute großer Beliebtheit erfreuen. Der Name kam besonders in Adelskreisen häufig vor, bis er volkstümlich wurde. Um 1900 gehörte er zu den beliebtesten Vornamen. Andere Formen sind Gerda, Gertraud/Gertraude, Gertrude, Gesa, Gesche, Gesine, Trude, Trudel/Trudl und Trudi. Bekannte Namensträgerinnen sind die deutsche Frauenrechtlerin und Schriftstellerin Gertrud Bäumer (1873–1954), und die österreichische Schriftstellerin Gertrud Fussenegger (*1912).
Namenstage 6. Januar, 17. März, 13. August, 17. November

Gertrude
Andere Form von Gertrud. Bekannte Namensträgerin ist die amerikanische Schriftstellerin Gertrude Stein (1874–1946). Ihr Pariser Salon war Treffpunkt berühmter Künstler wie Braque, Matisse und Picasso. Berühmt ist ihr Ausspruch *Eine Rose ist eine Rose ist eine Rose.*

Gesa
Friesische Kurzform von Gertrud/Gertrude. Andere Formen sind Gesche und Gesine.

Gesche
Friesische Nebenform von Gesa (= Gertrud/Gertrude).

Gesine
Weiterentwicklung von Gesa (= Gertrud/Gertrude).

Gila
Die Kurzform von Gisela. Bekannte Namensträgerin ist die deutsche Schauspielerin Gila von Weitershausen (*1944).

Gillian
Englische Form von Juliane.

Gina
Die italienische Kurzform von Regina. Bekannte Namensträgerin ist die italienische Schauspielerin und Fotografin Gina Lollobrigida (*1928).

Gioconda
Der Name ist italienischen Ursprungs und bedeutet so viel wie *angenehm, erfreulich*. Der Name ist geläufig durch das Bildnis der Mona Lisa von Leonardo da Vinci (1452–1519), das Gemälde wird auch auch *La Gioconda* genannt, nach dem Familiennamen der Mona Lisa (vgl. hierzu auch Mona). Bekannte Namensträgerin ist die nicaraguanische Schriftstellerin Gioconda Belli (*1949), die vor allem mit ihrem ersten Roman *Bewohnte Frau* international bekannt wurde.

Giovanna
Italienische Form von Johanna.

Gisela
Ein alter deutscher Name, dessen Bedeutung unklar ist, vielleicht *von vornehmer Abstammung.* Der Name war früher in Adelskreisen sehr beliebt. Er fand weite Verbreitung nach dem großen Erfolg des populären Romans *Reichsgräfin Gisela* von Eugenie Marlitt (1825–1887). Andere Formen sind Gila und Gisella. Bekannte Namensträgerinnen sind die deutsche Kabarettistin Gisela Schlüter (*1919) und die deutsche Schauspielerin Gisela Trowe (*1922).
Namenstage 13. Februar, 7. Mai

Gisella
Italienische Form von Gisela.

Gitta
Kurzform von Brigitta.

Gitte
Eine andere Form von Gitta, die Kurzform von Brigitte. Bekannte Namensträgerin ist die dänische Sängerin Gitte Haenning (eigentlich Gitte Haenning-Johansson; *1946), die ihre größten Erfolge in Deutschland feierte.

Giulia
Italienische Form von Julia.

Giuliana
Italienische Form von Juliana.

Giuseppa
Italienische Form von Josephina/Josefina.

Gloria
Der Name ist von dem lateinischen Wort *gloria* für *Ruhm, Ehre* abgeleitet. Bekannt ist die Fürstin Gloria von Thurn und Taxis (*1960).

Gönül
Der Name ist türkisch und bedeutet *Herz, Seele.*

Grace
Englische Form von Grazia.

Gracia
Spanische Form von Grazia. Bekannte Namensträgerin ist Fürstin Gracia Patricia von Monaco (eigentlich Grace Kelly; 1929–1982).
Namenstag 21. August

Grazia
Der Name stammt aus dem Lateinischen und bedeutet *Anmut.* Andere Formen sind Grace, Gracia und auch Graziella.
Namenstag 9. Juni

Graziella
Italienische Form von Grazia/Gracia.

Greta
Schwedische Kurzform von Margareta/Margarete, auch Grete oder Grethe. Bekannte Namensträgerin ist die schwedische Schauspielerin Greta Garbo (1905–1990).

Grete
Eine andere Form von Greta (= Margareta/Margarete). Auch: Gretha.

Griselda
Der Name kommt aus dem Italienischen, die Bedeutung ist nicht bekannt. Andere Formen sind Griseldis und Zelda. Der Name fand eine gewisse Verbreitung durch die Figur der Griselda in einer Novelle aus dem *Decamerone* von Giovanni Boccaccio (1313–1375). Von Gerhart Hauptmann (1862–1946) kennen wir das Schauspiel *Griselda.*

Griseldis
Andere Form von Griselda.

Grit
Kurzform von Margareta/Margarete und Margret. Die schweizerische Koseform ist Gritli. Bekannte Namensträgerin ist die deutsche Schauspielerin Grit Böttcher (*1938).

Gritli
Die schweizerische Koseform von Grit (= Margareta/Margarete und Magret). Wir kennen die gleichnamige Titelfigur aus einer Erzählung von Johanna Spyri (1827–1901).

Guda
Kurzform von Gudrun. Andere Form: Gudula.

Gudrun
Ein alter deutscher Name, dessen erste Silbe *Kampf* und die zweite Silbe *Geheimnis* bedeutet. Obwohl Gudrun als Wäscherin arbeiten muss, hält sie ihrem Bräutigam die Treue – so berichtet die *Gudrunsage* aus dem 13. Jh.. Andere Formen sind Guda und Gundula. Bekannte Namensträgerin ist die deutsche Schauspielerin Gudrun Landgrebe (*1950).

Gudula
Wahrscheinlich eine andere Form von Guda (= Gudrun). Der Name kann aber auch von dem flandrischen Namen Godolewa abgeleitet sein – hier besteht keine Gewissheit. Seitdem im Jahr 1047 die Gebeine der heiligen Gudula (gest. 712) in der Kirche Saint Michel in Brüssel aufbewahrt werden, sind beide Heiligen gemeinsame Schutzpatrone dieser Kathedrale.
Namenstag 8. Januar

Gunda
Eine Kurzform von alten deutschen Namen, die mit der Silbe -gund enden (Adelgund/Adelgunde, Kunigunde) mit der Bedeutung *Ratgeberin im Kampf.* Andere Formen sind Gundel und Gundula.

Gundula
Eine Weiterentwicklung von Gunda und Gundel (= Adelgund/Adelgunde).
Namenstag 5. Mai

Gustel
Kurzform von Auguste, eine andere Form ist Gustl. In dem Schauspiel *Wallenstein* von Friedrich von Schiller (1759–1805) heißt es über die Marketenderin: *Was? der Blitz, das ist die Gustel von Blasewitz!*

Gusti
Koseform von Auguste.

Gwendolin
Der Name kommt aus dem Englischen, die Bedeutung ist unklar. Die erste Silbe stammt eventuell aus dem keltischen Sprachraum und bedeutet *weiß*. Die Kurzform ist Gwen, eine andere Schreibvariante ist Gwendolyn.

Hanna
Kurzform von Johanna. Andere Formen sind Hannah und Hanne. Bekannte Namensträgerin ist die deutsche Schauspielerin Hanna Schygulla (*1943).
Namenstag 2. Oktober

Hannah
Eine andere Schreibweise von Hannah. Bekannte Namensträgerin ist die amerikanische Politikwissenschaftlerin deutscher Herkunft Hannah Arendt (1906–1975).

Hanne
Eine andere Form von Hanna/Hannah. Bekannte Namensträgerin ist die deutsche Sängerin, Komponistin, Texterin und Produzentin Hanne Haller (*1950).

Hannelore
Eine Zusammensetzung aus Hanne (= Johanna) und Lore (= Eleonore). Bekannte Namensträgerinnen sind Hannelore Kohl (*1933), Frau des Politikers Helmut Kohl (*1930), und die Schauspielerin Hannelore Elsner (*1944).

Harriet
Englische Form von Henriette.

Hedda
Friesische Kurzform von Hedwig. Wir kennen die Titelfigur *Hedda Gabler* des gleichnamigen Schauspiels von Henrik Ibsen (1828–1906).

Hedi
Koseform von Hedwig.

Hedwig
Ein alter deutscher Name, übersetzt: *heilig im Kampf*, was so viel bedeutet wie *Frauen nehmen nicht an Kriegen teil*. Dieser Name ist seit germanischer Zeit bis heute lebendig geblieben. Er fand eine gewisse Verbreitung durch die Verehrung der heiligen Hedwig aus dem 13. Jh., der Schutzpatronin Schlesiens. Bekannte Namensträgerin ist die deutsche Schriftstellerin Hedwig Courths-Mahler (1867–1950).
Namenstag 16. Oktober

Heide
Die Kurzform von Adelheid, Heidrun und Heidemarie. Eine andere Form ist Heidi. Bekannte Namensträgerin ist die deutsche Politikerin Heide Simonis (*1943).

Heidelinde
Der Name ist zusammengesetzt aus Heide und Linde. Die Kurzform ist Linda. Bekannte Namensträgerin ist die österreichische Schauspielerin Heidelinde Weis (*1940).

Heidemarie
Der Name ist zusammengesetzt aus Heide und Marie. Die Kurzform ist Heidi.

Heiderose
Der Name ist aus der Zusammensetzung von Heide und Rose(marie) entstanden.

Heidi
Die Kurzform von Adelheid, Heidemarie und Heidrun. Berühmt ist die Titelfigur der Heidi-Kinderromane von Johanna Spyri (1827–1901). Heidis Erlebnisse wurden mehrfach verfilmt. Bekannte Namensträgerin ist die deutsche Schauspielerin Heidi Kabel (*1914).

Heidrun
Ein alter deutscher Name, seine Bedeutung ist unklar. Die letzte Silbe kann *Geheimnis* bedeuten. Der Name ist ähnlich gebildet wie Gudrun und Sigrun. Andere Formen sind Heide und Heidi. Aus der *Edda* kennen wir die Ziege Heidrun, deren Milch Unsterblichkeit verleiht.

Heike
Friesische Kurzform von Heinrike (= Henrike). Bekannte Namensträgerin ist die deutsche Schauspielerin Heike Makatsch (*1971).

Helen
Die englische Form von Helene. Bekannte Namensträgerin ist die französische Sängerin und Schauspielerin Helen Schneider (*1953).

Helena
Der Name kommt aus dem Griechischen und bedeutet so viel wie *die Strahlende.* In der griechischen Mythologie ist Helena die Tochter des Zeus. Ihr Raub durch den trojanischen Königssohn Paris löst den Trojanischen Krieg aus. Sie ist das Sinnbild weiblicher Schönheit. Zur Verbreitung des Namens hat im 19. Jh. die Operette *Die schöne Helena* von Jacques Offenbach (1819–1880) beigetragen. Andere Namensformen sind Alina/Aline, Eileen, Eilen, Eila, Elena, Ellen, Helen, Helene, Hélène, Hella, Ilona, Lena, Lene, Nelli/Nelly und Nele.
Namenstage 26. April, 18. August

Helene
Andere Schreibweise von Helena. *Die fromme Helene* kennen wir aus den Geschichten von Wilhelm Busch (1832–1908). Bekannte Namensträgerinnen sind die deutsche Politikerin und Frauenrechtlerin Helene Lange (1848–1930) und die Schauspielerin Helene Weigel (1900–1971).

Helga
Der Name kommt aus dem Nordischen und bedeutet *die Vollkommene.* Helga ist ein echter heidnischer Kriegername, der durch die Begeisterung für die *Edda* im 19. Jh. bei uns als Vorname bekannt wurde. Andere Formen sind Elga, Ilga, Helge und Olga.
Namenstage 7. Mai, 8. Juni, 11. September

Helge
Der Name ist eine andere Form von Helga. Da Helge sowohl weiblicher wie männlicher Vorname sein kann, ist bei der Namensgebung ein zweiter Name vorgeschrieben, aus dem eindeutig das Geschlecht des Kindes hervorgeht.

Hella
Kurzform von Helena/Helene. Bekannte Namensträgerin ist die deutsche Komikerin Hella von Sinnen (eigentlich Hella Kemper; *1959).

Helma
Die Kurzform altdeutscher Namen, die mit der Silbe Helm- beginnen, zum Beispiel die heute ungebräuchlichen Namen Helmine und Helmtraud. Eine andere Form ist Hemma.

Hemma
Eine andere Form von Helma. Die heilige Hemma (um 980 – um 1045) gilt als Gründerin eines Benediktinerinnenklosters. Der Name ist heute eher ungebräuchlich.
Namenstage 31. Januar, 27. Juni

Henriette
Die weibliche Verkleinerungsform des französischen männlichen Namens Henri (= Heinrich). Andere Formen sind Harriet, Henny und Jette.

Henrike
Weibliche Form des französischen Namens Henri (= Heinrich). Andere Formen sind Heinrike und Rike.

Hera
Der Name ist griechischen Ursprungs und bedeutet so viel wie *die Starke, die Mächtige.* Bekannte Namensträgerin ist die deutsche Schriftstellerin und TV-Moderatorin Hera Lind (eigentlich Herlind Wartenberg; *1957), berühmt geworden mit ihrem Roman *Das Superweib.*

Herlinde
Ein alter deutscher Name, zusammengesetzt aus den althochdeutschen Wörtern für *Heer* und *Lindenholzschild.* Kurzform sind Linde und Linda.
Namenstag 12. Oktober

Hermine
Weibliche Form von Hermann. Die Kurzform ist Herma.

Herta
Dieser Name entwickelte sich aus Nerthus, dem Namen einer germanischen Göttin. Eine andere Schreibweise ist Hertha.
Namenstag 12. April

Hester
Englische Form von Esther.

Hilaria
Der Name kommt aus dem Lateinischen und bedeutet so viel wie *die Heitere.* Die englische Form ist Hillary.
Namenstag 12. August

Hilde
Die Kurzform von Hildegard, Brunhild/Brunhilde, Klothilde, Kriemhild/Kriemhilde, Mathilde/Mathilda und Mechthild. Bekannte Namensträgerin ist die deutsche Schriftstellerin Hilde Domin (*1912).
Namenstage 12. Januar, 17. November

Hildegard
Ein alter deutscher Name, zusammengesetzt aus den althochdeutschen Wörtern für *Kampf, Kämpfer* und *Schutz.* Hildegard war in Adelskreisen sehr beliebt und zählte zu den wohlklingendsten Namen im Mittelalter. Im 19. und 20. Jh. wurde er wieder modern. Andere Formen sind Hilde und Hilke. Bekannte Namensträgerin ist die heilige Hildegard von Bingen (11./12. Jh.), deren Lebensmotiv hieß: *Alles, was der Mensch isst, stärkt oder schwächt Körper und Geist. Also: Du wirst, was du isst!* Heute kennen wir die deutsche Sängerin, Schauspielerin und Buchautorin Hildegard Knef (*1925).
Namenstage 6. Februar, 11. April, 17. September, 14. Oktober

Hildrun
Ein alter deutscher Name, dessen erste Silbe so viel wie *Kampf* und die zweite Silbe *Geheimnis* bedeutet.

Hilke
Kurzform von Hildegard.

Hillary
Englische Form von Hilaria. Bekannte Namensträgerin ist Hillary Clinton (*1947), die Frau des 42. amerikanischen Präsidenten Bill Clinton (*1946).

Hiltraud
Ein alter deutscher Name, dessen erste Silbe *Kampf, Kämpfer* und dessen zweite Silbe *Kraft* bedeutet. Andere Formen: Hiltrud, Traude und Traudel/Traudl.
Namenstage 31. Mai, 27. September, 17. November

Hortense
Französische Form von Hortensia/Hortensie. Die großblütige Gartenpflanze Hortensie erhielt ihren Namen nach der französischen Astronomin Hortense Lepouche (19. Jh.). Der Name wurde bei uns bekannt durch die Stieftochter von Napoleon I. (1769–1821), Hortense Beauharnais (1783–1837), Mutter von Napoleon III. (1808–1873).

Hortensia
Der Name stammt aus dem Lateinischen und bedeutet so viel wie *die aus dem Geschlecht der Hortensier.* Hortensie ist zudem der Name einer Blume (vgl. hierzu auch Hortense). Andere Namensformen sind Hortense, Hortensie und Ortensia.

Huberta
Weibliche Form von Hubert.

Hulda
Ein alter deutscher Name, der im 18. und 19. Jh. durch die Ritterromane wiederbelebt wurde. Hulda kann mit *hold, gnädig* übersetzt werden. Die Holden heißen die Geister, die zwischen Weihnachten und dem Dreikönigstag durchs Land ziehen und Glück (= Huld) oder Unglück bringen.
Namenstage 10. April, 4. September

Ida
Die Kurzform von alten deutschen Namen, die mit Ida- beginnen. Der Name fand eine gewisse Verbreitung durch die Verehrung der heiligen Ida von Herzfeld (gest. 825), Schutzpatronin der Schwangeren. Wir kennen das Märchen *Die Blumen der kleinen Ida* von Hans Christian Andersen (1805– 1875). Bekannte Namensträgerin ist die österreichische Schauspielerin Ida Ehre (1900–1989).
Namenstage 24. Februar, 13. April, 4. September, 3. November, 26. November

Iffi
Kurzform von Iphigenie. Aus der TV-Kultserie *Lindenstraße* kennen wir die rothaarige Iffi.

Ignatia
Die weibliche Form von Ignatius und Ignaz.

Ilga
Herkunft und Bedeutung des Namens sind unklar, vielleicht eine andere Form

von Helga und/oder die Kurzform von dem heute ungebräuchlichen Namen Ilsegard. Die heilige Ilga wird besonders in Österreich verehrt.
Namenstag 8. Juni

Ilka
Kurzform von Ilona.

Ilona
Ungarische Form von Helene. Andere Formen sind Ilka, Ilonka (in Ungarn) und Ilu. Bekannte Namensträgerin ist die deutsche TV-Moderatorin Ilona Christen (*1952).

Ilse
Eine Kurzform von Elisabeth. Wir kennen die Figur der Ilse Bauer aus dem Roman *Die verlorene Handschrift* von Gustav Freytag (1816–1895). Aus dem Grimmschen Märchen vom *Fischer un syner Fru* stammt der Ausspruch: *Myne Frau, de Ilsebill, will nich so, as ik wol will.* Bekannte Namensträgerin ist die aus Österreich stammende Schriftstellerin Ilse Aichinger (*1921).

Ilu
Kurzform von Ilona (Helena/Helene).

Imke
Die friesische Kurzform von Namen, die mit der Silbe Irm- beginnen (Irmgard, Irmhild und Irmtraud).

Imme
Kurzform von Irmgard, Irmhild und Irmtraud.

Imogen
Der Name ist wahrscheinlich keltischen Ursprungs, die Bedeutung unbekannt.

Ina
Die Kurzform von Namen, die mit der Silbe -ina/-ine enden (Carolina/Caroline, Christina/Christine, Katharina/Catharina, Marina und Regina).
Bekannte Namensträgerinnen sind die deutsche Schriftstellerin Ina Seidel (1885–1974) und die deutsche Rocksängerin Ina Deter (*1947), berühmt geworden durch ihre politisch engagierten Texte.

Ines
Spanische Form von Agnes.

Inga
Nordische Kurzform von Ingeborg. Bekannte Namensträgerin ist die deutsche Rocksängerin Inga Rumpf (*1948).

Inge
Kurzform von Ingeborg und Ingrid. Bekannte Namensträgerin ist die deutsche Schauspielerin Inge Meysel (*1910).

Ingeborg
Der Name kommt aus dem Nordischen. Yngui ist ein isländischer Gott, die zweite Silbe bedeutet *schützen, helfen.* Inge-

borg war ein gern gewählter Vorname, nachdem im 19. Jh. die *Frithjof Saga* mit der Titelheldin Ingeborg in Übersetzung in Deutschland erschien. Andere Formen sind Inga und Inge. Bekannte Namensträgerinnen sind die deutsche Komponistin Ingeborg Bronsart von Schellendorff (gest. 1913) und die österreichische Schriftstellerin Ingeborg Bachmann (1926–1973), bekannt geworden durch das Hörspiel *Der gute Gott von Manhattan* und den Roman *Malina.* Namenstag 30. Juli

Ingrid

Der Name kommt aus dem Nordischen, zusammengesetzt aus der Gottheit Yngui und dem Wort für *schön.* Dieser ursprünglich heidnische Name wurde bei uns Ende des 19. Jhs. durch die skandinavische Literatur bekannt und entwickelte sich zu einem der beliebtesten Vornamen. Die Kurzform ist Inge. Bekannte Namensträgerinnen sind die schwedische Schauspielerin Ingrid Bergman (1917–1982), die deutsche Kriminalschriftstellerin Ingrid Noll (*1935), berühmt geworden mit ihrem Roman *Die Apothekerin,* und die deutsche Schauspielerin Ingrid Steeger (*1948). Namenstage 2. September, 9. Oktober

Iphigenie

In der griechischen Mythologie ist Iphigenie die Tochter von Klytämnestra und Agamemnon. Die Sage erzählt: Nachdem Iphigenie entführt wurde und niedere Tempeldienste verrichten musste, wird sie eines Tages von ihrem Bruder erkannt, und die Geschwister fliehen gemeinsam nach Attika. Dieses Thema ist mehrfach dramatisch bearbeitet worden, z.B. von Johann Wolfgang von Goethe (1749–1832) *Iphigenie auf Tauris.* Die Kurzform ist Iffi.

Ira

Kurzform von Irene und Irina. Bekannte Namensträgerin ist die deutsche Fürstin Ira von Fürstenberg (*1940).

Ireen

Englische Form von Irene. Bekannte Namensträgerin ist die deutsch-englische Sängerin Ireen Sheer (*1949), 1973 sehr erfolgreich mit dem deutschen Titel *Goodbye Mama.*

Irène

Französische Form von Irene. Bekannte Namensträgerin ist die französische Physikerin Irène Joliot-Curie (1897–1956).

Irene

Weibliche Form von Irenäus. Der Name fand eine gewisse Verbreitung durch die Kaiserin Irene (gest. 803), die sowohl ihren Sohn als auch die fünf Brüder ihres verstorbenen Mannes blenden ließ und später heilig gesprochen wurde, weil sie das Verbot der Bilderverehrung wieder aufhob. Andere Formen sind Ira, Irène, Ireen, Irina und Reni.
Namenstage 21. Februar, 1. April, 20. Oktober

Irina
Die polnische und slawische Form von Irene. Die Kurzform ist Ira.

Iris
Der Name stammt aus dem Griechischen und bedeutet so viel wie *Regenbogen*, ist aber zugleich auch der Name einer Blume. Bekannte Namensträgerin ist die deutsche Schauspielerin Iris Berben (*1950).
Namenstag 4. September

Irma
Ein alter deutscher Name und die Kurzform von Namen, die mit der Silbe Irm- beginnen (Irmgard, Irmhild).

Irmgard
Ein alter deutscher Name, dessen erste Silbe *groß, mächtig* bedeutet und die zweite Silbe *Schutz*. Der Name fand weite Verbreitung durch die Verehrung verschiedener Heiliger dieses Namens. Um 1900 zählte dieser Vorname zu den beliebtesten. Andere Formen sind Emma, Imke, Imme, und Irma. Bekannte Namensträgerinnen sind die deutsche Schriftstellerin Irmgard Keun (1910–1982) und die österreichische Sängerin Irmgard Seefried (1919–1988).
Namenstage 19. Februar, 20. März, 6. Juli, 4. September, 3. Oktober

Irmhild
Ein alter deutscher Name, dessen erste Silbe *groß, mächtig* bedeutet und die zweite Silbe *Kampf*. Andere Formen sind Emma, Imke, Irma und Imme.
Namenstag 13. Februar

Irmina
Eine Weiterentwicklung von Irma.
Namenstag 3. Januar

Irmtraud
Ein alter deutscher Name, dessen erste Silbe *groß, mächtig* bedeutet, die zweite Silbe *Stärke, Kraft*. Andere Formen sind Emma, Imke, Imme, Irma, Irmtrud, Traude und Traudel/Traudl.
Namenstage 29. April, 29. Mai

Irmtrud
Eine andere Form von Irmtraud. Weitere Formen sind Trude, Trudel/Trudl und Trudi.

Isa
Kurzform von Isabel/Isabell, Isabella/Isabelle und Isadora.
Namenstag 14. Mai

Isabel
Die spanische Form von Isabella. Eine andere Schreibweise ist Isabell. Bekannte Namensträgerin ist die chilenische Schriftstellerin Isabel Allende (*1942), berühmt geworden durch ihre Romane *Das Geisterhaus* und *Von Liebe und Schatten*.

Isabell
Andere Schreibweise von Isabel (= Isabella). Bekannte Namensträgerin ist die deutsche Sängerin Isabell Varell (*1961).

Isabella
Der Name kommt aus dem Italienischen, ist aber spanischen Ursprungs und eine Nebenform von Elisabeth; die zweite Silbe bedeutet *schön*. Isabella ist ein beliebter Vorname im spanischen Königshaus: Isabella I. (1451–1504) und Isabella II. (1830–1904). Die spanische Prinzessin Isabella, Tochter Philipps II. (1527–1598), schwor, ihr Hemd so lange nicht zu wechseln, bis ihr Mann, der Erzherzog von Österreich, Ostende erobert habe. Dazu brauchte der Gatte drei Jahre, und seitdem trägt eine bräunlich-gelbe Farbe diesen Namen. Andere Formen sind Bella, Isa, Isabel/Isabell und Isabelle. Bekannte Namensträgerin ist die italienische Schauspielerin Isabella Rossillini (*1952), Tochter der schwedischen Schauspielerin Ingrid Bergman (1917–1982) und des italienischen Regisseurs Roberto Rossillini (1906–1977).
Namenstage 22. Februar, 31. August

Isadora
Eine andere Form von Isidora. Bekannte Namensträgerin ist die amerikanische Tänzerin Isadora Duncan (1878–1927).

Isidora
Der Name kommt aus dem Griechischen und bedeutet so viel wie *Geschenk der Göttin Isis*.
Namenstag 4. April

Isolde
Die Herkunft und Bedeutung sind unbekannt. Der Name fand eine gewisse Verbreitung durch die Oper *Tristan und Isolde* von Richard Wagner (1813–1883), die 1865 uraufgeführt wurde.
Namenstag 24. August

Ivette
Andere Form von Yvette.

Ivonne
Eine andere Schreibweise von Yvonne.

Jacqueline
Die weibliche Form von Jacques. Bekannte Namensträgerin ist Jacqueline Kennedy-Onassis (1929–1994), die Frau des 35. amerikanischen Präsidenten John F. Kennedy (1917–1963).
Namenstage 1. April, 23. Juli

Jana
Weibliche slawische Form von Jan und eine Kurzform von Johanna. Eine andere Form ist Janina.

Jane
Englische Form von Johanna. Andere Formen sind Jean und Jayne. Bekannte Namensträgerinnen sind die englische

Schriftstellerin Jane Austen (1775–1817) und die amerikanische Schauspielerin Jane Fonda (*1937).

Janina
Die polnische und slawische Weiterentwicklung von Jana. Bekannte Namensträgerin ist die Schriftstellerin Janina David (*1930), die durch ihren Roman *Ein Stück Himmel* auf sich aufmerksam machte.

Jasmin
Der Name eines blühenden Gartenstrauchs ist seit Jahren als Vorname sehr beliebt. Wir kennen aus der arabischen Märchensammlung *Tausendundeine Nacht* das Mädchen Jasmin. Eine andere Schreibweise ist Yasmin.

Jayne
Eine andere Form von Jane (= Johanna). Bekannte Namensträgerin ist die amerikanische Schauspielerin Jayne Mansfield (1934–1967).

Jean
Die schottische Form von Jane (= Johanna). Bekannte Namensträgerin ist die amerikanische Schauspielerin Jean Seberg (1938–1979), berühmt geworden durch dem Film *Außer Atem*.
Namenstag 19. Oktober

Jeanette
Eine französische Form von Johanna. Eine weitere Form ist Jeanne.

Jeanne
Die französische Form von Johanna. Eine andere Form ist Jeanette. Bekannte Namensträgerin ist die französische Nationalheldin Jeanne d'Arc (um 1412–1431), die die Franzosen von den Engländern befreite, als Ketzerin lebendig verbrannt, aber 1456 rehabilitiert wurde. Ihre Lebensgeschichte wurde mehrmals literarisch verarbeitet; z. B. in dem Drama *Die Jungfrau von Orleans* von Friedrich von Schiller (1759–1805) und in dem Schauspiel *Die Heilige Johanna* von George Bernard Shaw (1856–1950).
Namenstag 30. Mai

Jennifer
Englische Form von Genoveva. Bekannte Namensträgerin ist die amerikanische Schauspielerin Jennifer Jones (eigentlich Phyllis Isley; *1919). Die Koseform ist Jenny.

Jenny
Koseform von Jennifer (= Genoveva). Bekannte Namensträgerin ist Jenny von Westphalen (1814–1881), die Frau von Karl Marx (1818–1883).

Jessica
Der Name stammt aus dem Hebräischen und bedeutet so viel wie *Gott sieht an.*

Bekannte Namensträgerinnen sind die amerikanische Schauspielerin Jessica Lange (*1949) und Jessica Stich (*1967), die Frau des deutschen Tennisspielers Michael Stich (*1968).

Jette
Koseform von Henriette.

Jil
Eine andere Form von Jill (Juliane). Bekannte Namensträgerin ist die deutsche Modeschöpferin Jil Sander (eigentlich Heidemarie Jiline Sander; *1944).

Jill
Die englische Kurzform von Gillian (= Juliane).

Joan
Englische Form von Johanna. Bekannte Namensträgerinnen sind die englische Schauspielerin Joan Collins (*1933), unvergessen in der Rolle der Alexis in der TV-Serie *Denver Clan,* und die amerikanische Sängerin Joan Baez (*1941).

Johanna
Weibliche Form von Johannes. In der Bibel gehört Johanna neben Maria Magdalena zu den Frauen, an denen Jesus Wunderheilungen vollbrachte. Im Mittelalter war Johanna ein beliebter Name in Adelskreisen. Andere Formen sind Giovanna, Hanna/Hannah, Hanne, Jana, Jane, Jayne, Jean, Jeanne, Jeanette, Jenny, Joan, Juana und Juanita. Bekannte Namensträgerin ist die österreichische Schauspielerin Johanna Matz (*1932).

Namenstage 4. Februar, 22. Februar, 21. August, 12. Dezember

Jolanda
Eine andere Form von Jolanthe.

Jolanthe
Der Name kommt aus dem Griechischen und bedeutet so viel wie *Veilchenblüte.* Der Name war in Adelskreisen beliebt und gelangte mit den zurückgekehrten Kreuzfahrern nach Deutschland. Eine andere Form ist Jolanda.
Namenstage 17. Januar, 16. Juni, 29. November, 17. Dezember

Jorina
Friesische Weiterentwicklung des männlichen Vornamens Gregor.

Josefine
Die deutsche Schreibweise von Joséphine (= Josephina/Josefina).

Josepha
Eine andere Form von Josephina, auch Josefa geschrieben.
Namenstag 11. Oktober

Josephina
Die weibliche Form von Josef/Joseph. Andere Formen sind Giuseppa, Josefa/Josepha, Josefina/Josefine und Joséphine.
Namenstag 26. Oktober

Joséphine
Französische Form von Josephina/Josefine. Bekannte Namensträgerinnen sind Joséphine Beauharnais (1763–1814), die erste Frau von Napo-

leon I. (1769–1821), und die französisch-amerikanische Tänzerin Joséphine Baker (1906–1975).

Joy
Der Name stammt aus dem Englischen und bedeutet *Freude.* Bekannte Namensträgerin ist Deutschlands herausragende Bluessängerin Joy Fleming (eigentlich Erna Strube; *1944).

Juana
Eine spanische Form von Johanna. Die Koseform ist Juanita.

Juanita
Koseform von Juana, der spanischen Variante von Johanna.

Judith
Der Name hat hebräischen Ursprung und bedeutet so viel wie *die Frau aus Jehud.* Im Alten Testament tötet Judith Holofernes im Schlaf und rettet dadurch ihre Vaterstadt. Dieser Stoff wurde häufig musikalisch, literarisch und in der bildenden Kunst verarbeitet. Andere Formen sind Jutta und Judy.
Namenstage 13. März, 25. März, 29. Juni, 22. Dezember

Jule
Die Kurzform von Juliane. Bekannte Namensträgerin ist die deutsche Sängerin russischer Herkunft Jule Neigel (eigentlich Juliane Natascha Neigel; *1966).

Julia
Weibliche Form von Julius. Andere Formen sind Julie und Giulia. Der Name fand weite Verbreitung durch das Schau-

spiel *Romeo und Julia* von William Shakespeare (1564–1616). Bekannte Namensträgerin ist die amerikanische Schauspielerin Julia Roberts (*1967).
Namenstage 22. Mai, 21. Juli, 16. September

Juliane
Die weibliche Form von Julian (= Julius). Weitere Formen und internationale Varianten sind Gillian, Giuliana, Jil, Jill, Jule, Juliana und Liane. Bekannte Namensträgerin ist die deutsche Sängerin Juliane Werding (*1956), 1972 berühmt geworden mit dem Titel *Am Tag, als Conny Kramer starb.*
Namenstage 16. Februar, 5. April

Julie
Französische Form von Julia.

Justina
Weibliche Form von Justin. Der Name fand eine gewisse Verbreitung durch die Verehrung von zwei Märtyrerinnen in frühchristlicher Zeit.
Namenstage 16. Juli, 7. Oktober

Jutta
Eine andere Form von Judith, aber auch mit der Bedeutung *die aus dem Volk der Jüten Stammende.* Bekannte Namensträgerin ist die deutsche Journalistin Jutta Ditfurth (*1951).
Namenstage 13. Januar, 5. Mai, 31. Oktober, 29. November, 22. Dezember

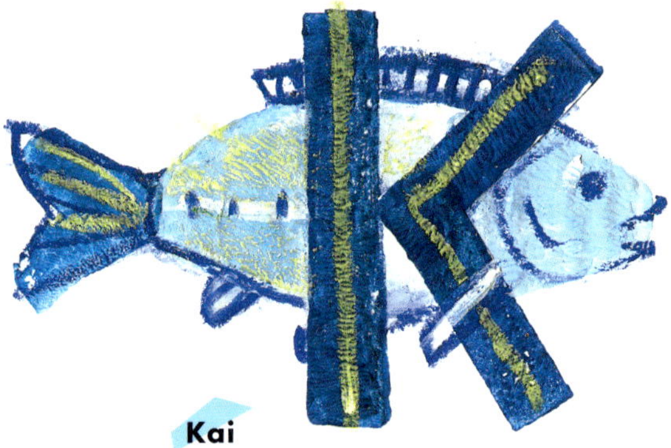

Kai
Herkunft und Bedeutung dieses Namens sind unklar, wahrscheinlich die nordische Kurzform von Katharina. Eine andere Schreibweise ist Kay. Kai/Kay ist sowohl weiblicher wie männlicher Vorname, deshalb ist ein zweiter Vorname vorgeschrieben, aus dem eindeutig das Geschlecht des Kindes hervorgeht.

Kamilla
Andere Schreibweise von Camilla.

Karen
Eine andere Form von Karin (= Katharina). Bekannte Namensträgerin ist das amerikanische Topmodel Karen Mulder (*1970).

Karin
Schwedische Form von Katharina. Dieser Name wurde um 1900 bei uns durch skandinavische Literatur bekannt und entwickelte sich rasch zu einem der beliebtesten Vornamen. Andere Formen sind Karen und Karina/Carina.

Karina
Andere Schreibweise von Carina und eine Weiterbildung des Namens Karin (= Katharina).

Karla
Weibliche Form von Karl. Andere Formen sind Carla und Carola/Karola.

Karola
Die latinisierte Form von Karla/Carla. Andere Formen sind Carola, Karolina/Carolina und Karoline/Caroline.

Karolina
Die Weiterentwicklung von Carola/Karola (= Karl). Im 18. Jh. gehörte Karolina/Karoline zu den beliebtesten Vornamen. Die beiden amerikanischen Staaten North Carolina und South Carolina erhielten ihren Namen von dem französischen König Karl IX. (1550–1574) und die Inselgruppe Karolinen von dem spanischen König Karl II. (1661–1700). Andere Formen sind Carol, Carola/Karola, Carolin, Carolina/Caroline, Carolyn, Ina und Karoline.

Karoline
Andere Form von Karolina. Der deutsche Dichter Christian Fürchtegott Gellert (1715–1769) schrieb: *Ein Freier kam, man wies ihm Philippinen: allein sein Herz blieb frei, er wollte wieder gehn. Kaum aber sah er Karolinen, so blieb er vor Entzücken stehn.* Bekannte Namensträgerin ist die deutsche Dichterin Karoline von Günderode (1780–1806). Wegen ihrer unglücklichen Liebe zu G. F. Creuzer beging sie Selbstmord. Namenstag 29. Januar

Karsta

Niederdeutsche Form von Christa/Krista (= Christiane/Kristiane).

Kassandra

Der Name hat griechischen Ursprung, die Bedeutung ist unbekannt. In der griechischen Mythologie gibt es die mit seherischen Fähigkeiten ausgestattete Kassandra, Tochter des Priamos, die die Trojaner vergeblich vor der List der Griechen mit dem Trojanischen Pferd gewarnt hat. Andere Namensformen sind Cassandra, Cassie/Cassy und Sandra.

Katarina

Eine andere, seltener gewählte Schreibweise von Katharina/Catharina. Bekannte Namenträgerin ist die deutsche Eiskunstläuferin Katarina Witt (*1965).

Kate

Englische Kurzform von Cathreen (= Katharina/Catharina). Bekannte Namensträgerin ist das amerikanische Topmodel Kate Moss (*1974).

Käte

Eine Kurzform von Katharina/Catharina, auch Käthe geschrieben.

Katharina

Der Name ist aus dem Griechischen und bedeutet so viel wie *die Reine.* Für eine weite Verbreitung des Namens sorgte die Verehrung der heiligen Katharina von Alexandria (gest. 307). Andere Formen sind Catalina, Catarina, Caterina, Catherina, Cathérine, Cathleen/Kathleen, Cathreen, Cathrin/Catrin, Ina, Kai/Kay, Kate, Käte/Käthe, Karin, Karina/Carina, Katarina, Katrin/Kathrin, Katja/Katia, Katinka, Katrin/Kathrin und Tina. Ebenso vielfältig wie die Varianten dieses Namens ist die Reihe seiner bekannten Namensträgerinnen. Die Königin von Frankreich, Katharina von Medici (1519–1589), die in der Bartholomäusnacht die französischen Hugenotten ermorden ließ, ist berühmt-berüchtigt. Außerdem ist die russische Zarin Katharina die Große (eigentlich Sophie Friederike Auguste Prinzessin von Anhalt-Zerbst; 1729–1796) zu nennen, die Russland ausdehnte und reformierte. Der Petersburger Hof war zu ihrer Zeit kultureller Mittelpunkt Europas.
Namenstage 9. Februar, 24. März, 29. April, 25. November

Käthe

Kurzform von Katharina/Catharina, auch Käte geschrieben.

Kathleen

Englische Form von Katharina/Catharina. Eine andere Schreibweise ist Cathleen. Bekannt ist die amerikanische Schauspielerin Kathleen Turner (*1954).

Kathrin
Eine sehr verbreitete Kurzform von Katharina/Catharina. Andere Schreibweisen sind Catrin/Cathrin und Katrin. Bekannte Namensträgerin ist die deutsche Sportlerin Kathrin Krabbe (*1969).

Katia
Russische Kurzform von Katharina/Catharina. Eine andere Schreibweise ist Katja.

Katinka
Kurzform von Katharina/Catharina.

Katja
Russische Kurzform von Katharina/Catharina, auch Katia geschrieben. Bekannte Namensträgerinnen sind die deutsche Schlagersängerin Katja Ebstein (eigentlich Karin Witkiewicz; *1945) und die deutsche Schauspielerin Katja Riemann (*1963).

Katrin
Eine andere Form von Katharina/Catharina, auch Kathrin und Catrin/Cathrin geschrieben.

Kay
Andere Schreibweise von Kai (= Katharina/Catharina).

Kerstin
Andere Form von Kristine (= Christine).

Kim
Der Name hat keltischen Ursprung und bedeutet so viel wie *Anführer.* Bekannte Namensträgerinnen sind die amerikanischen Schauspielerinnen Kim Novak (*1933) und Kim Basinger (*1953).

Kirsten
Andere Form von Kristine (= Christine).

Kirstin
Die schwedische Namensform von Christine/Kristine.

Kitty
Englische Form von Catherina (= Katharina/Catharina).

Klara
Der Name kommt aus dem Lateinischen und bedeutet so viel wie *die Leuchtende.* Er fand eine weite Verbreitung durch die Verehrung der heiligen Klara von Assisi aus dem 13. Jh.. Andere Formen sind Chiara, Claire, Clara, Cläre, Klarissa/Clarissa.
Namenstage 8. Mai, 12. August

Klarissa
Weiterentwicklung von Klara/Clara, auch Clarissa geschrieben.

Klaudia
Andere Form von Claudia.

Klothilde
Ein alter fränkischer Name, dessen erste Silbe *laut, berühmt* bedeutet, die zweite Silbe *Kampf, Kämpfer.* Von Wilhelm

Busch (1832–1908) kennen wir den Reim: *Ach wie ist der Abend milde! Knopp der wandelt mit Klothilde.* Eine weitere Namensform ist Hilde.
Namenstag 4. Juni

Konstanze
Andere Form von Constance/Constanze. Wir kennen die Figur der Konstanze aus der Oper *Die Entführung aus dem Serail* von Wolfgang Amadeus Mozart (1756–1791).

Kora
Andere Schreibweise von Cora (= Kordelia, Kordula, Korinna und Kornelia).

Kordelia
Andere Schreibweise von Cordelia (= Cordula/Kordula), die Kurzform ist Kora/Cora.

Kordula
Andere Schreibweise von Cordula, die Kurzform ist Kora.

Korinna
Andere Schreibweise von Corinna, die Kurzform ist Kora/Cora.

Kornelia
Andere Schreibweise von Cornelia, die Kurzformen sind Kora, Nele und Nelli/Nelly.

Kriemhild
Ein alter deutscher Name, dessen erste Silbe *Helm* bedeutet und die zweite Silbe *Kampf, Kämpfer.* Im *Nibelungenlied* ist Kriemhild die Schwester von Gunther, Gernot sowie Giselher und die Frau von Siegfried, die seinen Tod später an ihren Brüdern rächen lässt. Andere Namensformen sind Hilde und Kriemhilde.

Krista
Schwedische Form von Christa (= Christiane/Kristinae). Eine andere Form ist Karsta. Bekannte Namensträgerin ist die deutsche Politikerin Krista Sager (*1953).

Kristiane
Schwedische Form von Christiane.

Kristin
Die schwedische und dänische Form von Christine, auch Christin geschrieben.

Kristina
Die schwedische Form von Christina/Christine. Weitere Formen sind Kerstin, Kirstin, Kersten, Kristine, Ina und Tina.

Kristine
Andere Form von Kristina.

Kunigunde
Ein alter deutscher Name, der so viel bedeutet wie *die für ihr Geschlecht (= Sippe)*

Kämpfende. Der Name fand eine gewisse Verbreitung durch die Verehrung verschiedener Heiliger. Kaiserin Kunigunde, im Jahr 1200 heilig gesprochen, ist im Bamberger Dom begraben. Andere Formen dieses Namens sind Gunda und Gundel.
Namenstage 17. Januar, 3. März, 13. Juli, 24. Juli, 9. September

Ladislava
Weibliche Form von Ladislaus.

Laetitia
Andere Schreibweise von Lätitia.

Lara
Russische Form von Laura und Larissa (= Laurentia). Wir kennen die Figur der Lara aus dem Roman *Dr. Schiwago* von Boris Pasternak (1890–1960).

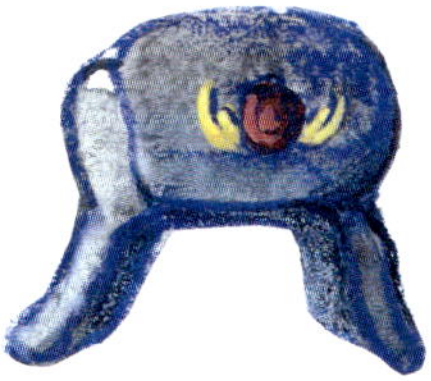

Larissa
Der Name stammt aus dem Griechischen (Name einer Stadt). Als Kurz- und Nebenformen sind Lara, Laura und Laurentia verbreitet.
Namenstag 26. März

Lätitia
Der Name ist lateinischen Ursprungs und bedeutet so viel wie *Freude.*
Eine andere Schreibweise ist Laetitia.
Namenstage 5. Juni, 9. Juli

Laura
Italienische Kurzform von Laurentia. Nachdem sich der italienische Dichter und Humanist Francesco Petrarca (1304–1374) ebenso unsterblich wie aussichtslos in eine Dame dieses Namens verliebt hatte, gilt Laura als Inbegriff platonischer Liebe. Im 18. und 19. Jh. war Laura ein beliebter Vorname in gebildeten Familien. Andere Formen sind Lara und Larissa. Bekannte Namensträgerin ist die italienische Modeschöpferin Laura Biagiotti (*1944).
Namenstag 19. Oktober

Laurentia
Weibliche Form von Laurentius. Weitere Formen sind Lara, Laura und Larissa.
Namenstage 13. März, 21. Mai, 8. Oktober

Lavina
Der Name kommt aus dem Griechischen. Lavina hieß die Tochter des Königs von Latium. Eine andere Form ist Lavinia.

Lavinia
Andere Form von Lavina.

Lea
Der Name ist aus dem Hebräischen entnommen. Die Bedeutung ist zwar noch unklar, eventuell lässt sie sich jedoch mit *die sich umsonst bemüht* umschreiben. Im Alten Testament ist Lea die ältere Schwester von Rahel und die erste Frau von Jakob. Eine andere Schreibweise ist Leah. Bekannte Namensträgerin ist Lea Rabin, die Frau des ermordeten israelischen Politikers Yitzhak Rabin (1922–1995).

Leah
Andere Schreibweise von Lea.

Lena
Die Kurzform der Namen Helena und Magdalena. Der Name fand eine gewisse Verbreitung durch das Lustspiel *Leonce und Lena* von Georg Büchner (1813–1837). Bekannte Namensträgerin ist die Sängerin Lena Valaitis (eigentlich Anelé Valaitis; *1943).

Lene
Kurzform von Helene, Magdalene und Marlene. Wir kennen die Figur der Lene aus der Erzählung *Bahnwärter Thiel* von Gerhart Hauptmann (1858–1921).

Leoni
Die weibliche Form von Leon. Weitere Namensformen sind Leonie, Loni und Lonny.

Leonida
Weibliche Form von Leonid.

Leonie
Eine andere Schreibweise von Leoni. Namenstag 25. Juni

Leonora
Andere Schreibweise von Leonore (= Eleonore/Eleonora).
Namenstag 22. Mai

Leonore
Kurzform von Eleonore/Eleonara. Eine andere Namensform ist Leonora.

Leslie
Der Name kommt aus dem englisch-schottischen Sprachraum und war ursprünglich ein Nachname. Bekannte Namensträgerin ist die französische Schauspielerin Leslie Caron (*1931).

Liane
Die Kurzform von Juliane und der Name einer exotischen Schlingpflanze. Wir kennen die Figur der Liane aus dem Roman *Titan* von Jean Paul (1763–1825). Bekannte Namensträgerin ist die schweizerische Sängerin Liane Covi (*1948).

Libusa
Der Name ist im slawischen Sprachraum entstanden. Der Sage nach ist Libusa eine böhmische Königin, die Prag gegründet haben soll. Eine andere Schreibweise ist Libussa.

Liesa
Kurzform von Anneliese, Elisabeth und Lieselotte/Liselotte, auch Liese und Lisa geschrieben.

Liesbeth
Kurzform von Elisabeth, auch Lisbeth geschrieben.

Liese
Eine andere Form von Liesa (= Anneliese, Elisabeth und Lieselotte/Liselotte), auch Lise geschrieben.

Liesel
Kurzform von Elisabeth.

Lieselotte
Der Name ist zusammengesetzt aus Elisabeth und Charlotte. Andere Formen sind Liese, Lilo, Lise, Liselotte, Lotte und Lotti.

Lili
Wahrscheinlich die Kurz- und Koseform von Elisabeth und Liliana/Liliane. Weitere Formen sind Lilian, Lilli und Lily.

Lilian
Die englische Form von Liliana/Liliane, Kurzformen sind Lili/Lilli und Lily. Bekannte Namensträgerin ist die englische Schauspielerin Lilian Harvey (1907–1968).

Liliana
Eine Weiterentwicklung von Lily und Lili/Lilli. Andere Formen sind Lilian und Liliane.

Liliane
Andere Form von Liliana.

Lilli
Eine andere Schreibweise von Lili und Lilly (= Elisabeth und Liliana/Liliane). Bekannte Namensträgerin ist die deutsche Bankierstochter Lilli Schönemann (eigentlich Anna Elisabeth Schönemann; 1758–1817), die einige Monate mit Johann Wolfgang von Goethe (1749–1832) verlobt gewesen war.

Lilo
Kurzform von Lieselotte/Liselotte.

Lily
Andere Schreibweise von Lili (= Elisabeth und Liliana/Liliane).

Linda
Kurzform von Namen, die den Wortstamm Lind, Linde, Linda enthalten (Gerlinde, Sieglinde, Heidelinde, Herlinde usw). Bekannte Namensträgerin ist die niederländische TV-Moderatorin Linda de Mol (*1964).

Linde
Kurzform von Gerlinde, Herlinde und Sieglinde.

Lioba
Der Name stammt aus dem westgotischen Sprachraum und bedeutet so viel wie *die Liebende.*

Lisa
Kurzform von Anneliese, Elisabeth und Lieselotte/Liselotte, auch Lise und Liese geschrieben. Bekannte Namensträgerinnen sind die deutsche Schauspielerin, Sängerin, Kabarettistin und Entertainerin Lisa Fitz (*1951), ihr erfolgreichster Titel hieß *I bin bled,* und Lisa Marie Presley (*1968), die Tochter von Elvis Aaron Presley (1935–1977).

Lisbeth
Die Kurzform von Elisabeth, auch Liesbeth geschrieben.

Lise
Die Kurzform von Anneliese, Elisabeth und Lieselotte/Liselotte, auch Liese geschrieben. Bekannte Namensträgerin ist die österreichisch-schwedische Physikerin Lise Meitner (1878–1968), Professorin und Leiterin des Kaiser-Wilhelm-Instituts für Chemie in Berlin. Sie führte den Begriff Kernspaltung für die Spaltung von Urankernen ein.

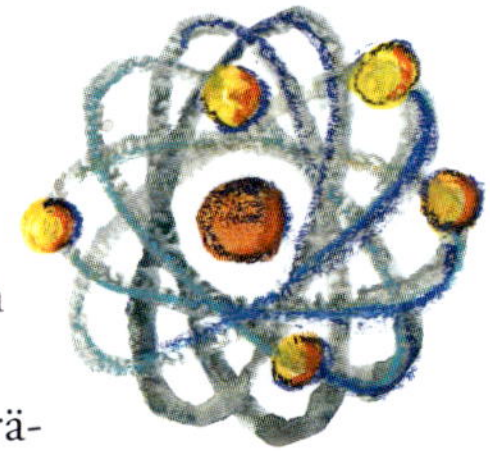

Liselotte
Andere Form von Lieselotte. Bekannte Namensträgerinnen sind Liselotte von der Pfalz (eigentlich Elisabeth Charlotte von der Pfalz; 1652–1722), seit 1671 Ehefrau von Herzog Philipp I. und bekannt geworden durch ihre derben Berichte über das Leben am französischen Hof, und die schweizerische Schauspielerin Liselotte Pulver (*1929).

Liz
Englische Koseform von Elizabeth (= Elisabeth). Bekannte Namensträgerin ist die amerikanische Schauspielerin Liz Taylor (eigentlich Elizabeth Taylor; *1932).

Lo
Kurzform von Charlotte.

Lola
Die Koseform von Carlotta (= Charlotte) und Dolores. Bekannte Namensträgerin ist Lola Montez (1818–1861), schottische Tänzerin am bayerischen Königshof von Ludwig I..

Loni
Eine andere Namensform von Lonny (= Leoni/Leonie). Bekannte Namensträgerin ist die österreichische Schauspielerin Loni von Friedl (*1943).

Lonny
Kurzform von Leoni/Leonie, auch Loni. Bekannte Namensträgerin ist die deut-

sche Sängerin und Schauspielerin Lonny Kellner (*1930).

Lore
Kurzform von Eleonore und Hannelore. Obwohl die Loreley am Rhein mit dem Namen nichts zu tun hat, dürfte dieser viel besungene Felsen (eigentlich Lauerfelsen) mit zur Verbreitung des Namens beigetragen haben. Bekannte Namensträgerin ist die deutsche Kabarettistin Lore Lorentz (1920–1994).

Lotta
Kurzform von Carlotta (= Charlotte).

Lotte
Kurzform von Charlotte und Lieselotte/Liselotte. Eine andere Form ist Lotti. Wir kennen die Titelfigur des Romans *Lotte in Weimar* von Thomas Mann (1875–1955). *Das doppelte Lottchen* heißt ein Kinderroman von Erich Kästner (1899–1974). Bekannte Namensträgerin ist die österreichische Schauspielerin Lotte Lenya (1900–1981).

Lotti
Kurzform von Charlotte und Lieselotte/Liselotte. Eine andere Form ist Lotte. Bekannte Namensträgerin ist die deutsche Karnevalssängerin Lotti Krekel (*1941).

Louise
Französische Form von Luise/Luisa.

Lu
Kurzform von Luise.

Luana
Der Name ist amerikanischen Ursprungs, die Bedeutung nicht bekannt.

Luc
Französische Kurzform von Lucretia.

Luca
Italienische Kurzform von Lucretia.

Lucia
Weibliche Form von Lucius. In Schweden bringen junge Mädchen mit einer Lichterkrone auf dem Kopf den Eltern am Luciatag (13. Dezember) gelbe Luciabrötchen und Kaffee ans Bett. Andere Formen sind Lucie/Luzie, Lucilla, Lucy und Luzia.
Namenstag 13. Dezember

Lucie
Eine andere Form von Lucia. Eine weitere Form ist Lucy.

Lucilla
Italienische und französische Form von Lucia.
Namenstag 29. Juli

Lucretia
Der Name kommt aus dem Lateinischen und bedeutet so viel wie *die aus dem Ge-*

schlecht der Lucretier Stammende. Andere Formen sind Luc, Luca, Lucrezia und Lukretia/Lukrezia.

Lucrezia
Eine andere Schreibweise von Lucretia. Bekannte Namensträgerin ist die italienische Fürstin Lucrezia Borgia (1480–1519), deren legendär schlechter Ruf vor allem auf zeitgenössischen Verleumdungen beruht.

Lucy
Koseform von Lucia und die englische Form von Lucie/Luzie.

Ludmilla
Der Name kommt aus dem slawischen Sprachraum und bedeutet so viel wie *die vom Volk Geliebte.* Der Name fand eine gewisse Verbreitung durch die Verehrung der heiligen Ludmilla (um 860–921), der Schutzpatronin von Böhmen. Sie war die erste christliche böhmische Fürstin; auf Geheiß ihrer heidnischen Schwiegertochter wurde sie erdrosselt. Andere Formen sind Mila, Milla und Milena.
Namenstag 15. September

Luise
Die deutsche Form des französischen Namens Louise. Der Name war in Adelskreisen sehr beliebt, bis er volkstümlich wurde und um 1900 zu den beliebtesten Vornamen zählte. An der Verbreitung des Namens war auch die unglückliche Luise aus dem Schauspiel *Kabale und Liebe* von Friedrich von Schiller (1759–1805) beteiligt. Andere Formen sind Lu und Luisa. Bekannte Namensträgerinnen sind Königin Luise von Preußen (1776–1810) und die österreichische Schauspielerin Luise Ullrich (*1911).
Namenstage 15. März, 24. Juli

Luitgard
Ein alter deutscher Name, der so viel bedeutet wie *Beschützerin des Volkes.*
Namenstage 1. Juni, 16. Juni, 16. Oktober

Lukretia
Andere Schreibweise von Lukrezia (= Lucretia).

Lukrezia
Deutsche Form von Lucretia, auch Lukretia geschrieben.

Luzia
Andere Schreibweise von Lucia.

Luzie
Andere Schreibweise von Lucie, auch Lucy geschrieben.

Lydia
Der Name hat griechischen Ursprung und bedeutet so viel wie *die aus Lydien Stammende.* Die heilige Lydia, eine Purpurhändlerin, wurde in Philippi von Paulus getauft und gilt als erste Christin Europas.
Namenstag 3. August

Mabel
Englische Kurzform von Amabel (= Anabel = Annabella).

Madalena
Italienische Form von Magdalena/Magdalene.

Madeleine
Französische Form von Magdalena/Magdalene.

Mafalda
Der Name ist italienischen Ursprungs, die Bedeutung unklar vielleicht die italienische Form von Mathilde. Wir kennen die Comicfigur Mafalda von Quino (eigentlich Joaquin Lavado; *1932).
Namenstag 2. Mai

Magda
Kurzform von Magdalena/Magdalene.

Magdalena
Der Name stammt aus dem Hebräischen und stellt die verkürzte Form von *Maria aus dem Dorf Magdala* dar. In der Bibel steht Maria Magdalena am Ostermorgen am leeren Grab Christi und verkündet seine Auferstehung. Andere Formen sind Alena, Lena/Lene, Madalena, Magda, Magdalene und Madeleine.
Namenstage 24. Mai, 22. Juni

Magdalene
Andere Form von Magdalena.

Maika
Russische Form von Maria.

Maike
Andere Schreibweise von Meike (= Maria).

Maja
Eine andere Form von Marja (= Maria). Maja ist auch die Göttin des Wachstums (= Monat Mai). Nicht nur bei Kindern beliebt sind die Abenteuer der *Biene Maja* von Waldemar Bonsels (1880–1952). Der Spanier Goya (1746–1828) malte *Die bekleidete Maja* und *Die nackte Maja.*

Malva
Kurzform von Malvine/Malwine. Eine andere Namensform ist Malve.

Malwine
Herkunft und Bedeutung des Namens sind unbekannt. Andere Formen sind Malva/Malve und Malvine.

Manon
Französische Kurzform von Maria. Der Name fand eine gewisse Verbreitung durch die Oper *Manon Lescaut* von Giacomo Puccini (1858–1924).

Manuela
Weibliche Form von Manuel und die Kurzform von Emanuela.

Marcella
Weibliche Form von Marcello. Andere Formen sind Marcellina und Marzella.
Namenstag 31. Januar

Marcellina
Eine Weiterentwicklung von Marcella.

Mareike
Die Verkleinerungsform von Maria. Eine andere Form ist Marijke.

Maren
Dänische Form von Marina. Bekannte Namensträgerin ist die deutsche Schauspielerin und Kabarettistin Maren Kroymann (*1949).

Marga
Kurzform von Margareta/Margarete.
Der Name fand eine gewisse Verbreitung durch die Verehrung der heiligen Marga von Alexandria.
Namenstag 6. April

Margaret
Englische Form von Margarete. Die Kurzform ist Peggy. Bekannte Namensträgerin ist die amerikanische Schriftstellerin Margaret Mitchell (1900–1949), berühmt geworden durch ihren Roman *Vom Winde verweht.*

Margareta
Schwedische Form von Margarete.

Margarete

Der Name hat lateinischen Ursprung und bedeutet so viel wie *Perle.* Es ist überliefert, dass sich der heilige Ludwig 1231, als er Margarete von Provence heiratete, ein Gänseblümchen in seinen Fingerring formen ließ.
Margarete war in Adelskreisen besonders beliebt, bevor der Name volkstümlich wurde und sich um 1900 zum beliebtesten Vornamen entwickelte.
Andere Formen sind Greta/Grete, Grethe, Grit, Gritli, Marga, Margaret, Margareta, Margherita, Margit, Margitta, Margot, Margret, Marguerite, Meret und Meta.
Bekannte Namensträgerinnen sind die deutsche Psychoanalytikerin Margarete Mitscherlich (*1917), die Filmregisseurin Margarete von Trotta (*1942) und die TV-Moderatorin Margarete Schreinemakers (*1958).
Namenstage 22. Februar, 20. Juni, 20. Juli, 16. Oktober, 6. November, 25. November

Margherita
Italienische Form von Margarete. Die Kurzform ist Rita.

Margit
Die ungarische Kurzform von Margarete. Eine andere Form ist auch Margitta.

Margitta
Eine klangvolle Weiterentwicklung von Margit.

Margot

Französische Kurzform von Marguerite. Bekannte Namensträgerinnen sind die deutsche Volksmusikantin Margot Hellwig (*1945), die zusammen mit ihrer Mutter Maria Hellwig (*1926) auftritt, und die österreichische Sängerin, Tänzerin und Schauspielerin Margot Werner (*1937).

Margret

Kurzform von Margarete/Margareta. Andere Formen sind Grit und Gritli.

Marguerite

Französische Form von Margarete. Die Kurzform ist Margot. Bekannte Namensträgerin ist die französische Schriftstellerin Marguerite Duras (1914–1996). Ihr autobiographischer Roman *Der Liebhaber* wurde erfolgreich verfilmt.

Maria

Der Name stammt aus dem Hebräischen und bedeutet so viel wie *widerspenstig*. In der Bibel ist die Jungfrau Maria die Mutter von Jesus. Die Ehrfurcht vor ihrer Person ließ den Namen erst ab dem 15. Jh. geläufig werden. Eine der ersten Fürstinnen, die den Namen Maria trugen, ist Maria von Burgund (*1457). Ihre Ehe mit dem deutschen Erzherzog Maximilian soll deshalb so erfolgreich gewesen sein, weil sie kein Deutsch und er kein Französisch sprach. Maria ist der einzige weibliche Vorname, den auch – als Zweitnamen – Männer tragen dürfen (Beispiel: Carl Maria von Weber, Rainer Maria Rilke). Andere Formen sind Maika, Maike/Meike, Maja, Manon, Mareike/Marijke, Marie, Marieke, Mariele, Mariella, Marietta, Marika, Marilyn, Marion, Marja, Mary, Mascha, Maura, Meryem, Mia, Miriam/Mirjam und Ria. Bekannte Namensträgerinnen sind die schweizerische Schauspielerin Maria Schell (*1926) und die deutsche Volkssängerin Maria Hellwig (*1926). Namenstage 1. Januar, 11. Februar, 13. Februar, 2. April, 25. Mai, 2. Juli, 6. Juli, 22. Juli, 5. August, 15. August, 22. August, 5. September, 8. September, 12. September, 15. September, 16. Oktober, 21. November, 8. Dezember.

Marianne

Der Name ist zusammengesetzt aus Maria und Anne. Die Koseform ist Nanne. Der Name fand weite Verbreitung durch die Verehrung der heiligen Marianne von Jesus Paredes y Flores aus Quito (Ecuador), die sich für ihre Heimatstadt opferte. Bekannte Namensträgerinnen sind die österreichische Sängerin Marianne Mendt (*1945) sowie die deutsche Sängerin und TV-Moderatorin Marianne Hartl (*1953), die zusammen mit ihrem Mann Michael Hartl (*1949) das berühmte Gesangsduo Marianne & Mi-

chael bildet. Große Erfolge sind u. a. *Drei weiße Birken* und *Zillertaler Hochzeitsmarsch.*
Namenstage 17. Februar, 17. April, 27. April

Marie
Andere Form von Maria. Marie wird gern für Doppelnamen benutzt (Annemarie, Marianne, Marieluise, Marie-Theres usw.). Die Doppelnamen können mit und ohne Bindestrich geschrieben werden. Bekannte Namensträgerinnen sind die deutsche Schauspielerin Marie-Luise Marjan (*1940), bekannt durch ihre Rolle als Mutter Beimer in der TV-Kultserie *Lindenstraße,* und Lisa Marie Presley (*1968), die Tochter des Rock'n' Roll-Königs Elvis Aaron Presley (1935–1977).

Marieke
Niederdeutsche Form von Maria. Die Kurzform ist Mieke.

Mariele
Koseform von Marie/Maria. Bekannte Namensträgerin ist die deutsche Schauspielerin Mariele Millowitsch (*1956).

Marielies
Der Name ist zusammengesetzt aus Marie und Luise oder Liese (= Elisabeth). Andere Formen sind Marieluise und Marlis.

Mariella
Die italienische Koseform von Maria, aber auch ein Doppelname aus Marie und Ella. Die Kurzform ist Ella.

Marieluise
Der Name ist gebildet aus Marie und Luise. Andere Formen sind Marielies und Marlies/Marlis.

Marierose
Der Name ist zusammengesetzt aus Marie und Rose (= Rosa).

Marietta
Italienische Koseform von Maria.

Marijke
Niederländische Form von Mareike (= Maria). Bekannte Namensträgerin ist die niederländische TV-Moderatorin Marijke Amado (*1954), bekannt geworden durch ihre Mini-Play-back-Show.

Marika
Ungarische Koseform von Maria. Bekannte Namensträgerinnen sind die deutsche Schauspielerin, Tänzerin und Sängerin ungarischer Herkunft Marika Rökk (*1913) und die deutsche Eiskunstläuferin Marika Kilius (*1943).

Marilyn
Englische Koseform von Mary (= Maria). Bekannte Namensträgerin ist die amerikanische Schauspielerin Marilyn Monroe (eigentlich Norma Jean Baker; 1926–1962).

Marina
Weibliche Form von Marinus, zeitweise sehr beliebt durch einen italienischen

Schlager. Andere Formen sind Ina und Maren.
Namenstag 17. Juli

Marion
Italienische Form von Maria/Marie.

Marja
Russische Form von Maria. Die Kurzform ist Maja.

Marlene
Der Name ist zusammengesetzt aus Maria und Magdalene. Die Kurzform ist Lene. Bekannte Namensträgerin ist die aus Berlin stammende deutsch-amerikanische Schauspielerin und Sängerin Marlene Dietrich (eigentlich Maria Magdalena von Losch; 1901–1992).
Namenstag 22. Juli

Marlis
Andere Form von Marielies, auch Marlies geschrieben.

Martha
Der Name geht auf das Hebräische zurück und bedeutet so viel wie *Herrin.* Die heilige Martha, Schwester des Lazarus, gilt als Schutzpatronin der Hausfrauen. Wir kennen die Figur der Martha aus dem Schauspiel *Der zerbrochene Krug* von Heinrich von Kleist (1777–1811) und die Arie *Martha, Martha, du entschwandest* aus der Oper *Martha* von Friedrich von Flotow (1812–1883). Andere Formen sind Marta und Marthe.
Namenstag 29. Juli

Marthe
Andere Form von Martha.

Martina
Weibliche Form von Martin. Andere Namensformen sind Ina, Martine, Nina und Tina. Bekannte Namensträgerinnen sind die amerikanische Tennisspielerin tschechischer Herkunft, Martina Navratilova (*1956), und die schweizerische Tennisspielerin Martina Hingis (*1981).
Namenstage 30. Januar, 11. November

Martine
Französische Form von Martina.

Mary
Englische Form von Maria. Bekannte Namensträgerinnen sind die britische Schriftstellerin Mary Wollstonecraft Shelley (1797–1851), berühmt geworden durch ihren Roman *Frankenstein,* der öfter verfilmt wurde, und die deutsche Tänzerin und Choreographin Mary Wigmann (eigentlich Marie Wiegmann; 1886–1973). Sie prägte einen neuen Tanzstil und eröffnete 1960 in Leipzig eine Schule für Modernen Tanz.

Marzella
Deutsche Form von Marcella.

Mascha
Russische Koseform von Maria.

Mathilda
Ein alter deutscher Name, der so viel bedeutet wie *mächtige Kämpferin.* Mathilda war ein beliebter Vorname in Adelskreisen. Andere Formen sind Hilde, Mafalda, Mathilde, Maud und Mechthild/Mechtild.
Namenstag 14. März

Mathilde
Andere Form von Mathilda. Der Name fand eine gewisse Verbreitung durch die deutsche Schriftstellerin Mathilde Wesendonck (1828–1902), eine Freundin von Richard Wagner (1813–1883).

Maud
Die englische und französische Form von Mathilda/Mathilde.

Maura
Isländische Form von Maria. Der Name kann auch lateinischen Ursprungs sein mit der Bedeutung *Mohrin.*
Namenstag 21. September

Max
Kurzform von Maximiliane. Die Koseform ist Maxi.

Maxi
Die Koseform von Max (= Maximiliane).

Maximiliane
Die weibliche Form von Maximilian. Andere Formen sind Max und Maxi. Bekannte Namensträgerin ist Maximiliane La Roche (1756–1793), die Mutter von Clemens und Bettina Brentano.

Mechthild
Eine Nebenform von Mathilde/Mathilda. Der Name fand eine gewisse Verbreitung durch die Verehrung der heiligen Mechthild von Hackeborn (1241–1299). Die Kurzform ist Hilde und eine andere Schreibvariante ist Mechtild.
Namenstage 26. Februar, 6. März, 31. Mai, 6. Juli, 15. August, 19. November

Meike
Niederdeutsche Koseform von Maria/Marie. Eine andere Schreibweise ist Maike.

Melanie
Der Name stammt aus dem Griechischen und bedeutet so viel wie *schwarz.* Wir kennen die Figur der sanftmütigen und gutherzigen Melanie, der Frau von Ashley, aus dem Roman *Vom Winde verweht* von Margaret Mitchell (1900–1949). Bekannte Namensträgerin ist die amerikanische Schauspielerin Melanie Griffith (*1957).
Namenstag 31. Dezember

Melina
Der Name kommt aus dem Griechischen und bedeutet so viel wie *die von der Insel Melos Kommende.* Bekannte Namensträgerin ist die griechische Schauspielerin, Sängerin und Politikerin Melina Mercouri (eigentlich Maria Amalia Mersouris; 1925–1994), berühmt geworden in dem Film *Sonntags nie* mit dem Lied *Ich bin ein Mädchen aus Piräus.*

Melinda
Der Name stammt wahrscheinlich aus dem Griechischen, die Bedeutung ist nicht bekannt.

Melisande
Aus dem gotischen Namen Amalaswintha für eine alte französische Sagengestalt entwickelte sich der deutsche Name Melisande. Eine andere Namensform ist Melusine.

Melissa
Andere Form von Melitta.
Namenstag 15. September

Melitta
Der Name hat griechischen Ursprung und bedeutet so viel wie *Biene.* Andere Formen sind Melissa und Meta.
Namenstag 15. September

Melusine
Eine andere Form von Melisande. Als die Meeresfee Melusine, verheiratet mit Graf Raymond von Poitiers, von diesem trotz eines Versprechens in ihrer Gestalt als Nixe beobachtet wird, kehrt sie enttäuscht zurück in ihre Geisterwelt.

Menekse
Dieser türkische Name ist persischen Ursprungs und bedeutet so viel wie *Veilchen.*

Mercedes
Der Name kommt aus dem Spanischen und bedeutet ursprünglich *Maria de Mercedes redemptionis captivorum* (Maria von der Gnade der Gefangenenerlösung). Bekannte Namensträgerin ist Mercedes Jellinek (*1889), Tochter des österreichischen Geschäftsmannes Emil Jellinek (19./20. Jh.), der mit der Automobilfirma Daimler in Cannstadt einen Vertrag schloss, der die Entwicklung eines neuen Motors beinhaltete, der den Namen Daimler-Mercedes führen musste.
Namenstag 24. September

Meret
Nordfriesische Form von Margarete. Bekannte Namensträgerin ist die deutsche Schauspielerin Meret Becker (*1969).

Merle
Der Name stammt aus dem Englischen und bedeutet so viel wie *Amsel.*

Meryem
Türkische Form von Maria.

Meta
Kurzform von Margarete und Melitta.

Mia
Kurzform von Maria. Bekannte Namensträgerin ist die amerikanische Schauspielerin Mia Farrow (*1945).

Michaela
Weibliche Form von Michael. Die französische Form ist Michèle. Bekannte Namensträgerin ist die deutsche Schauspielerin Michaela May (*1955).

Michèle
Französische Form von Michaela. Bekannt aus dem Film *Menschen im Hotel.*

Namensträgerin ist die französische Schauspielerin Michèle Morgan (*1920).

Mieke
Kurzform von Marieke.

Mila
Slawische Kurzform von Ludmilla. Eine andere Schreibweise ist Milla.

Mildred
Englische Form von Miltraud. Der Name fand eine gewisse Verbreitung durch die Verehrung der heiligen Mildred (gest. 743). Bekannte Namensträgerin ist die deutsche Ärztin Mildred Scheel (1932–1985), Initiatorin der *Deutschen Krebshilfe.*
Namenstag 13. Juli

Mile
Kurzform von Emilie/Emilia.

Milena
Der Name stammt aus dem slawischen Raum und ist eine Weiterentwicklung von Mila (= Ludmilla).

Milla
Kurzform von Ludmilla. Eine andere Schreibweise ist Mila.

Miltraud
Ein alter deutscher Name, dessen erste Silbe *Milde* bedeutet, die zweite Silbe *Ratgeber.* Die englische Form ist Mildred.

Milva
Der Name ist lateinischen Ursprungs und bedeutet so viel wie *Taubenfalke.* Bekannte Namensträgerin ist die italienische Sängerin und Schauspielerin Milva (eigentlich Marina Ilva Biolcati; *1939), einer ihrer Erfolgstitel heißt *Wenn der Wind sich dreht.*

Minerva
Der Name kommt aus dem Griechischen und bedeutet *die Kluge,* nach der griechischen Göttin der Weisheit.

Mira
Kurzform von Mirabell/Mirabella.

Mirabell
Der Name stammt aus dem Italienischen und bedeutet so viel wie *die Wunderbare, die Schöne.* Andere Formen sind Mira, Mirabella, Mireille und Mirella.

Miranda
Der Name ist aus dem Lateinischen abgeleitet und bedeutet so viel wie *die Bewundernswerte.*

Mireille
Französische Form von Mirabell/Mirabella. Bekannte Namensträgerin ist die

französische Sängerin Mireille Mathieu (*1946), einer ihrer Erfolgstitel heißt *Ganz Paris ist ein Theater.*

Mirella
Italienische Verkleinerungsform von Mirabell/Mirabella.

Miri
Kurzform von Miriam/Mirjam.

Miriam
Der Name ist aus der Bibel bekannt, er ist hebräischen Ursprungs. Auch als lateinische Form von Maria bekannt. Andere Formen sind Mirjam und Miri.

Mirjam
Andere Schreibweise von Miriam (= Maria). In der Bibel ist Mirjam die Schwester von Aaron und Moses. Nach dem Zug durch das Rote Meer stimmt sie den Lobgesang an und wird vom Aussatz befreit.

Mirka
Weibliche Form von Mirko.

Modesta
Weibliche Form von Modest. Eine andere Schreibweise ist Modeste.
Namenstag 6. November

Moira
Der Name kommt aus dem Griechischen und bedeutet so viel wie *Schicksal, Glück.* Moira ist besonders im englischsprachigen Raum verbreitet.

Mona
Der Name ist englischer Herkunft und bedeutet so viel wie *die Edle,* auch als Kurzform von Monika und Ramona. Mona war früher in Italien die Anrede für Frau. Daher auch der Titel *Mona Lisa* für das weltberühmte Gemälde von Leonardo da Vinci (vgl. hierzu auch den Namen Gioconda).

Monika
Die Herkunft und Bedeutung dieses Namens sind unbekannt, vielleicht *die Einsiedlerin.* Andere (Kurz-)Formen sind Mona, Moni, Monica und Monique. Bekannte Namensträgerin ist die deutsche Gewerkschafterin Monika Wulf-Mathies (*1942).
Namenstage 4. Mai, 27. August

Montserrat
Bei diesem katalanischen Namen handelt es sich um einen Advokationsnamen, das ist ein Name, mit dem man die Schutzpatronin Kataloniens, Santa Imatge, die schwarze Madonnenfigur aus dem 12. Jh. aus dem Kloster Montserrat anruft. Montserrat bedeutet *Berg mit vielen Zacken, zersägter Berg.* Bekannte Namensträgerin ist die spanische Sängerin Montserrat Caballé (*1933).

Morgana
Weibliche Form von Morgan.

Muriel
Der Name hat keltischen Ursprung und bedeutet so viel wie *die vom glänzenden See.* Bekannte Namensträgerin ist die britische Schriftstellerin Muriel Sarah Spark (*1918).

Nadia
Andere Form von Nadja. Bekannte Namensträgerin ist die französische Komponistin Nadia Boulanger (1887–1979).

Nadine
Eine Weiterentwicklung von Nadja/Nadia.

Nadja
Der Name ist russischer Herkunft und bedeutet so viel wie *Hoffnung.* Andere Formen sind Nadia und Nadine. Bekannte Namensträgerin ist die österreichisch-deutsche Schauspielerin Nadja Tiller (*1929).

Naemi
Der Name wurde der Bibel entnommen und ist hebräischen Ursprungs mit der Bedeutung *die Liebliche, die Holde.* Naemi ist die Schwiegermutter von Rut. Im Buch Rut (1, 20) spielt sie auf den Gegensatz ihres bitteren Schicksals zur Bedeutung ihres Namens an. Andere Formen sind Naomi und Noemi.

Namika
Der Name kommt aus dem Türkischen und bedeutet so viel wie *die Schreiberin.*

Nana
Französische Kurzform von Anna. Wir kennen die Romanfigur *Nana* von Emile Zola (1840–1902). Bekannte Namensträgerin ist die griechische Sängerin und Pianistin Nana Mouskouri (*1936), ihre bekanntesten deutschen Titel sind *Weiße Rosen aus Athen* und *Ich schau den weißen Wolken nach.*

Nanna
Nanna heißt eine alte nordische Göttin, ihr Mann ist Balder, der Sonnengott. Nach seinem Tod ist Nanna so unglücklich, dass sie an seiner Bahre stirbt und zusammen mit ihm verbrannt wird. Der Name ist auch eine andere Form von Anna, Christina/Kristina.

Nanne
Koseform von Anne, Christiane/Kristiane und Marianne.

Naomi
Andere Form von Naemi und Noemi. Bekannte Namensträgerin ist das amerikanische Starmodel Naomi Campell (*1970).

Nasira
Der Name kommt aus dem Türkischen und bedeutet so viel wie *die Helferin.*

Nastassja
Die russische Form von Anastasia. Bekannte Namensträgerin ist die deutsche Schauspielerin Nastassja Kinsky (*1961).

Natalie
Der Name ist lateinischer Herkunft und bedeutet so viel wie *die an Christi Geburtstag (Weihnachten) Geborene.* Wir kennen aus der RTL-Kultserie *Gute Zeiten – schlechte Zeiten* die flotte Schülerin Natalie, die gern in Daniel´s Bar jobbt. Andere Formen sind Natalia, Natascha, Nathalie und Noelle. Bekannte Namensträgern ist die amerikanische Schauspielerin Natalie Wood (1938–1981). Namenstage 27. Juli, 1. Dezember

Natascha
Russische Koseform von Natalie.

Nathalie
Französische Form von Natalie/Natalia. Bekannte Namensträgerin ist die französische Schriftstellerin russischer Herkunft Nathalie Sarraute (*1902).

Nele
Norddeutsche Kurzform von Cornelia/Kornelia, Eleonore und Helene.

Nelli
Die Kurz- und Koseform von Cornelia/Kornelia, Helena/Helene und Eleonore/Eleonara. Der Name wird auch Nelly geschrieben.

Nesi
Schweizerische Koseform von Agnes. In der Schweiz ist Nesi auch die Bezeichnung für ein streitsüchtiges, weinerliches Frauenzimmer.

Nicola
Weibliche Form von Nikolaus (vgl. hierzu auch Nikola).

Nicole
Französische weibliche Form von Nicol (= Nikolaus). Eingedeutscht: Nikole. Bekannte Namensträgerinnen sind die deutsche Dressurreiterin und Olympiasiegerin in Atlanta 1996 Nicole Uphoff (*1967) und die deutsche Schlagersängerin und Song-Texterin Nicole (eigentlich Nicole Seibert; *1964), bekannt durch den Grand Prix d´Eurovision mit dem Titel *Ein bisschen Frieden.*

Nicoletta
Die italienische weibliche Form von Nicoletto (= Nikolaus). Die französische Form ist Colette.
Namenstag 6. März

Nikola
Eingedeutschte Form von Nicola. Der Name ist im Italienischen ein männlicher Vorname und sollte daher im deutschsprachigen Raum – im Gegensatz zu Andrea – nicht als weiblicher Vorname gewählt werden.

Nina
Kurzform von Namen, die mit der Silbe -ina enden (Antonina, Katharina, Martina usw.). Andere Formen sind Ninette und Ninon. Bekannte Namensträgerin ist die deutsche Sängerin Nina Hagen (eigentlich Catherina Hagen; *1955), eine international bekannte Rock-, Pop- und Punksängerin.
Namenstag 24. Februar, 2. Juni

Ninette
Französische Form von Nina.

Ninon
Ebenfalls eine französische Form von Nina.

Noelle
Französische Form von Natalie.

Noemi
Andere Form von Naemi und Naomi.

Nona
Als Namensgeberin gilt die altrömische Geburtsgöttin Nona.
Namenstag 3. Februar

Nora
Kurzform von Eleonore/Eleonora. Eine andere Form ist Norina. Wir kennen Nora, die emanzipierte Frau, aus dem Schauspiel von Henrik Ibsen (1828–1906) *Ein Puppenheim* (deutsch: *Nora*).

Norina
Die italienische Form von Eleonore/Eleonora und eine Weiterentwicklung von Nora.

Norma
Herkunft und Bedeutung sind unklar, wahrscheinlich aus dem Lateinischen mit der Bedeutung *Gebot*.

Notburga
Ein alter deutscher Name, dessen erste Silbe *Bedrängnis* und die zweite Silbe *Zuflucht, Schutz* bedeutet. Der Name fand weite Verbreitung durch die Verehrung von drei Heiligen. Die heilige Notburga von Brühl bringt nach dem

Tod ihres Mannes neun Kinder zur Welt. Die heilige Notburga von Hochhausen soll gegen ihren Willen verheiratet werden, sie flieht in eine Höhle, wird vom Vater entdeckt, der sie aus der Höhle ziehen will und ihr dabei einen Arm ausreißt. Die heilige Notburga von Rattenberg (1268–1313) gilt als Schutzpatronin der Hausangestellten.
Namenstage 26. Januar, 14. September, 31. Oktober

Octavia
Weibliche Form von Octavius/Oktavius. Eine andere Form ist Oktavia.

Oda
Kurzform von alten deutschen Namen, die die Silben Ot- oder Od- (= Odilie) enthalten. Außerdem die weibliche Form von Odo. Weitere Formen sind Odette, Odine/Odina, Odilia/Odile, Ottilia/Ottilie, Uta und Ute.
Namenstage 20. April, 23. Oktober, 27. November

Odette
Französische Form von Oda.

Odile
Französische Form von Odilia/Odilie.

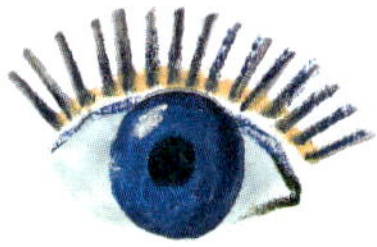

Odilia
Der Name ist eine Weiterentwicklung von Oda, auch Odilie geschrieben. Er fand eine gewisse Verbreitung durch die Verehrung der blind geborenen heiligen Odilia. Sie gilt als Schutzpatronin bei Augenleiden.
Namenstag 13. Dezember

Odilie
Der Name ist eine Weiterentwicklung von Oda, auch Odilia ist gebräuchlich.
Namenstag 18. Juli

Odine
Eine andere Form von Oda, auch Odina.

Oktavia
Andere Schreibweise von Octavia.

Olga
Russische Form von Helga. Der Name fand eine gewisse Verbreitung durch die Verehrung der heiligen Olga, Großfürstin von Kiew (gest. um 970). Bekannte Namensträgern ist die deutsche Schau-

spielerin Olga Tschechowa (1897–1980). Namenstag 11. Juli

Olive
Dieser italienische Name ist eine andere Form von Olivia.

Olivia
Der Name ist lateinischen Ursprungs und bedeutet *Olive, Ölbaum.* Eine andere Form ist Olive. Bekannte Namensträgerin ist die amerikanische Schauspielerin Olivia De Havilland (*1920). Namenstag 5. März

Olympia
Der Name kommt aus dem Griechischen und bedeutet so viel wie *die vom Berg Olymp Stammende.* Olympia heißt ein kleiner Ort in Griechenland, wo einst zu Ehren von Zeus die Olympischen Spiele abgehalten wurden. Olympia wurde im 6. Jh. durch ein Erdbeben zerstört und ist heute eine Ruinenstätte mit angeschlossenem archäologischem Museum.

Oona
Der Name kommt wahrscheinlich aus dem Englischen, seine Bedeutung ist jedoch nicht bekannt. Eine andere Form ist Una.

Ophelia
Der Name kommt aus dem Griechischen und bedeutet so viel wie *Beistand, Hilfe.* Wir kennen die Figur der Ophelia aus dem Schauspiel *Hamlet* von William Shakespeare (1564–1616).

Orlanda
Die spanische und italienische Form von Rolanda/Rolande.

Ortensia
Italienische Form von Hortensie/Hortensia.

Ortrud
Alter deutscher Name, dessen erste Silbe *Schwertspitze* und die zweite Silbe *Kraft* bedeutet. Eine andere Form ist Ortraud, als Kurzformen sind Trude, Trudel/Trudl und Trudi geläufig.

Ortrun
Alter deutscher Name, dessen erste Silbe *Schwertspitze* bedeutet und die zweite Silbe *Geheimnis.*

Ottilie
Eine Nebenform von Odilie/Odilia (= Oda), die auch in der Form Ottilia geläufig ist. Wir kennen die Figur der jugendlichen Ottilie aus dem berühmten Roman *Die Wahlverwandtschaften* von Johann Wolfgang von Goethe (1749–1832).
Namenstag 13. September

Panja
Der Name ist aus dem Russischen und stellt die Kurzform von verschiedenen russischen weiblichen Vornamen dar.

Panoria
Der Name stammt aus dem Griechischen und bedeutet so viel wie *die sehr schöne Frau.*

Paloma
Der Name kommt aus dem spanischen Sprachraum und bedeutet *Taube.* Bekannte Namensträgerin ist die französische Designerin Paloma Picasso (*1949), Tochter von Pablo Picasso (1881–1973).

Pamela
Der Name kommt wahrscheinlich aus dem Englischen, die Bedeutung ist unbekannt. Die Kurzform ist Pam. Bekannte Namensträgerin ist der amerikanische Serienstar Pamela Anderson (*1968).

Paola
Italienische Form von Paula. Die Koseform ist Paolina. Bekannte Namensträgerin ist die schweizerische Sängerin, Texterin und Moderatorin Paola (eigentlich Paola del Medico; *1950), sie belegte 1969 mit dem Titel *Bonjour, Bonjour* den 2. Platz beim Grand Prix d´ Eurovision.

Pascalle
Weibliche Form von Pascal.

Patricia
Die weibliche Form von Patricius/Patrizius. Als Schreibvariante ist auch Patrizia verbreitet. Kurzformen sind Pat und Patsy (vor allem im englischen Sprachraum). Bekannte Namensträgerin ist die amerikanische Kriminalschriftstellerin Patricia Highsmith (1921–1995), deren Romane auch vielfach verfilmt wurden. Namenstage 13. März, 25. August

Paula
Weibliche Form von Paul. Um 1900 zählte Paula zu den beliebtesten Vornamen. Andere Formen sind Paola, Paolina, Paulette und Pauline. Bekannte Namensträgerin ist die deutsche Malerin Paula Modersohn-Becker (1876–1907).
Namenstag 26. Januar

Paulette
Französische Verkleinerungsform von Paula.

Pauline
Weiterentwicklung von Paula. In dem Kinderbuch *Der Struwwelpeter* von Dr. Heinrich Hoffmann (1809–1894) taucht ein Paulinchen auf, das mit Zündhölzern spielt.
Namenstag 13. März

Peggy
Englische Koseform von Margaret (= Margarete). Bekannte Namensträgerin ist die amerikanische Sängerin Peggy March (eigentlich Margret Annemarie Batavio; *1948), erfolgreich in Deutschland mit dem Titel *Mit 17 hat man noch Träume.*

Perdita
Der Name hat lateinischen Ursprung und bedeutet so viel wie *die Unrettbare.* Wir kennen die Figur der Perdita aus dem Schauspiel *Ein Wintermärchen* von William Shakespeare (1564–1616).

Petra
Weibliche Form von Petrus (= Peter). Der Name kam erst im 20. Jh. auf und ist seitdem sehr beliebt. Andere Formen sind Pierrette und Piera. Bekannte Namensträgerinnen sind die TV-Moderatorin Petra Schürmann (*1935) und die vor allem in der Friedensbewegung engagierte Politikerin Petra Kelly (1947–1992).

Petronella
Der Name kommt wahrscheinlich aus dem griechischen Sprachraum und bedeutet so viel wie *Fels.* Petronella wurde bekannt durch die frühchristliche Märtyrerin, die heilige Petronella in Rom.
Namenstag 31. Mai

Philippa
Weibliche Form von Philipp. Weitere Formen sind Felipa, Filippa und Pippa.
Namenstage 16. Februar, 1. Mai

Phoebe
Der Name stammt aus dem Griechischen und bedeutet *die Leuchtende.* Phoebe Artemis, die Mondgöttin, ist die Schwester des Sonnengottes Phoebus Apollo. Eine andere Schreibweise ist Phöbe.

Phyllis
Der Name kommt aus dem Griechischen und bedeutet so viel wie *Blatt, Laub.*

Pia
Weibliche Form von Pius, ursprünglich in der Bedeutung *die Fromme.*
Namenstag 19. Januar

Piera
Eine klangvolle italienische Form von Petra.

Pierrette
Französische Form von Petra.

Pippa
Koseform von Philippa. Wir kennen die Titelfigur gleichen Namens aus dem Schauspiel *Und Pippa tanzt* von Gerhart Hauptmann (1862–1946).

Polyxenia
Der Name stammt aus dem Griechischen und bedeutet so viel wie *die Gastliche.* Die Kurzform, die verbreiteter ist als der volle Name, lautet Xenia.

Prisca
Der Name ist lateinischer Herkunft und bedeutet *die Altehrwürdige.* Er fand eine gewisse Verbreitung durch die Verehrung der heiligen Prisca. Eine andere Schreibweise ist Priska.
Namenstage 18. Januar, 21. Oktober

Priska
Andere Schreibweise von Prisca.

Rabea
Der Name kommt aus dem Arabischen, die Bedeutung ist nicht ganz klar, eventuell *Frühling* oder *Mädchen.* Die türkische Form ist Rabia.

Rabia
Türkische Form von Rabea, auch Rabiye geschrieben.

Rabiye
Andere Form von Rabia (= Rabea).

Rachel
Der Name geht auf das Hebräische zurück und bedeutet so viel wie *Mutterschaf.* Nach dem Alten Testament ist

Rachel die Frau von Jakob. Wir kennen die Titelfigur aus dem Roman *Meine Cousine Rachel* von Daphne du Maurier (1907–1989). Andere Formen sind Rahel und Raquel.
Namenstage 11. Juli, 30. September

Rafaela
Andere Schreibweise von Raphaela.

Raffaela
Italienische Form von Raphaela, auch Rafaela geschrieben.
Namenstag 11. Juni

Ragna
Kurzform von Ragnhild/Ragnhilde (= Reinhild, Reinhilde).

Ragnhild
Nordische Form von Reinhild/Reinhilde. Die Westgoten hatten im 5. Jh. eine Königin Ragnahilda. Andere Formen sind Ragnhilde und Ragna.

Rahel
Andere Form von Rachel.

Ramona
Weibliche Form von Ramon. Die auch als eigenständiger Name beliebte Kurzform ist Mona. Bekannte Namensträgerinnen sind die deutsche Sängerin und Schauspielerin Ramona (eigentlich Ramona Kraft; *1954) und die deutsche TV-Moderatorin Ramona Leiß (*1957).
Namenstag 23. Februar

Rantje
Friesische Form von alten Namen, die mit der Silbe Ran- beginnen (Rantraud; vgl. hierzu auch den Namen Frantje).

Raphaela
Weibliche Form von Raphael. Andere Formen sind Rafaela und Raffaela.

Raquel
Spanische Form von Rachel/Rahel. Bekannte Namensträgerin ist die amerikanische Schauspielerin Raquel Welsh (*1940).

Rea
Andere Schreibweise von Rhea.

Rebecca
Englische Form von Rebekka. Wir kennen die Titelfigur *Rebecca* aus dem gleichnamigen Roman von Daphne du Maurier (1907–1989).

Rebekka
Der Name kommt aus dem Hebräischen, die Bedeutung ist unklar, vielleicht *die Fesselnde.* In der Bibel ist Rebekka die Frau Isaaks und die Mutter von Esau und Jakob.
Namenstag 23. März

Regina
Dieser Name hat lateinischen Ursprung und bedeutet so viel wie *Regentin, Königin.* Der Name fand weite Verbreitung durch die Verehrung der heiligen Regina, einer frühchristlichen Märtyrerin. Andere Formen sind Gina, Ina, Nina, Regine und Renja.
Namenstage 18. Januar, 22. August, 7. September, 20. Dezember

Regine
Andere Form von Regina. Bekannte Namensträgerin ist die deutsche Politikerin Regine Hildebrandt (*1941).

Regula
Der Name stammt aus dem Lateinischen und bedeutet so viel wie *Ordnung, Richtschnur.* Eine Märtyrerin aus dem 4. Jh., die heilige Regula, ist eine Züricher Lokalheilige, die häufig mit abgeschlagenem Kopf gezeigt wird.
Namenstag 11. September

Reineldis
Eine Nebenform von Reinhild/Reinhilde.

Reinhild
Ein alter deutscher Name, der so viel bedeutet wie *Beraterin, Kämpferin.* Andere Formen sind Ragna, Reineldis und Reinhilde.
Namenstage 6. Februar, 7. März, 30. Mai, 16. Juli

Rena
Kurzform von Renate.

Renata
Italienische Form von Renate. Bekannte Namensträgerin ist die italienische Sängerin Renata Tebaldi (*1922).

Renate
Die weibliche Form von Renatus. Der Name fand weite Verbreitung durch die heilige Renate (gest. 1602), die ihrem Mann zehn Kinder gebar. Andere Formen sind Rena, Renata, Renée und Rentje. Bekannte Namensträgerin ist die deutsche Politikerin Renate Schmidt (*1943).
Namenstage, 23. April, 22. Mai

Renée
Französische Form von Renate.

Reni
Kurzform von Irene.

Renja
Russische Form von Regina.

Rentje
Friesische Form von Renate.

Resi
Kurzform von Theresa, Therese. Wir kennen das *Rosenresli* aus den Kindergeschichten von Johanna Spyri (1827–1901).

Rhea
Der Name stammt aus der griechischen Mythologie. Rhea ist die Mutter von Zeus und Poseidon. Eine andere Schreibweise ist Rea.

Ria
Kurzform von Maria.

Rica
Spanische Kurzform von Ricarda, auch Rika geschrieben.

Ricarda
Eine Variante von Richarda. Andere Formen sind Carda, Cardy und Rica/

Rika. Bekannte Namensträgerin ist die deutsche Schriftstellerin Ricarda Huch (1864–1947).

Richarda
Ein alter deutscher Name mit der Bedeutung *Zauberin;* auch die weibliche Form von Richard. Der Name fand einige Verbreitung durch die Verehrung der heiligen Richarda (gest. 894), die sich der Feuerprobe unterzog zum Beweis ihrer ehelichen Treue. Andere Formen sind Rica/Rika, Ricarda und Riccarda.
Namenstag 18. September

Ricksta
Der Name kommt aus dem nordischen Sprachraum und stellt die moderne Form von alten Vornamen dar, die mit der Silbe Ric- oder Rick- beginnen. Eine andere Schreibweise ist Rixta.

Rike
Kurzform von Friederike, Heinrike, Henrike und Ulrike.

Rika
Andere Schreibweise von Rica (= Richarda, Ricarda, Riccarda).

Rita
Italienische Kurzform von Margherita (= Margareta, Margarete). Bekannte Namensträgerinnen sind die amerikanische Schauspielerin Rita Hayworth (eigentlich Margarita Carmen Cansino; 1918–1997) und die deutsche Politikerin Rita Süssmuth (*1937).
Namenstag 22. Mai

Rixta
Andere Schreibweise von Ricksta.

Roberta
Weibliche Form von Robert.

Robina
Weibliche Form von Robin.

Rolanda
Weibliche Form von Roland. Weitere Formen sind Orlanda und Rolande.

Rom
Kurzform von Rosemarie/Rosmarie.

Roma
Kurzform von Romana und Romina.

Romaine
Französische Form von Romana.

Romana
Weibliche Form von Roman. Andere Namensformen sind Romina, Roma, Romaine und Romika.

Romika
Ungarische Form von Romana.

Romina
Andere Form von Romana. Die Kurzform ist Roma. Bekannte Namensträgerin ist die italienische Sängerin Romina Power (*1951).

Romy
Kurzform von Rosemarie/Rosmarie. Bekannte Namensträgerin ist die österreichische Schauspielerin Romy Schneider (eigentlich Rosemarie Albach; 1938–1982), berühmt geworden durch ihre Sissi-Filme (vgl. hierzu auch den Namen Sissi).

Ronja
Herkunft und Bedeutung des Namens sind unbekannt. Wir kennen *Ronja Räubertochter* von Astrid Lindgren (*1907).

Rosa
Der Name ist aus dem Lateinischen und bedeutet *Rose.* Andere Formen sind Rosalia/Rosalie, Rosalinde, Rosamunde, Rosaria, Rosanna, Rose, Rosemarie/Rosmarie, Rosi, Rosine, Rosita und Roswitha. Bekannte Namensträgerin ist die deutsche Politikerin Rosa Luxemburg (1870–1919), die von Freikorpsoffizieren ermordet wurde.
Namenstage 23. August, 4. September, 7. Oktober

Rosalia
Die italienische Weiterentwicklung von Rosa. Andere Formen sind Rosalie, Rose und Rosi.
Namenstag 4. September

Rosalie
Andere Form von Rosalia. Weitere Formen sind Rosa, Rosalia, Rose und Rosi.

Rosalinde
Ein alter deutscher Name, zusammengesetzt aus den Wörtern für *Ruhm* und *mild.* Wir kennen die Figur der Rosalinde aus dem Lustspiel *Wie es euch gefällt* von William Shakespeare (1564–1616). Andere Formen sind Rosa, Rose und Rosi.

Rosamunde
Ein alter deutscher Name, der etwa bedeutet *Ruhm, Rechtsschutz.* Andere Formen sind Rosa, Rose und Rosi. Bekannte Namensträgerin ist die englische Schriftstellerin Rosamunde Pilcher (*1924).
Namenstag 30. April

Rosanna
Ein Doppelname, der aus Rosa/Rose und Anna gebildet wurde. Andere Formen sind Rosa, Rose und Rosi.

Rosaria
Eine Weiterentwicklung von Rosa.

Rose
Andere Form von Rosa und die Kurzform von allen Namen, die mit der Silbe Ros- beginnen. Wir kennen die Titelfigur aus dem Schauspiel *Rose Bernd* von Gerhart Hauptmann (1862–1946).

Rosemarie
Der Name ist zusammengesetzt aus Rose und Marie. Wir kennen die Figur der Rosemarie aus dem Roman *Die Heilige und ihr Narr* von Agnes Günther (1863–1911). Andere Formen sind Rom, Rosa, Rose, Rosi, Rosmarie, Rosemary und Romi/Romy.

Rosemary
Englische Form von Rosemarie/Rosmarie. Die Kurzform ist Rose.

Rosi
Eine andere Form von Rosa und Rose sowie die Kurzform von Namen, die mit der Silbe Ros- beginnen. Bekannte Namensträgerin ist die deutsche Skisportlerin Rosi Mittermaier (*1950).

Rosine
Weiterentwicklung von Rosa.
Namenstag 10. März

Rosita
Spanische Form von Rosa.

Rossana
Italienische Form von Roxana/Roxane (= Aurora).

Roswitha
Ein alter deutscher Name, dessen erste Silbe *Ruhm* bedeutet und dessen zweite Silbe *stark*. Andere Formen sind Rosa, Rose und Rosi. Bekannte Namensträgerin ist Roswitha von Gandersheim (etwa 935–973), die erste bekannte deutsche Dichterin.
Namenstage 29. April, 5. September

Rotraud
Ein alter deutscher Name, dessen erste Silbe *Ruhm* und die zweite Silbe *Stärke* bedeutet. Hrodtrud hieß auch eine Zauberin. Andere Formen sind Rotraut, Trude und Traudel/Traudl.
Namenstag 22. Juni

Roxane
Dieser amerikanische Name kommt ursprünglich aus dem Persischen und bedeutet *die Glänzende, die Morgenröte.* Andere Formen sind Aurora, Roxana, Rossana und Zorica.

Rudolfa
Weibliche Form von Rudolf.

Ruperta
Weibliche Form von Rupert.

Ruth
Der Name stammt aus dem Hebräischen und bedeutet so viel wie *Freundin, Schönheit.* Im Alten Testament folgt die fromme Witwe Ruth ihrer Schwiegermutter nach Bethlehem *(Wo du hingehst, da will ich auch hingehen).* Andere Formen sind Rut und (in der Schweiz) Ruthli. Bekannte Namensträgerin ist die deutsche Opernregisseurin Ruth Berghaus (1927–1996).
Namenstag 1. September

Rüya
Der Name kommt aus dem Türkischen und bedeutet so viel wie *Traum.*

Sabine
Der Name ist lateinischer Herkunft und bedeutet *die aus dem Geschlecht der Sabiner.* Der Name fand weite Verbreitung durch die Verehrung der heiligen Sabine, einer römischen Märtyrerin (gest. um 126). Die Sage berichtet, dass die frauenlosen Römer die Sabinerinnen raubten und Rom aus der Vereinigung von Latinern und Sabinern entstand. Eine bekannte Moritat behauptet: *Sabinchen war ein Frauenzimmer, so schön und tugendhaft ...* Andere Formen sind Bine, Sabina, Savina. Bekannte Namensträgerin ist die deutsche TV-Journalistin Sabine Christiansen (*1957).

Sabri
Der Name kommt aus dem Türkischen und bedeutet so viel wie *Ausdauer, Geduld, Kraft.* Sabri ist außerdem die Kurzform von Sabrina.

Sabrina
Der Name kommt aus dem englischen Sprachraum und ist der Name einer Nymphe. Als Kurzform ist auch Sabri geläufig.

Sacha
Andere Schreibweise von Sascha (= Alexandra).

Sahra
Eine andere Schreibweise von Sara/Sarah. Bekannte Namensträgerin ist die junge deutsche Nachwuchspolitikerin Sahra Wagenknecht (*1970).

Salome

Weibliche Form von Salomon und die griechische Form von Sulamith. Im Neuen Testament verlangt Salome den Kopf von Johannes dem Täufer. Nach der Tragödie von Oscar Wilde (1854–1900) entstand die Oper *Salome* von Richard Strauss (1864–1949). Eine andere Form ist Selma.
Namenstage 29. Juni, 22. Oktober, 17. November

Samantha
Der Name kommt aus dem Hebräischen und bedeutet so viel wie *die Zuhörerin.* Bekannte Namensträgerin ist die englische Sängerin Samantha Fox (*1966).

Samira
Der Name ist arabischen Ursprungs und bedeutet so viel wie *die Unterhalterin.*

Sandra
Kurzform von Alessandra (= Alexandra) und Kassandra/Cassandra. Die italienische Form ist Sandrina.

Sandrina
Die italienische Weiterentwicklung von Sandra (= Alexandra).
Namenstag 2. April

Sandy
Koseform von Alexandra.

Sanja
Russische Kurzform von Alessandra (= Alexandra).

Saphira
Der Name kommt aus dem Hebräischen. Er bedeutet *Edelstein, Saphir.*

Sara
Andere Form von Sarah. Im Alten Testament ist Sara die Frau von Abraham, dem sie in hohem Alter Isaak gebiert. Sie gilt als Stammmutter Israels.

Sarah
Der Name kommt aus dem Hebräischen und bedeutet so viel wie *Herrin, Fürstin.* Andere Formen sind Sahra, Sara, Sarina und Zara/Zarah. Bekannte Namensträgerinnen sind die französische Schauspielerin Sarah Bernhardt (eigentlich Henriette Rosine Bernard; 1844–1923) und die deutsche Schriftstellerin Sarah Kirsch (*1935).
Namenstage 1. September, 13. Juli, 10. Dezember

Sarina
Niederländische Form von Sara/Sarah/Sahra.

Sascha
Russische Kurzform von Alexandra (= Alessandra). Andere Formen sind Sacha und Sanja.

Saskia
Der Name stammt aus dem Niederländischen, die Bedeutung ist unklar, eventuell *die Sächsin.* Bekannte Namensträgerin ist Saskia van Uylenburch, die Frau des niederländischen Malers Rembrandt (1606–1669).

Savina
Spanische Form von Sabina/Sabine.

Scarlett
Der Name kommt aus dem englischen Sprachraum und bedeutet so viel wie *die Rothaarige.* Wir kennen die Figur der Scarlett aus dem Roman *Vom Winde verweht* von Margaret Mitchell (1900–1949).

Scholastika
Der Name ist lateinischen Ursprungs und bedeutet *die Schülerin.* Er wurde bekannt durch die heilige Scholastika

(etwa 480–542), Schwester des heiligen Bendikt.
Namenstag 10. Februar

Sebastiane
Weibliche Form von Sebastian.

Selena
Herkunft und Bedeutung sind nicht ganz klar, Selena gilt als griechische Mondgöttin. Andere Formen sind Selene, Selina, Seline und Selinda.

Selinda
Englische Form von Selena.

Selma
Kurzform von Anselma und eine Nebenform von Salome mit der Bedeutung *die Friedensreiche.* Mit dem Aufkommen der Ossian-Schwärmerei im 18. Jh. wurde auch Selma als Vorname beliebt (vgl. hierzu auch den Namen Malvine/Malwine). Bekannte Namensträgerin ist die schwedische Schriftstellerin Selma Lagerlöf (1858–1949).

Senta
Herkunft und Bedeutung sind unbekannt. Wir kennen die Figur der Senta aus der Oper *Der fliegende Holländer* von Richard Wagner (1813–1883). Bekannte Namensträgerin ist die deutsche Schauspielerin Senta Berger (*1941).

Seraphina
Weibliche Form von Seraphin.

Serena
Weibliche Form von Serenus.
Namenstag 30. Januar

Sergia
Weibliche Form von Sergio.

Severina
Weibliche Form von Severin. Eine andere Form ist Severine.

Sharon
Ein in Amerika häufig gewählter Name. Sharon ist ein biblischer Ortsname. Bekannte Namensträgerin ist die amerikanische Schauspielerin Sharon Stone (*1958).

Sheila
Englische Form von Cäcilia/Cäcilie.

Shirley
Der Name kommt aus dem englischen Sprachraum und bezeichnete früher eine englische Ortschaft. Bekannte Namensträgerin ist die amerikanische Sängerin Shirley Bassey (*1937).

Shoshana
Hebräische Form von Susanna/Susanne.

Sibyl
Englische Form von Sibylla/Sibylle. Schreibvarianten sind Sybil und Sybill.

Sibylla
Der Name stammt aus dem Lateinischen, Herkunft und Bedeutung sind jedoch unklar. In der griechischen My-

thologie waren die Sibyllinen Seherinnen, die auch Christi Geburt vorhersagten. Im römischen Kapitol werden die *Sibyllinischen Bücher,* Weissagungen in griechischer Sprache, aufbewahrt und in der Sixtinischen Kapelle in Rom sind die Sibyllinendarstellungen von Michelangelo (1475–1564) zu bewundern. Andere Namensformen sind Sibyl/Sibyll, Sibylle, Sybil/Sybill und Sybille/Sybilla. Bekannte Namensträgerin ist die deutsche Kupferstecherin Maria Sibylla Merian (1647–1717).
Namenstag 9. Oktober

Sibylle
Die in Deutschland gebräuchlichere Form von Sibylla.

Sidonie
Weibliche Form von Sidonius. Der Name wurde im deutschsprachigen Raum bekannt durch die Übersetzung des Romans *Pontus und Sidonie* im Jahr 1465 durch Eleonore von Österreich. Eine andere Form ist Zdenka.

Sieglinde
Ein alter deutscher Name, dessen erste Silbe *Sieg* bedeutet und die zweite Silbe *Lindenholzschild.* Königin Sieglinde und König Siegmund sind die Eltern von Siegfried im *Nibelungenlied.* Andere Formen sind Linde/Linda und Sieglind.
Namenstag 24. Juli

Sigrid
Der Name kommt aus dem nordischen Sprachraum; die erste Silbe bedeutet *Sieg* und die zweite Silbe *schön.* Bekannte Namensträgerin ist die norwegische Schriftstellerin und Literaturnobelpreisträgerin Sigrid Undset (1882–1949).
Namenstage 5. Mai, 4. August

Sigrun
Ein alter deutscher Name, dessen erste Silbe *Sieg* bedeutet. Die zweite Silbe bedeutet *Geheimnis.*

Silja
Friesische Kurzform von Cäcilia/Cäcilie.

Silke
Friesische Koseform von Cäcilia/Cäcilie.

Silvana
Weibliche Form von Silvan/Silvanus. Eine andere Form ist Sylvana.

Silvia
Die weibliche Form von Silvius, Silvanus. Die Sage erzählt, dass Prinzessin Rhea Silvia dem römischen Kriegsgott Mars Romulus und Remus gebar, die sagenumwobenen Gründer von Rom. Wir kennen die Figur der Silvia aus der Operette *Die lustige Witwe* von Franz

Léhar (1870–1948). Andere Formen sind Sylvia und Silvie. Bekannte Namensträgerin ist die schwedische Königin Silvia (*1946).
Namenstage 10. März, 3. November

Simone
Weibliche Form von Simon. Weitere Namensformen sind Simona und Simonetta. Bekannte Namensträgerinnen sind die französische Schriftstellerin und Feministin Simone de Beauvoir (1908–1986) und die französische Schauspielerin Simone Signoret (1921–1985).

Sissi
Andere Schreibweise von Sissy (= Elisabeth). Bekannte Namensträgerinnen sind die österreichische Königin Elisabeth Amalia Eugenia, genannt Sissi (1837–1898), ihr Leben wurde mit Romy Schneider (1938–1982) erfolgreich verfilmt.

Sissy
Österreichische Kurz- und Koseform von Elisabeth und englische Kurzform von Cecily (= Cäcilia/Cäcilie). Eine andere Schreibweise ist Sissi.

Sixta
Weibliche Form von Sixtus. Auch gebräuchlich in der weiterentwickelten Form Sixtina.

Sofie
Andere Schreibweise von Sophia/Sophie.

Solveig
Der Name stammt aus dem nordischen Sprachraum, die erste Silbe bedeutet *Saal* und die zweite Silbe *Kampf*. Wir kennen die Figur der Solveig aus dem Schauspiel *Peer Gynt* von Henrik Ibsen (1828–1906).

Sonja
Russische Koseform von Sophia/Sofia. Eine andere Form ist Sonia. Bekannte Namensträgerin ist die schweizerische Schauspielerin Sonja Ziemann (*1925).

Sophia
Der Name ist griechischen Ursprungs und bedeutet so viel wie *Weise, Weisheit.* Die berühmte ehemalige Krönungskirche in Konstantinopel (heute Istanbul), die Hagia Sophia (erbaut 532–537), wurde der ewigen Weisheit geweiht. Andere Formen sind Sofie/Sophie und Sonia/Sonja. Bekannte Namensträgerin ist die italienische Schauspielerin Sophia Loren (*1934).
Namenstage 15. Mai, 3. September

Sophie
Eine andere Form von Sophia. Der Name fand weite Verbreitung durch die Verehrung der heiligen Sophie, einer Märtyrerin in frühchristlicher Zeit. Im 17. und 18. Jh. gehörte Sophie/Sophia zu den beliebtesten weiblichen Vornamen. Die berühmte *Sophienausgabe* von Johann Wolfgang von Goethes Werken wurde von der Großherzogin Sophie von Sachsen-Weimar (gest. 1897) angeregt, die auch das Goethe- und Schillerarchiv in Weimar gründete. Bekannte Namensträgerin ist die deutsche Widerstandskämpferin Sophie Scholl (1921–1943),

die zusammen mit ihrem Bruder Hans (1918–1943) die *Weiße Rose* gründete. Beide wurden hingerichtet.

Soraya
Der Name kommt aus dem Persischen und bedeutet so viel wie *guter Herrscher.* Bekannte Namensträgerin ist Soraya (*1932), die frühere Kaiserin von Persien.

Stefanida
Russische Form von Stefanie/Stephanie.

Stefanie
Andere Form von Stephanie. Bekannte Namensträgerin ist die österreichische Sängerin, Komponistin und Texterin Stefanie Werger (*1951).
Namenstage 26. März, 14. Mai

Steffi
Kurz- und Koseform von Stefanie/Stephanie. Bekannte Namensträgerin ist der deutsche Tennisstar Steffi Graf (eigentlich Stefanie Graf; *1969).

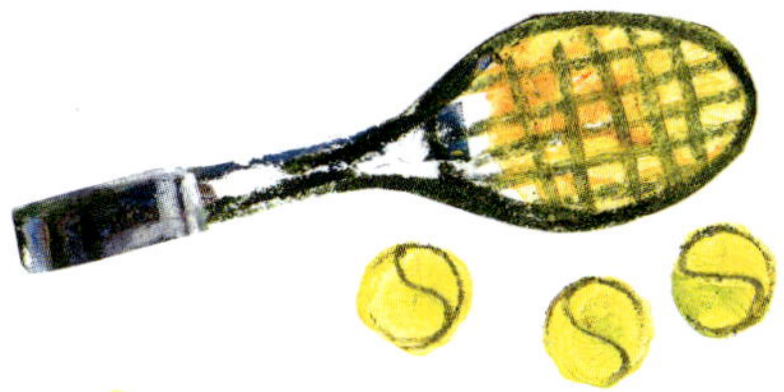

Stella
Der Name ist lateinischen Ursprungs und bedeutet *Stern.* Andere Formen sind Estelle und Estrelle.

Stephanie
Weibliche Form von Stephan/Stefan. Der Name fand weite Verbreitung durch die Verehrung von zwei frühchristlichen Märtyrerinnen. Der Name war in Adelskreisen sehr beliebt. Stephanie de Beauharnais (1789–1860), Adoptivtochter von Napoleon (1769–1821), so wurde gemunkelt, soll angeblich die Mutter des Findelkinds Kaspar Hauser (1812–1833) gewesen sein. Andere Formen sind Etiennette, Fanni/Fanny, Stefanida, Stefanie und Steffi. Bekannte Namensträgerin ist Prinzessin Stephanie von Monaco (*1965).
Namenstage 26. März, 14. Mai

Sue
Englische Kurzform von Susan (= Susanna/Susanne).

Sulamith
So heißt die schöne und bezaubernde Frauengestalt, die im Hohelied (7, 1) besungen wird. Dieser aus dem Hebräischen stammende Name mit der Bedeutung *die Friedliche* wurde in der griechischen Form zu Salome.

Suleika
Der Name kommt aus dem Arabischen und bedeutet so viel wie *die Verführerin.* Der Name wurde bei uns bekannt durch die Figur der Suleika im *Westöstlichen Diwan* von Johann Wolfgang von Goethe (1749–1832). Hinter dieser literarischen Gestalt verbarg er seine Freundin Marianne von Willemer. Eine andere Form ist Zuleika.

Susan
Englische Form von Susanna/Susanne.

Susanka
Slawische Form von Susanna/Susanne.

Susanna
Der Name ist aus dem Hebräischen und bedeutet *Lilie.* Andere Formen sind Shoshana, Sue, Susan, Susann, Susanka, Susanne, Suse, Susi, Suzanne und Suzette. Namenstag 11. August

Susanne
Eine andere, im deutschen Sprachraum weit verbreitete Form von Susanna. Nach der Bibel wird Susanne von zwei alten Männern im Bade belauscht, von ihnen fälschlicherweise des Ehebruchs bezichtigt, zum Tode verurteilt und vom Propheten Daniel gerettet. Bekannte Namensträgerin ist die deutsche Schauspielerin Susanne Uhlen (*1955).

Suse
Kurzform von Susanna/Susanne. Bei Kindern beliebt ist das Lied *Suse, liebe Suse, was raschelt im Stroh …*

Susi
Kurzform von Susanna/Susanne. Wir kennen die Comicfigur Susi von Walt Disney (1901–1966), die zusammen mit Strolch lustige Abenteuer erlebt.

Suzanne
Französische Form von Susanna/Susanne. Eine andere Namensform ist Suzette.

Svenja
Weibliche Form von Sven.

Swanhild
Ein alter deutscher Name, dessen erste Silbe *Schwan* bedeutet, die zweite Silbe *Kampf, Kämpfer.* In der nordischen Sage wird Swanhild, Tochter von Gudrun und Sigurd, auf Geheiß ihres Mannes Ermenrich von wilden Pferden getötet. Eine andere Form ist Swantje.

Swantje
Friesische Form von Swanhild.

Swetlana
Der Name kommt aus dem Russischen und bedeutet so viel wie *die Helle, die Weiße.*

Sybil
Andere Form von Sibyl (= Sibylla/Sibylle), auch Sibyll geschrieben.

Sylvana
Andere Form von Silvana.

Sylvia
Andere Form von Silvia. Bekannte Namensträgerin ist die amerikanische Schriftstellerin Sylvia Plath (1932–1963).

Tabea

Der Name stammt aus dem Hebräischen und bedeutet *Gazelle.* Eine andere Form ist Tabitha.

Tahire

Der Name kommt aus dem Türkischen und bedeutet so viel wie *rein, sauber.*

Tamara

Die russische Form von Thamar. Bekannte Namensträgerinnen sind die polnische Malerin Tamara de Lempicka (1898–1980) und die deutsche Revolutionärin Tamara Bunke (1937–1967), eine Mitstreiterin des ermordeten kubanischen Revolutionärs Che Guevara (1928–1967).
Namenstag 29. Dezember

Tania

Andere Form von Tanja (= Tatjana). Bekannte Namensträgerin ist die dänische Schriftstellerin Tania Blixen (eigentlich Baronin Karen Christence Blixen-Finecke; 1885–1962). Ihre Lebensgeschichte wurde in *Jenseits von Afrika* erfolgreich verfilmt.

Tanja

Kurz- und Koseform von Tatjana. Eine andere Schreibweise ist Tania.

Tatjana

Der Name kommt aus dem Russischen und ist wahrscheinlich eine Weiterentwicklung des männlichen Namens Tatian/Tatianus (= Tatius). Andere Formen sind Tania, Tanja, Tatiana, Tatienne und Taziana.
Namenstag 12. Januar

Teresa

Englische und spanische Form von Theresa/Therese. Bekannte Namensträgerin ist die Friedensnobelpreisträgerin und Nonne Mutter Teresa (eigentlich Agnes Gonxha Bejaxhui; 1910–1997).

Terese

Andere Form von Teresa (= Theresa/Therese).

Tessa
Eine Kurzform von Theresa/Therese, auch: Tess.

Thamar
Der Name kommt aus dem Hebräischen und bedeutet so viel wie *Dattelpalme.* Eine andere Form ist Tamara.

Thea
Kurzform von Dorothea, Theodora, Therese. Bekannte Namensträgerinnen sind Thea Gottschalk, die Frau des Entertainers Thomas Gottschalk (*1950), und die deutsche Schriftstellerin Thea von Harbou (1888–1954).
Namenstag 25. Juli

Theda
Friesische Kurzform von Namen, die mit der Silbe Theo- beginnen (Theodora).

Thekla
Der Name hat griechischen Ursprung, die Bedeutung ist unklar, vielleicht *Gottesrühmerin.* Der Name fand eine gewisse Verbreitung durch die Verehrung der heiligen Thekla aus dem 1. Jh. und der heiligen Thekla aus dem 8. Jh. Wir kennen die Figur der Thekla aus dem Schauspiel *Wallenstein* von Friedrich von Schiller (1759–1805).
Namenstage 23. September, 28. September

Theo
Kurzform von Theodora.

Theodora
Weibliche Form von Theodor. Der Name wurde bekannt durch die Verehrung der heiligen Theodora von Thessaloniki (gest. 892). Andere Formen sind Dora, Doris, Fedora, Feodora, Fjodora, Dorothea, Thea, Theda und Theo.
Namenstag 29. August

Theresa
Der Name kommt aus dem Griechischen und bedeutet so viel wie *Bewohnerin der Insel Thera.* Der Name fand weite Verbreitung durch die Verehrung der heiligen Theresa von Avila (1515–1582) sowie der heiligen Theresa vom Kinde Jesu (Theresa von Lisieux; 1873–1897). Andere Formen sind Resi, Thea, Teresa/Terese, Therese, Thérèse, Theresia, Tess und Tessa.
Namenstage 9. Mai, 5. September, 1. Oktober, 15. Oktober

Therese
Andere Form von Theresa. Bekannte Namensträgerin ist die deutsche Therese Neumann, genannt Therese von Konnersreuth (1898–1962), die 1918 schwer erkrankte und 1925 plötzlich geheilt wurde.

Thérèse
Französische Form von Theresa/Therese.

Theresia
Eine andere Form von Theresa/Therese. Bekannte Namensträgerin ist Kaiserin Maria Theresia von Österreich (1717–1780).

Thora
Der Name stammt aus dem nordischen Sprachraum und stellt eine Kurzform von Namen dar, die mit der Silbe Thor-, dem Namen des germanischen Donnergottes, beginnen (Thordis/Tordis, Thorid, Thorina und Thurid).

Thordis
Weibliche Form von Thord. Eine andere Schreibweise ist Tordis (= Thora).

Thorid
Eine andere Form von Thurid (= Thora).

Thorina
Eine Weiterentwicklung von Thora.

Thurid
Ein alter isländischer Name, dessen erste Silbe Thor- (Name des germanischen Donnergottes) bedeutet und die zweite Silbe *schön*. Eine andere Form ist Thorid (= Thora).

Thyra
Ein alter nordischer Name, dessen erste Silbe Thor (Name des germanischen Donnergottes) bedeutet und die zweite Silbe *Kampf, Kämpfer*. Eine andere Schreibweise ist Tyra.

Tina
Kurzform von Namen, die mit der Silbe -ina enden (Christina, Cristina, Katharina/Catharina, Kristina, Martina usw.). Bekannte Namensträgerin ist die amerikanische Rocksängerin Tina Turner (*1939).

Tine
Kurzform von Namen, die mit der Silbe -tine enden (= Albertine, Katharine, Kristine/Christine, Martine usw.).

Tona
Andere Form von Tonja/Tonia.

Toni
Kurzform von Antonia. Eine andere Namensform ist Tony.

Tonja
Russische Verkleinerungsform von Antonia. Andere Formen sind Tona und Tonia.

Tony
Andere Form von Antonia, auch Toni geschrieben.

Tordis
Andere Schreibweise von Thordis.

Tosca
Der Name kommt aus den Italienischen und bedeutet so viel wie *Toskanerin*. Eine andere Schreibweise ist Toska. Wir kennen die Oper *Tosca* von Giacomo Puccini (1858–1924).

Traude
Kurzform von Edeltraud, Gertraud/Gertraude, Hiltraud, Irmtraud, Ortraud, Rotraud und Waldtraud.

Traudel
Ebenso eine Kurzform von Edeltraud, Gertraud/Gertraude, Hiltraud, Irmtraud, Ortraud, Rotraud und Waltraud.

Traudl
Eine weitere Kurzform von Namen, die auf -traud enden (Edeltraud, Gertraud/Gertraude, Hiltraud, Irmtraud, Ortraud, Rotraud und Waltraud).

Trixi
Koseform von Beatrix.

Trude
Kurzform von Gertrud/Gertrude, Hiltrud, Irmtrud, Ortrud, Waltrud und Wiltrud.

Trudel
Kurzform von Gertrud/Gertrude, Hiltrud, Irmtrud, Ortrud, Waltrud und Wiltrud.

Trudi
Weitere Kurz- und Koseform von Gertrud/Gertrude, Hiltrud, Irmtrud, Ortrud, Waltrud und Wiltrud.

Trudl
Kurzform von Gertrud, Ortrud, Waltrud und Wiltrud.

Tyra
Eine andere Form von Thyra. Bekannte Namensträgerin ist das amerikanische Topmodel Tyra Banks (*1974).

Uli
Kurzform von Ulrike. Eine andere Schreibweise ist Ulli.

Ulla
Kurzform von Ulrike und Ursula. Bekannte Namensträgerinnen sind die deutsche Dichterin Ulla Hahn (*1946) und die deutsche TV-Moderatorin Ulla Kock am Brink (*1961).

Ulli
Andere Schreibweise von Uli (= Ulrike).

Ulrike
Weibliche Form von Ulrich. Andere Formen sind Rike, Uli/Ulli und Ulla. Bekannte Namensträgerin ist Ulrike von Levetzow (1804–1899), eine Freundin von Johann Wolfgang von Goethe (1749-1832), der ihr seine *Marienbader Elegien* widmete.

Una
Eingedeutschte Form des englischen Namens Oona.
Namenstag 15. April

Undine
Der Name stammt aus dem Lateinischen und bedeutet so viel wie *Welle, weiblicher Wassergeist.* Diese sollen der Sage nach einen menschlichen Ehemann suchen, damit ihre Kinder eine Seele erhalten. Der Stoff der Undine wurde literarisch und musikalisch mehrfach verarbeitet.

Ursel
Kurzform von Ursula.

Ursula
Der Name hat lateinischen Ursprung und bedeutet so viel wie *kleine Bärin.* Er fand weite Verbreitung durch die Legende der heiligen Ursula von Köln, die auf einer Rheinfahrt mit 11.000 Jungfrauen von einem Hunnenheer niedergemetztelt wurde. Geläufige Kurz- und Koseformen sind Ulla, Ursel und Uschi. Bekannte Namensträgerin ist die schweizerische Schauspielerin Ursula Andress (*1936).
Namenstage 20. Januar, 21. Oktober

Uschi
Die weit verbreitete Kurz- und Koseform von Ursula. Bekannte Namensträgerin ist die deutsche Schauspielerin Uschi Glas (*1944), 1968 bekannt geworden durch den Film *Zur Sache, Schätzchen.* Heute tritt sie erfolgreich in zahlreichen TV-Serien auf.

Uta
Dieser alte deutsche Name entwickelte sich aus Oda (= Odilie), dessen Bedeutung *Glück, Besitz* sich auch auf die Weiterentwicklung Uta übertragen lässt. Andere Formen sind Ute und Utta. Bekannte Namensträgerin ist die Markgräfin Uta von Ballenstedt (vor 1000–1046), eine der Stifterfiguren im Naumburger Dom.
Namenstage 20. April, 23. Oktober, 27. November

Ute
Andere Form von Uta. Bis etwa zum Mittelalter war der Name in Adelskreisen sehr beliebt, wurde dann jedoch lange Zeit nur noch selten gewählt. Erst zu Beginn unseres Jahrhunderts wurde er wieder häufiger gewählt. Im *Nibelungenlied* ist Ute die Mutter von Gunther und Kriemhild.

Utta
Nebenform von Uta.

Valentina
Weibliche Form von Valentin. Der Name fand eine gewisse Verbreitung durch die Verehrung von fünf Heiligen dieses Namens. Eine andere Schreibweise ist Valentine. Bekannte Namensträgerin ist die russische Kosmonautin Valentina Tereschkowa (*1935), die 1963 als erste Frau im Weltraum war.
Namenstage 26. April, 6. Mai, 2. Juni, 25. Juli, 26. Oktober

Valentine
Andere Form von Valentina.

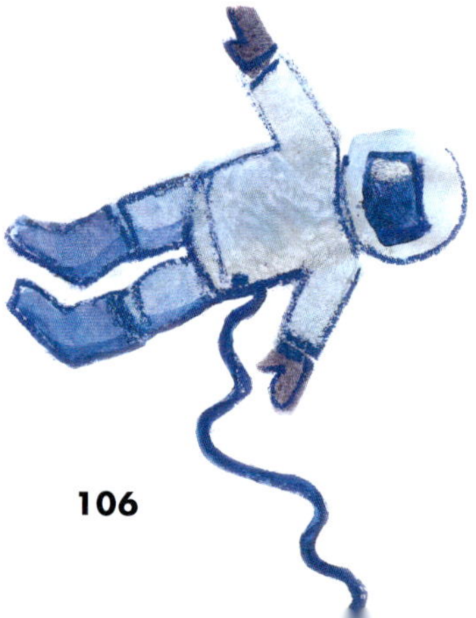

Valeria
Weibliche Form von Valerius. Die heilige Valeria von Limoges aus dem 7. Jh. finden wir häufig mit ihrem abgeschlagenen Kopf in der Hand dargestellt. Andere Formen sind Valerie, Valeska und Walli/Wally.
Namenstage 4. Mai, 20. Mai, 10. Dezember

Valerie
Andere Form von Valeria.

Valeska
Polnische Form von Valeria/Valerie.

Vanessa
Der Name stammt aus dem englischen Sprachraum und bezeichnet eine Schmetterlingsfamilie.

Varena
Rätoromanische Form von Verena.

Varinka
Slawische Form von Warwara (= Barbara).

Vaubourg
Französische Form von Walburga.

Vera
Der Name kommt aus dem Russischen und bedeutet so viel wie *Religion, Glaube.* Andere Formen sind Verena und Wera. Bekannte Namensträgerin ist die deutsche Schauspielerin Vera Tschechowa (*1940). Namenstag 24. Januar

Verena
Herkunft und Bedeutung dieses Namens sind unklar, vielleicht *mutlos* oder *Sieg Bringende.* Die heilige Verena aus dem 3. Jh. wird besonders in der Schweiz verehrt, wo dieser Name häufig gewählt wird. Andere Formen sind Berenike, Varena, Vera/Wera, Vérène, Veronika/Veronica und Vreni.
Namenstage 22. Juli, 1. September

Vérène
Französische Form von Verena.

Verona
Nebenform von Veronika/Veronica. Bekannte Namensträgerin ist die deutsche TV-Moderatorin Verona Feldbusch (*1970).

Veronica
Andere Schreibweise von Veronika. Bekannte Namensträgerin ist die deutsche Schauspielerin Veronica Ferres (*1967).

Veronika
Der Name ist griechischer Herkunft und bedeutet so viel wie *Sieg Bringende.* Die Legende erzählt, dass die heilige Veronika von Jerusalem Jesus ein Schweißtuch reichte, auf dem sich sein Bild *vera ikon* (= das echte Bild Jesu) abzeichnete. Andere Formen sind Berenike, Verena, Verona, Veronica, Véronique und Vroni. Bekannte Namensträgerin ist die deutsche Sängerin Veronika Fischer (*1951).
Namenstag 4. Februar

Véronique
Die französische Form von Veronica/Veronika.

Vicki
Andere Schreibweise von Vicky (= Victoria/Viktoria). Bekannte Namensträgerin ist die österreichische Schriftstellerin Vicki Baum (1888–1960), berühmt geworden mit ihrem Roman *Menschen im Hotel.*

Vicky
Englische Kurzform von Victoria/Viktoria, auch Vicki geschrieben. Bekannte Namensträgerin ist die griechische Sängerin Vicky Leandros (eigentlich Vassiliki Papathanassiou; *1952).

Victoria
Eine andere Schreibweise von Viktoria. Wir bezeichnen die 64jährige Regierungszeit der britischen Königin Victoria (1819–1901) als Viktorianisches Zeitalter. Bekannte Namensträgerin ist die schwedische Kronprinzessin Victoria (*1977).

Viktoria
Weibliche Form von Victor/Viktor, Name der Siegesgöttin. Aus Nationalstolz wurde dieser Name nach den Befreiungskriegen 1870/71 häufig in protestantischen Familien gewählt. Der Name fand auch eine gewisse Verbreitung durch die deutsche Kaiserin Viktoria (1849–1901). Kurz- und Nebenformen sind Fieke, Vicki/Vicky, Victoria und Victorien.
Namenstage 17. November, 23. Dezember

Vilma
Ungarische Form von Wilhelma und Wilhelmine. Eine andere Schreibweise ist Wilma.

Vincenta
Andere Form von Vinzentia/Vincentia, auch Vinzenta geschrieben.

Vincentia
Andere Schreibweise von Vinzentia.

Vinzenta
Andere Form von Vinzentia, auch Vincenta geschrieben.

Vinzentia
Weibliche Form von Vinzent/Vinzenz. Andere Formen sind Vincenta/Vinzenta und Vincentia.

Viola
Der Name kommt aus dem Lateinischen und bedeutet so viel wie *Veilchen.* Andere Formen sind Violet/Violett, Violetta und Violette.
Namenstage 23. Dezember, 3. Mai

Violet
Die englische Form von Viola, auch Violett geschrieben.

Violetta
Italienische Form von Viola. Wir kennen die Figur der Violetta aus der Oper *La Traviata* von Giacomo Puccini (1858–1924).

Violette
Französische Form von Viola.

Virginia
Der Name stammt aus dem Lateinischen, die Bedeutung ist unklar, eventuell *Jungfrau* oder *die aus dem Geschlecht der Vergilier Stammende.* Eine andere Form ist Virginie. Bekannte Namensträgerin ist die amerikanische Schriftstellerin Virginia Woolf (1882–1941).

Virginie
Französische Form von Virginia.

Viviane
Der Name hat französischen Ursprung und ist der Name einer Fee. Andere Formen sind Bibiane, Vivien und Vivienne.

Vivien
Englische Form von Viviane. Bekannte Namensträgerin ist die amerikanische Schauspielerin Vivien Leigh (1913–1967).

Vivienne
Französische Form von Viviane.

Vreni
Schweizerische Kurz- und Koseform von Verena.

Vroni
Kurz- und Koseform von Veronica/Veronika.

Walburga

Ein alter deutscher Name, zusammengesetzt aus den althochdeutschen Wörtern für *walten, herrschen* und *Burg*. Der Name fand eine gewisse Verbreitung durch die Verehrung der heiligen Walburga, Äbtissin im Kloster Heidenheim (um 710–779), Schutzpatronin der Bauern. Die Nacht zum 1. Mai, dem Tag ihrer Heiligsprechung, nennen wir Walpurgisnacht. In dieser Nacht feiern die Hexen ihr großes Fest (Hexensabbat). Andere Formen sind Vaubourg und Walli/Wally.
Namenstage
25. Februar, 4. März

Walli

Koseform von Valeria/Valerie und Walburga, auch Wally geschrieben.

Wally

Englische Form von Walli (Valerie/Valeria und Walburga). Wir kennen die Titelfigur des erotischen Romans *Wally, die Zweiflerin* von Karl Gutzkow (1811–1878), der wegen dieses Romans ins Gefängnis musste.

Waltraud

Ein alter deutscher Name, dessen erste Silbe *walten, herrschen* bedeutet und die zweite Silbe *Stärke*. Andere Formen sind Traude, Traudel/Traudl, Waltraut und Waltrud.
Namenstag 9. April

Wanda

Der Name kommt aus dem polnischen Raum und bedeutet wahrscheinlich *Wendin, die vom Stamm der Wandalen.* Die Sage erzählt von der Polin Wanda, die einem deutschen Fürsten die Ehe verweigerte und ihre Keuschheit durch zahlreiche Kriege hindurch bewahrte, bis sie sich in der Weichsel ertränkte, um weiteres Blutvergießen zu verhindern.

Warwara

Russische Form von Barbara. Die slawische Form ist Varinka.

Wencke

Der Name kommt aus dem nordischen Sprachraum, seine Bedeutung ist noch unklar. Bekannte Namensträgerin ist die norwegische Sängerin und Schauspielerin Wencke Myhre (*1947), berühmt geworden 1966 auf dem deutschen Schlagerfestival mit dem Siegertitel *Beiß nicht gleich in jeden Apfel.*

Wera
Andere Schreibweise von Vera.

Wibke
Schreibvariante von Wiebke.

Wiebe
Die Kurzform von alten niederdeutschen Namen, die mit der Silbe Wig- beginnen (Wigberta, Wigburga).

Wiebke
Moderne Form des alten niederdeutschen Namens Wiebe. Eine andere Schreibweise ist Wibke. Bekannte Namensträgern ist die deutsche TV-Journalistin Wiebke Bruns (*1938).

Wilhelma
Weibliche Form von Wilhelm. Weitere Formen sind Wilhelmina/Wilhelmine und Vilma/Wilma.

Wilhelmine
Eine andere Form von Wilhelmina (= Wilhelma). Der Name fand weite Verbreitung durch die Verehrung der Wilhelmine, Schwester von Friedrich dem Großen (1620–1688). Der Name gehörte zu den beliebtesten weiblichen Vornamen des 18. Jhs.

Wilma
Andere Schreibweise von Vilma (= Wilhelma, Wilhelmine).

Wiltrud
Ein alter deutscher Name, dessen erste Silbe *Wille* bedeutet und die zweite Silbe *Kraft*. Der Name fand einige Verbreitung durch die Verehrung zweier geistlicher Frauen, der Äbtissin Wiltrud vom Kloster Bergen bei Neuburg aus dem 10. Jh., und durch die Äbtissin von Hohenwart aus dem 11. Jh.. Andere Formen sind Trude, Trudel/Trudl und Trudi.
Namenstage 6. Januar, 21. Mai, 2. Juli, 30. Juli

Witta
Der Name stammt aus dem friesischen Sprachraum und bedeutet so viel wie *Holz*. Bekannte Namensträgerin ist die deutsche Schauspielerin Witta Pohl (*1937).
Namenstag 26. Oktober

Xandra
Kurzform von Alexandra.

Xaveria
Weibliche Form von Xaver.

Xenia
Kurzform von Polyxenia. Bekannte Namensträgerin ist die österreichische Künstlerin Xenia Hausner (*1951).

Yasmin
Andere Form von Jasmin.

Yvette
Weibliche Form von Yves und die Verkleinerungsform von Yvonne/Ivonne, auch Ivette geschrieben.
Namenstag 13. Januar

Yvonne
Weibliche Form von Yvon. Eine andere Schreibweise ist Ivonne.

Zarah
Andere Schreibweise von Sara/Sarah, auch verbreitet in der Form Zara. Bekannte Namensträgerin ist die schwedische Sängerin und Schauspielerin Zarah Leander (1907–1981).

Zdenka
Slawische Form von Sidonie.

Zehra
Der Name kommt aus dem Türkischen und bedeutet *Blume.*

Zelda
Englische Form von Griselda/Griseldis.

Zerrin
Der Name stammt aus dem Türkischen und bedeutet so viel wie *goldfarben.*

Zilly
Kurzform von Cäcilia/Cäcilie, auch Zilli geschrieben.

Zinnia
Der Name kommt aus dem Englischen und bezeichnet eine in vielen Farben blühende Blume.

Ziska
Kurzform von Franziska.

Zita
Kurzform von Felicitas/Felizitas. Die heilige Zita (gest. 1272) ist die Schutzpatronin der Dienstboten.
Namenstag 27. April

Zoe
Der Name ist griechischer Herkunft und bedeutet so viel wie *Leben.*
Namenstag 2. Mai

Zorica
Slawische Form von Roxana/Roxane (= Aurora).

Zuleika
Englische Form von Suleika.

Aaron
Ein biblischer Name, der wahrscheinlich aus Ägypten stammt mit der Bedeutung *der von Gott Erleuchtete.* Aaron war der Bruder von Moses und der erste Hohe Priester von Israel. Andere Formen sind Harun und Haroun. Bekannter Namensträger ist Elvis Aaron Presley, amerikanische Rocklegende (1935–1977).
Namenstag 1. Juli

Äbi
Schweizerische Kurz- und Koseform von Abraham und Eberhard.

Abraham
Dieser aus dem Alten Testament übernommene Name stammt aus dem Hebräischen und bedeutet so viel wie *Vater der Menschen, Vater der Menge.* Andere Formen sind Abi, Äbi und

Ibrahim. Bekannter Namensträger ist der 16. amerikanische Präsident Abraham Lincoln (1809–1865).
Namenstag 20. Dezember

Achim
Kurzform von Joachim. Der Name wurde bekannt durch den romantischen Dichter Achim von Arnim (1781–1831), Herausgeber (mit Clemens von Brentano) der Liedersammlung *Des Knaben Wunderhorn.*

Achmed
Der Name kommt aus dem Arabischen und bedeutet so viel wie *lobenswert, der Lobenswerte.* Eine andere Schreibweise ist Ahmed.

Adam
Dieser aus der Bibel übernommene Name kommt aus dem Hebräischen und bedeutet so viel wie *Mensch.* Adam ist der erste, von Gott geschaffene Mensch aus Erde. Die italienische Form ist Adamo. Bekannte Namensträger sind der deutsche Industrielle Adam Opel (1837–1895) und der deutsche Mathematiker Adam Riese (eigentlich Adam Ries; 1492–1559).
Namenstag 24. Dezember

Adamo
Italienische Form von Adam. Bekannter Namensträger ist der belgische Komponist, Texter und Sänger italienischer Herkunft Adamo (eigentlich Salvatore Adamo; *1943).

Ado
Kurzform von Adolf.

Adolf
Ein alter deutscher Name mit der Bedeutung *edler Wolf.* Andere Formen sind Ado, Adolfo, Adolph, Adolphe, Alf, Azo/Azzo, Dolf, Ezzo. Der Name Adolf fand weite Verbreitung durch den schwedischen König Gustav Adolf (Regent zwischen 1611 und 1632) aus dem Haus Wasa, der im Dreißigjährigen Krieg fiel; König Gustav Adolf aus dem Haus Holstein Gottorf regierte das Land zwischen 1792 und 1809, König Gustav Adolf aus dem Haus Bernadotte zwischen 1950 und 1973. Bekannte Namensträger sind der deutsche Theologe und Gründer des katholischen Gesellenvereins Adolf Kolping (1813–1865) und der deutsche Maler und Grafiker Adolph von Menzel (1815–1905). Seit dem Zweiten Weltkrieg (Adolf Hitler) wird der Name kaum noch vergeben.
Namenstage 13. Februar, 8. Juli, 4. Dezember

Adrian
Der Name ist lateinischen Ursprungs und bedeutet so viel wie *der aus der Stadt Adria (Hadria) Stammende.* Adria war im Altertum eine bekannte Stadt in der Nähe von Venedig. Andere Formen sind Adriano, Adrien (in Frankreich), Adriaan (in den Niederlanden), Hadrian.
Namenstag 8. September

Adriano
Italienische Form von Adrian. Bekannter Namensträger ist der italienische Sänger und Schauspieler Adriano Celentano (*1938).

Adrien
Französische Form von Adrian.

Agosto
Italienische Form von August.

Ahmed
Eine andere Schreibweise von Achmed.

Akim
Die slawische Form von Joachim.

Alain
Die französische Form von Alan. Bekannter Namensträger ist der französische Schauspieler Alain Delon (*1935).

Alan
Der Name ist keltischen Ursprungs mit der Bedeutung *der zum Germanenstamm der Alanen Gehörende.* Die französische Form ist Alain.
Namenstage 8. September, 14. Oktober

Alban
Der Name stammt aus dem Lateinischen und bedeutet so viel wie *der aus der Stadt Alban Kommende.* Der heilige Albanus von Mainz starb als Märtyrer im Jahr 406 bei der Eroberung der Stadt durch die Germanen. Bekannter Namensträger ist der österreichische Komponist Alban Berg (1885–1935).
Namenstag 21. Juni

Albert
Der Name ist eine andere Form von Albrecht, die Kurzform ist Bert und die italienische Form lautet Alberto.

Berühmter Namensträger ist der elsässische Arzt, Theologe und Musiker Albert Schweitzer (1875–1965).
Namenstage 26. Januar, 15. November, 26. November

Alberto
Italienische Form von Albert.

Albin
Der Name ist lateinischen Ursprungs und bedeutet so viel wie *der Weiße.*
Namenstage 1. März, 22. Juni

Albrecht
Ein alter deutscher Name, der so viel bedeutet wie *von vornehmer Herkunft.*
Eine andere Form ist Albert, dann mit der Kurzform Bert.
Bekannter Namensträger ist der deutsche Renaissancemaler Albrecht Dürer (1471–1528).

Aldo
Dieser Name ist in Italien eine beliebte Kurzform von Aldobrando. Der entsprechende deutsche Name heißt Adalbrand, eine heute nicht mehr gebräuchliche Form. Die erste Silbe bedeutet so viel wie *edel, vornehm* und die zweite Silbe *Schmerz verursachende Waffe.* Bekannter Namensträger ist der italienische Politiker Aldo Moro (*1916, ermordet 1978).
Namenstag 31. Mai

Aleksandr
Russische Form von Alexander, andere Formen sind Sanja und Sascha.

Alessandro
Italienische Form von Alexander, die Kurzform ist Sandro.

Alex
Kurzform von Alexander.

Alexander
Der Name ist griechischen Ursprungs und bedeutet so viel wie *Männer abwehrend, Beschützer, Verteidiger.* Andere Formen sind Alessandro, Alex, Alexandr, Alexandre, Lex, Sacha, Sandro, Sanja, Sascha und Xander. Bekannte Namensträger sind der Eroberer des Orients, Alexander der Große (356 v. Chr.– 323 v. Chr.) und Alexander Freiherr von Humboldt (1769–1859), berühmter deutscher Naturforscher, nach dem der Humboldtstrom benannt wurde.
Namenstage 3. Mai, 10. Juli

Alexandre
Französische Form von Alexander. Bekannter Namensträger ist der französische Schriftsteller Alexandre Dumas (1824–1895), er ist Schöpfer des Romans *Die Kameliendame* und des Begriffs »Halbwelt«.

Alf
Kurzform von Adolf, Alfons und Alfred. Bekannt ist der Außerirdische Alf aus der gleichnamigen amerikanischen TV-Serie.

Alfons
Der Name ist westgotischen Ursprungs und kam über Spanien nach Deutschland. Die Bedeutung ist nicht schlüssig, so kann die erste Silbe so viel bedeuten wie *Kampf, ganz* oder *edel,* die zweite Silbe bedeutet etwa *tapfer* oder *willig.* Andere Formen sind Alf, Alfonso und Alphonse.
Namenstag 1. August

Alfred
Der Name stammt aus dem Englischen und bedeutet so viel wie *Naturgott, Ratgeber durch Naturgeister.* Die Kurz- und Koseformen lauten Alf und Fred. Bekannte Namensträger sind der deutsche Zoologe Alfred Brehm (1829–1884) und der amerikanische Filmregisseur Alfred Hitchcock (1899–1980), unvergessen sein Gruselfilm *Die Vögel.*
Namenstag 28. Oktober

Alois
Der Name ist wahrscheinlich germanischen Ursprungs und bedeutet *der große Weise.* Nachdem zu Beginn des 18. Jhs. der Jesuit Aloysius von Gonzaga heilig gesprochen wurde, tauchte dieser Vorname häufiger in Deutschland auf. Seit 1729 ist Aloysius der Patron der Jugend. Andere Formen sind Aloys und Lois. Bekannter Namensträger ist Alois Sennefelder (1771–1834), Erfinder des Steindrucks.
Namenstag 21. Juni

Aloys
Eine andere Schreibweise von Alois.

Alphonse
Französische Form von Alfons.

Amadeo
Italienische Form von Amandus.

Amadeus
Dieser Name ist eine lateinische Neubildung aus *ama deus* und bedeutet so viel wie *liebe Gott!* Aus Verehrung für Mozart änderte der deutsche Komponist, Dichter und Maler E. T. A. Hoffmann (1776–1822) seinen dritten Vornamen Wilhelm in Amadeus. Andere Formen sind Amadeo und Amédé. Berühmter Namensträger ist der österreichische Komponist Wolfgang Amadeus Mozart (1756–1791).

Amandus
Der Name kommt aus dem Lateinischen und bedeutet so viel wie *der Liebenswerte.*
Namenstag 6. Februar

Ambros
Kurzform von Ambrosius.

Ambrosius
Der Name ist griechischen Ursprungs und bedeutet so viel wie *der Unsterbliche.* Die moderne Kurzform des Namens lautet Ambros.
Namenstag 7. Dezember

Amédé
Die französische Form von Amadeus.

Anatol
Der Name stammt aus dem Griechischen und bedeutet so viel wie *der aus Anatolien Stammende.* Aus dem Roman *Stiller* des schweizerischen Schriftstellers Max Frisch (1911–1991) kennen wir den Titelhelden Anatol Stiller.

Andi
Kurzform von Andreas. Eine andere Form ist Andy. Beliebter Namensträger ist der deutsche Fußballspieler Andi Möller (eigentlich Andreas Möller; *1967).

André
Französische Form von Andreas. Bekannter Namensträger ist der österreichische Künstler André Heller (*1947).

Andrea
Italienische Form von Andreas. Bekannter Namensträger ist der blinde italienische Sänger Andrea Bocelli (*1958), 1996 berühmt geworden durch die Box-Hymne *Time to say goodbye,* die er mit Sarah Brightman sang.

Andreas
Der Name kommt aus dem Griechischen und bedeutet so viel wie *der Mannhafte, der Tapfere.* Andreas ist in Süddeutschland ein beliebter Name für Schutzheilige der Kirche. In Rußland wird Andreas ebenfalls als Heiliger verehrt (Andreasorden). Andere Formen sind Andi, André, Andrej und Andrew. Bekannter Namensträger ist der Tiroler Freiheitskämpfer Andreas Hofer (1767–1810).
Namenstage 20. September, 13. Oktober, 30. November

Andrej
Russische Form von Andreas.

Andrew
Englische Form von Andreas. Bekannter Namensträger ist der englische Musicalkomponist Sir Andrew Lloyd Webber (*1948).

Andy
Eine andere Schreibweise von Andi (= Andreas). Berühmter Namensträger ist der amerikanische Pop-Art-Künstler Andy Warhol (1928–1987).

Anselm
Ein alter deutscher Name, wobei die erste Silbe so viel wie *Gott* bedeutet und die zweite Silbe *Helm.* Bekannte Namensträger sind der deutsche Maler Anselm Feuerbach (1829–1880) und der deutsche Maler und Künstler Anselm Kiefer (*1945).
Namenstage 12. Januar, 18. März, 11. Februar, 21. April

Ansgar
Ein alter deutscher Name, dessen erste Silbe so viel wie *Gott* bedeutet und die zweite Silbe *Speer.* Eine andere Form ist Oskar/Oscar.

Antek
Slawische Form von Anton.

Anthony
Englische Form von Anton. Bekannter Namensträger ist der amerikanische Schauspieler Anthony Quinn (*1915), unvergessen als Hauptdarsteller in dem Film *Alexis Sorbas.*

Anton
Der Name kommt aus dem Lateinischen und war bei den Römern ein Geschlechtername. Seit der Verehrung des heiligen Antonius von Padua (eigentlich Ferdinand) im 13. Jh. ist Anton in Deutschland ein beliebter Vorname. Bei Wilhelm Busch (1832–1908) lesen wir über den heiligen Antonius von Padua: *Er las bei seinem Heiligenschein oft tief bis in die Nacht hinein.* Andere Formen sind Antonio, Anthony, Antek, Toni/Tony, Tonia und Tünnes. Bekannter Namensträger ist der österreichische Komponist Anton Bruckner (1824–1896).
Namenstage 15. Januar, 17. Januar, 12. Februar, 13. Juni, 5. Juli, 4. September

Antonio
Italienische Form von Anton. Bekannter Namensträger ist der italienische Komponist und Violinist Antonio Vivaldi (1678–1741).

Arend
Eine andere Form von Arnold.

Armand
Französische Form von Hermann.

Armando
Italienische Form von Hermann.

Armin
Der Name kommt aus dem Lateinischen. Die Deutung des Namens ist nicht schlüssig: Irmin ist der Gott der Hermionen. Als Namensgeber gilt auch der Cheruskerfürst Arminius (um 18 v. Chr. – 19 n. Chr.), der als Feldherr ein Heer der Römer besiegte.
Namenstag 2. Juni

Arnaud
Französische Form von Arnold.

Arndt
Nordische Kurzform von Namen, die mit der Silbe Arn- beginnen (Arnold und Arnulf).

Arne
Der Name kommt aus dem nordischen Sprachraum und ist ebenso eine Kurzform von Namen, die mit der Silbe Arn- beginnen (Arnold und Arnulf).

Arno
Kurzform von Arnold. Bekannter Namensträger ist der deutsche Schriftsteller Arno Schmidt (1914–1979).

Arnold
Ein alter deutscher Name, der so viel bedeutet wie *wie ein Adler herrschend.* Der österreichische Filmschauspieler Arnold Schwarzenegger (*1946) galt lange als bestgebauter Mann der Welt.

Fünf Titel als Mister Olympia krönten seine Karriere. Andere Formen sind Arnaud, Arend, Arndt, Arne, Arno, und Arnoldo. Ein ebenso bekannter Namensträger ist der deutsche Schriftsteller Arnold Zweig (1887–1968).
Namenstage 1. Mai, 18. Juli, 8. Oktober

Arnulf
Ein alter deutscher Name, der so viel bedeutet wie *Adler und Wolf.* Arnulf war bei den Karolingern ein beliebter Vorname. In St. Emmeran in Regensburg hält ein Grab die Erinnerung wach an Arnulf von Kärnter (gest. 899), seit 887 ostfränkischer König und seit 896 römisch-deutscher Kaiser. Andere Formen sind Arndt und Arne.
Namenstage 18. Juli, 16. August

Art
Englische Kurz- und Koseform von Arthur/Artur.

Arthur
Der Name ist keltischen Ursprungs und bedeutet so viel wie *Bär.* Wahrscheinlich geht er zurück auf den sagenhaften König Artus, der mit den Rittern seiner Tafelrunde Britannien im 8. Jh. regierte. Andere Formen sind Art, Artur und Arturo. Bekannte Namensträger sind der österreichische Schriftsteller Arthur Schnitzler (1862–1931) und der französisch-schweizerische Komponist Arthur Honegger (1892–1955).
Namenstage 1. November, 11. Dezember

Arturo
Italienische Form von Arthur/Artur. Bekannter Namensträger ist der italienische Dirigent Arturo Toscanini (1867–1957).

Arwed
Der Name kommt aus dem Schwedischen und bedeutet so viel wie *Adler und Wald.*

August
Der Name stammt aus dem Lateinischen und bedeutet so viel wie *der Erhabene.* Im alten Rom war Augustus der ehrende Beiname von Kaiser Oktavianus (gest. 14 n. Chr.). Der Name August wurde erst um das 16. Jh. beim deutschen Adel beliebt, später wurde er auch von den Bürgern sehr gern benutzt. Im 19. Jh. war August als Vorname so weit verbreitet, dass es zur Entwertung des Namens durch die Figur des dummen August kam (vgl. hierzu auch Hans, Karl und Michel). Andere Formen sind Agosto, Auguste, Austen, Austin (in England), Gus und Gustel/Gustl. Bekannter Namensträger ist August der Starke, Kurfürst von Sachsen (1670–1733).
Namenstag 27. Mai

Auguste
Französische Form von August. Bekannter Namensträger ist der französische Maler des Impressionismus Auguste Renoir (1841–1919).

Austen
Niederdeutsche Form von August.

Axel
Der Name kommt aus dem Schwedischen und ist eine Kurzform des biblischen Namens Absalom mit der Bedeutung *Vater des Friedens.* In Deutschland wurde der Name bekannt durch den schwedischen Schriftsteller und Arzt Axel Martin Fredrik Munthe (1857–1949). Bekannte Namensträger sind auch der deutsche Schriftsteller Axel von Ambesser (eigentlich Axel Eugen von Oesterreich; 1910–1988) und das deutsche Boxschwergewicht Axel Schulz (*1969).

Azzo
Italienische Kurzform von Adolfo (= Adolf). Eine andere Schreibweise ist Azo.

Balduin
Ein alter deutscher Name, der so viel bedeutet wie *kühner Freund.* Balduin ist in Flandern der häufigste Herrschername. Von Wilhelm Busch (1832–1908) kennen wir *Balduin Bählamm.* Andere Formen sind Baldwin (in England), Balko und Baudouin.
Namenstag 21. August

Balko
Kurzform von Balduin. Wir kennen aus der TV-Serie den schießfreudigen Titelhelden gleichen Namens: *Balko.*

Balthasar
Der Name kommt aus dem Babylonischen und bedeutet so viel wie *Gott schütze sein Leben.* Dieser Name ist heute zwar wenig gebräuchlich, aber bekannt durch die Heiligen Drei Könige Kaspar, Melchior und Balthasar. Bekannter Namensträger ist der barocke Baumeister Johann Balthasar Neumann (1687–1753), Schöpfer der Würzburger Residenz.
Namenstag 6. Januar

Baptist
Der Name kommt aus dem Griechischen und bedeutet so viel wie *der Täufer.* Es ist der Beiname des Bußpredigers Johannes der Täufer, des messianischen Propheten, der Jesus im Jordan taufte. Nach dem flandrischen Leineweber Jean Bâptiste aus Cambrai (13. Jh.) wurde auch ein zarter Stoff Batist genannt. Die zu Beginn des 17. Jhs. in England gegründete Sekte der Baptisten kennt wie Johannes der Täufer nur die Erwachsenentaufe.
Namenstag 24. Juni

Barnabas
Ein biblischer Name, der aus dem Aramäischen übernommen wurde. Er kann übersetzt werden mit *Sohn des Trostes.*
Namenstag 11. Juni

Bartel
Eine andere Schreibweise von Barthel (= Bartholomäus). *Wer alle Schliche kennt, weiß wo Bartel den Most holt.*

Bartholomäus
Der Name wurde aus der Bibel übernommen und ist aramäischen Ursprungs mit der Bedeutung *Sohn des Tolmai,* Patron der Winzer. Eine Bauernregel besagt: *Wie sich Bartholomäus hält, so ist der ganze Herbst bestellt.* Gemeint ist der 24. August. An diesem Tag 1572, der berüchtigten Bartholomäusnacht, wurden Tausende von Hugenotten ermordet. Andere Formen sind Bartel/Barthel.
Namenstage 20. Mai, 23. Mai, 24. August

Bastian
Kurzform von Sebastian.

Baudouin
Die französische Form von Balduin. Bekannter Namensträger ist Baudouin I., belgischer König (1930–1993).

Beat
Kurzform von Beatus, ein in der Schweiz beliebter Name. Eine andere Schreibweise ist Beath.

Beatus
Der Name ist lateinischen Ursprungs und bedeutet so viel wie *der Glückliche.* Andere Formen lauten Beat/Beath. Beatus soll der erste Glaubensüberbringer im 2. Jh. in der Schweiz gewesen sein.
Namenstag 28. Juni

Ben
Kurzform von Benedikt, Benjamin und Bernhard. Andere Formen lauten Benno und Berno. Bekannter Namensträger ist die Figur des Ben Cartwright, Vater von Adam, Hoss und Little Joe in der TV-Serie *Bonanza.*

Benedikt
Der Name kommt aus dem Lateinischen und bedeutet so viel wie *der Gesegnete, der Gebenedeite.* Der heilige Benedikt von Nursia, Vater des abendländischen Mönchtums, gründete 528 den Benediktinerorden. Andere Formen lauten Ben, Bengt, Bennet, Benito, Benno, Benoît und Berno. Bekannter Namensträger ist der niederländische Philosoph Benedikt Spinoza (vor der Taufe Baruch Spinoza; 1632–1677).
Namenstage 12. Februar, 16. April, 11. Juli

Bengt
Schwedische Form von Benedikt.

Benito
Italienische und spanische Form von Benedikt.

Benjamin
Der Name kommt aus dem Hebräischen und bedeutet so viel wie *Glückskind.* Nach der Bibel ist Benjamin der jüngste Sohn von Jakob. Andere Formen sind Ben, Benno und Berno. Von Elfie Donelly kennen wir die Kinderbuchfigur *Benjamin Blümchen,* den beliebten Elefanten. Bekannte Namensträger sind der amerikanische Politiker und Wissenschaftler Benjamin Franklin (1706–1790) und der schweizerische Maler Benjamin Vautier (1829–1898).
Namenstag 31. März

Bennet
Englische Form von Benedikt.

Benno
Eine andere Form von Ben (= Benedikt, Benjamin und Bernhard/Bernhardt).

Benoît
Französische Form von Benedikt.

Berengar
Die romanisierte Form des alten deutschen Namens Bernger. Bekannter Namensträger ist der französische Scholastiker Berengar von Tours (um 1000–1088).

Bernard
Englische, französische und niederländische Form von Bernhard/Bernhardt.

Bernardo
Italienische Form von Bernhard/Bernhardt.

Bernd
Kurzform von Bernhard/Bernhardt.

Bernger
Ein alter deutscher Name, bei dem die erste Silbe so viel bedeutet wie *Bär* und die zweite Silbe *Speer.* Eine andere Form ist Berengar.

Bernhard
Ein alter deutscher Name, der so viel bedeutet wie *kräftiger Bär.* Die oberdeutsche Koseform lautet Betz/Petz, daher sagen wir auch Meister Petz, wenn wir den Braunbär meinen. Andere Formen sind Ben, Benno, Bernhardt, Berno, Bernard, Bernardo und Bernd.
Namenstage 24. Januar, 30. April, 20. Mai, 15. Juni, 15. Juli, 20. Juli, 20. August, 12. Oktober, 14. November

Bernhardt
Eine andere Schreibweise von Bernhard.

Berno
Eine andere Form von Ben und Benno (= Benedikt, Benjamin und Bernhard/Bernhardt).
Namenstag 13. Januar

Bert
Die Kurz- und Koseform von deutschen Namen, die mit der Silbe -brecht enden oder mit der Silbe Bert- beginnen oder enden, beispielsweise Albert, Albrecht, Berthold, Bertolt, Bertram, Egbert und Hubert. Die Koseform von Bert ist Berti.

Berti
Koseform von Bert (= Albert, Albrecht, Berthold, Bertolt, Bertram, Egbert und Hubert). Bekannter Namensträger ist der deutsche Fußball-Bundestrainer Berti Vogts (eigentlich Hans-Hubert Vogts; *1946).

Berthold
Ein alter deutscher Name, der so viel bedeutet wie *der glänzende Herrscher.*
Im Mittelalter war Berthold ein beliebter Herrschername. Der Freiburger Mönch Berthold Schwarz (14. Jh.) gilt als Erfinder des Schießpulvers. Andere Formen sind Bertold und Bert. Bekannter Namensträger ist auch der deutsche Industriemanager Berthold Beitz (*1913).
Namenstage 13. Juli, 27. Juli, 19. September, 3. November, 14. Dezember

Bertold
Eine andere Schreibweise von Berthold. Die Kurzform ist Bert. Bekannter Namensträger ist der deutsche Schriftsteller und Regisseur Bertolt Brecht (eigentlich Eugen Berthold Friedrich Brecht; 1898–1956).

Bertram
Ein alter deutscher Name, der so viel bedeutet wie *glänzender Rabe.* Die Kurzform heißt Bert.
Namenstag 30. Juni

Birger
Dieser Name kommt aus dem schwedisch-norwegischen Sprachraum und bedeutet so viel wie *Bergwolf.*

Björn
Der Name kommt aus dem nordischen Sprachraum und bedeutet so viel wie *Bär, Braun.* Eine andere Form ist Bjarne. Bekannter Namensträger ist der schwedische Tennisspieler Björn Borg (*1956).

Bjarne
Eine andere Form von Björn. Populärer Namensträger ist der dänische Rennradfahrer Bjarne Riis (*1964), der Sieger der *Tour de France 1996.*

Bob
Englische Kurzform von Robert, die Koseform lautet Bobby. Bekannter Namensträger ist der amerikanische Schauspieler Bob Hope (*1903).

Bobby
Englische Form von Bob (=Robert).

Bodo
Ein alter deutscher Name, der so viel bedeutet wie *Gebieter, Bote.* Um das Jahr 1800 war Bodo in Adelskreisen ein beliebter Vorname.
Namenstag 2. Februar

Bogdan
Der Name stammt aus dem slawischen Sprachraum und bedeutet so viel wie *Gott.* Die Kurzform heißt Dan.

Bonifatius
Der Name kommt aus dem Lateinischen und bedeutet so viel wie *der gutes Ge-*

schick Verkündende. Zur Verbreitung des Namens trug die Verehrung des heiligen Bonifatius (7./8. Jh.), des Apostels der Deutschen, bei. Bonifatius ist auch der Name für einen Tag der Eisheiligen (14. Mai).
Namenstag 5. Juni

Bonifaz
Eine andere Form von Bonifatius.

Boris
Der Name kommt aus dem slawischen Sprachraum und ist eine Kurzform von Namen, die mit der Silbe Bor- beginnen. Die Silbe Bor- bedeutet so viel wie *Kampf.* Bekannter Namensträger ist der deutsche Tennisspieler Boris Becker (*1967).
Namenstage 2. Mai, 7. Mai

Bosco
Italienische Form von Burkhard.

Botho
Eine andere Form von Bodo. Bekannter Namensträger ist der deutsche Schriftsteller Botho Strauß (*1944).

Brix
Brixius (Brictius) ist wahrscheinlich keltischen Ursprungs und bedeutet so viel wie *der Kräftige, der Starke.* Dieser in Süddeutschland beheimatete, aber wenig gebräuchliche Name geht zurück auf den heiligen Brixius, Bischof von Tours (3.Jh.).

Bruno
Ein alter deutscher Name, der so viel bedeutet wie *glänzender Wolf, der Braune.* Der heilige Bruno, Erzbischof von Köln (gest. 965), war ein Bruder von Kaiser Otto dem Großen. Ein anderer heiliger Bruno (gest. 1101) ist der Stifter des Kartäuserordens. Bekannter Namensträger ist der italienische Maler und Bildhauer Bruno Bruni (*1935).
Namenstage 6. Oktober, 11. Oktober

Burkhard
Ein alter deutscher Name, dessen erste Silbe so viel wie *Burg* bedeutet und die zweite Silbe *hart, kräftig.* Der Name ist besonders in Südwestdeutschland und in der Schweiz verbreitet. Andere Formen sind Bosco, Burk, Busso. Bekannter Namensträger ist der deutsche Politiker Burkhard Hirsch (*1930).
Namenstage 7. April, 18. Mai, 14. Juni, 3. August, 20. August, 14. Oktober

Busso
Niederdeutsche Kurzform von Burkhard.

Cajus
Eine andere Form von Gajus, auch Kajus geschrieben.

Calvin
Dieser amerikanische Name entwickelte sich aus dem ursprünglichen Zunamen Calvin. Bekannte Namensträger sind der 30. amerikanische Präsident Calvin Coolidge (1872–1933) und der amerikanische Modeschöpfer Calvin Klein (*1942).

Camillo
Der Name stammt aus dem Italienischen und bedeutet so viel wie *edelgeborener Knabe als Altardiener.* Weltberühmt wurde Camillo durch den Roman *Don Camillo und Peppone* des italienischen Schriftstellers Giovanni Guareschi (1908–1968).

Carl
Eine andere Schreibweise von Karl. Bekannter Namensträger ist der deutsche Physiker und Philosoph Carl Friedrich Freiherr von Weizsäcker (*1912).

Carlo
Italienische Form von Karl/Carl. Wir kennen von Walt Disney (1901–1966) die Comic-Figur des dicken Katers Carlo.

Carlos
Spanische Form von Carl/Karl. Bekannter Namensträger ist der spanische König Juan Carlos I. (*1938).

Carsten
Eine andere Schreibweise von Karsten.

Cäsar
Der Name hat lateinischen Ursprung und bedeutet so viel wie *schneiden.* Weil er durch einen Kaiserschnitt zur Welt kam, erhielt er diesen Namen: Cäsar, der römische Feldherr (eigentlich Gajus Julius Cäsar; um 100 v. Chr.–44 v. Chr.).

Casimir
Eine andere Schreibweise von Kasimir.

Caspar
Eine andere Schreibweise von Kaspar. Bekannter Namensträger ist der deutsche Maler und Grafiker Caspar David Friedrich (1774–1840).

Charles
Englische und französische Form von Karl/Carl. Die Koseform lautet Charlie/Charly. Bekannte Namensträger sind der britische Thronfolger Charles, Prince of Wales (*1948) und der französische Politiker Charles de Gaulle (1890–1970).

Charlie
Koseform von Charles, aber auch von Karl/Carl. Berühmter Namensträger ist der amerikanische Schauspieler, Regisseur und Produzent Charlie Chaplin (eigentlich Charles Spencer Chaplin; 1889–1977).

Charly
Koseform von Karl/Carl und Charles, auch Charlie geschrieben.

Chonz
Schweizerische Form von Konrad. Der Name wird landschaftlich auch Conz geschrieben.

Chresta
Schweizerische Form von Christian.

Chris
Kurzform von Christian, Christoph/Christopher und Christof/Christoffer. Bekannter Namensträger ist der englische Sänger, Schauspieler und Moderator Chris Howland (*1928) und der irische Sänger Chris de Burgh (*1946).

Chrischo
Schweizerisch, besonders in Graubünden, für Christian.

Christian
Der Name kommt aus dem Lateinischen, ist griechischen Ursprungs und bedeutet so viel wie *Christ.* Christian wurde nach der Reformation im 16. Jh. in Norddeutschland bei den Protestanten ein beliebter Vorname. Wir kennen aus den *Buddenbrooks* von Thomas Mann (1875–1955) den Exzentriker und Lebemann Christian. Andere Formen lauten Chresta, Chris, Christ, Chrischo, Karsten/Carsten, Kersten, Kirsten und Kristian. Bekannte Namensträger sind der deutsche Dichter Christian Morgenstern (1871–1914) und der deutsche Schauspieler Christian Wolf (*1938).
Namenstage 4. Februar, 21. März, 14. Mai, 16. August, 4. Dezember

Christoffer
Eine andere Form von Christof.

Christoph
Der Name kommt aus dem Griechischen und bedeutet so viel wie *Christusträger.* Aus dieser Bedeutung heraus entwickelte sich die Legende von dem heiligen Christoph, der das kleine Christuskind auf seinen mächtigen Schultern durch das Wasser trägt. Andere Formen sind Chris, Christof/Christoffer, Christopher, Cristobál und Cristoforo. Bekannter Namensträger ist der deutsche Komponist Christoph Willibald Gluck (eigentlich Ritter von Gluck; 1714–1787).
Namenstag 24. Juli

Christopher
Eine andere Form von Christoph.

Chrysanth
Der Name ist griechischen Ursprungs und bedeutet so viel wie *Goldblume.* Nachdem die Reliquien des heiligen Chrysanthus im 9. Jh. nach Münstereifel gebracht wurden, ist hier noch heute dieser Name gebräuchlich.
Namenstag 25. Oktober

Claas
Eine andere Schreibweise von Klaas/Klas (= Nikolaus).

Claude
Französische Form von Claudius. Bekannter Namensträger ist der französische Maler Claude Monet (1840–1926).

Claudio
Der Name ist lateinischen Ursprungs (Claudius) und bedeutet so viel wie *der Lahme, der Hinkende.*
Namenstag 6. Juni.

Claudius
Der Name kommt aus dem Lateinischen und bedeutet so viel wie *der aus dem Geschlecht der Claudier* oder *der Lahme.* Die Claudier waren ein altrömisches Patriziergeschlecht.
Claudius Nero (10 v. Chr.–54 n. Chr.), der Sohn von Nero Claudius Drusus, war seit 41 n. Chr. römischer Kaiser.
Namenstag 6. Juni

Claus
Eine andere Schreibweise von Klaus (= Nikolaus).

Clemens
Der Name stammt aus dem Lateinischen und bedeutet so viel wie *der Milde, der Gütige.* Clemens ist ein katholischer Heiligenname. Andere Formen sind Clement (England), Clément (Frankreich), Clemente (Italien/Spanien) und Klemens. Bekannter Namensträger ist der deutsche Dichter Clemens Brentano (1778–1842), der Bruder von Bettina von Arnim, die mit Achim von Arnim verheiratet war.
Namenstage 15. März, 31. März, 23. November

Conny
Koseform von Cornelius/Kornelius, auch von Cornelia/Kornelia.

Conrad
Eine andere Schreibweise von Konrad.

Constantin
Eine andere Schreibweise von Konstantin.

Conz
Eine andere Form von Chonz (= Konrad).

Cornelius
Der Name kommt aus dem Lateinischen und bedeutet so viel wie *der aus dem Geschlecht der Cornelier stammende,* Die Cornelier waren ein bedeutendes römisches Geschlecht. Durch die Verehrung des heiligen Cornelius, Papst von 251–253, fand der Name weite Verbreitung. Reliquien von ihm befinden sich in St. Severin in Köln und in Kornelimünster bei Aachen. Die Koseform ist Conny.
Namenstag 16. September

Crispin
Der Name ist lateinischen Ursprungs (Crispinus) und bedeutet so viel wie *der Kraushaarige.* Crispinus gilt als Patron der Schuhmacher, Sattler und Gerber. Ein Krispelholz (krispeln = reiben) diente einst dazu, das Leder weich zu reiben. Und wer in Bayern von einem Grischperl spricht, meint damit einen schwachen (weichen) Menschen.
Namenstag 25. Oktober

Cristobál
Spanische Form von Christoph/Christof. Bekannter Namensträger Cristobál Colôn, genannt Christoph Kolumbus (1451–1506), der Entdecker Amerikas.

Cristoforo
Italienische Form von Christoph/Christof.

Curd
Eine andere Form von Kurt/Curt. Bekannter Namensträger ist der deutsche Schauspieler Curd Jürgens (1915–1982).

Cyrill
Der Name kommt aus dem Griechischen und bedeutet so viel wie *der zum Herrn Gehörende.* Eine andere Schreibweise ist Kyrill.
Namenstage 14. Februar, 18. März, 27. Juni

Dan
Kurzform von Daniel. Dieser einsilbige Name ist besonders im englischsprachigen Raum beliebt. Dan ist auch als Kurzform des slawischen Namens Bogdan gebräuchlich.

Daniel
Der Name kommt aus dem Hebräischen und bedeutet so viel wie *Gott ist mein Richter. Daniel in der Löwengrube* heißt ein Kinderspiel, das auf den Propheten Daniel anspielt, den Gott in der Löwengrube beschützte. Andere Formen sind Dan und Daniello. Berühmter Namensträger ist der englische Schriftsteller und Autor des berühmten Buchs *Robinson Crusoe,* Daniel Defoe (eigentlich Daniel De Foe; um 1660–1731).
Namenstage 27. Juni, 21. Juli

Daniello
Italienische Form von Daniel.

Darius
Dieser Name ist persischen Ursprungs und bedeutet so viel wie *Besitzer des Guten, der das Gute festhält.* In Altpersien war Darius der Name von Großkönigen. Die italienische Form ist Dario.

David
Der Name kommt aus dem Hebräischen und bedeutet so viel wie *der Geliebte.* Aus der Bibel kennen wir die Geschichte von David, der den Riesen Goliath besiegte und erster jüdischer König wurde. Bekannter Namensträger ist der amerikanische Magier David Copperfield (eigentlich David Kotkin; *1956), der sich nach dem Titelhelden *David Copperfield,* einem Kindheits- und Jugendroman des englischen Schriftstellers Charles Dickens (1812–1870), seinen Namen gab.
Namenstage 1. März, 19. November, 11. Dezember, 29. Dezember

Dennis
Englische Form des bei uns nicht gebräuchlichen lateinischen Namens Dionysius (griechisch: Dionysos), Gott der Fruchtbarkeit. Andere Formen sind Dénes (in Ungarn), Denis (in Frankreich) und Denys (in den Niederlanden). Bekannter Namensträger ist der amerikanische Schauspieler und Künstler Dennis Hopper (*1936).
Namenstage 26. Februar, 9. Oktober

Derek
Moderne Kurzform des nur noch sehr selten gewählten Namens Diederik (= Dietrich).

Detlef
Die moderne Form des nicht mehr gebräuchlichen, alten deutschen Namens Dietleib. Der Name bedeutet so viel wie *Sohn des Volkes.* Eine andere Schreibweise dieses Namens ist Detlev.
Namenstag 23. November

Dieter
Moderne Form von Dietrich. Bekannter Namensträger ist der beliebte deutsche Komiker und Schauspieler Dieter (Didi) Hallervorden (*1935).

Dietmar
Ein alter deutscher Name mit der Bedeutung *der im Volk Berühmte.* Bekannter Namensträger ist der österreichische Schauspieler Dietmar Schönherr (eigentlich Dietmar Edler von Schönleiten; *1926).
Namenstage 5. März, 18. Mai, 28. September

Dietrich
Dieser alte deutsche Name hat die Bedeutung von *Fürst des Volkes, Herrscher des Volkes.* Der Name war im Mittelalter sehr beliebt; er wurde bekannt durch die Sagenfigur Dietrich von Bern, in der der Gotenkönig Theoderich der Große weiterlebt. Andere Formen sind Derek, Dieter, Dirk, Tillmann/Tilman und Till/Til. Bekannter Namensträger ist der evangelische Theologe und Widerstandskämpfer Dietrich Bonhoeffer (1906–1945); er wurde im April 1945 gehängt.
Namenstage 2. Februar, 29. April, 1. Juli, 7. September, 27. September, 12. Dezember, 16. Dezember

Dirk
Niederdeutsche Form von Dietrich. Bekannter Namensträger ist der deutsche Schauspieler und Komiker Dirk Bach (*1961).

Dolf
Kurzform von Namen, die mit der Silbe -dolf enden, wie Adolf und Rudolf. Bekannter Namensträger ist der deutsche Publizist Dolf Sternberger (1907–1989).

Domenico
Italienische Form von Dominikus (= Dominik).

Domingo
Spanische Form von Dominikus (= Dominik).

Dominik
Moderne Form des lateinischen Namens Dominikus. Der Name bedeutet so viel wie *der zu Gott Gehörende.* Der heilige Dominikus ist der Gründer des Dominikanerordens. Andere Formen sind Domenico, Domingo, Dominic, Dominique und Domka.
Namenstage 9. März, 8. August

Dominique
Französische Form von Dominik.

Domka
Slawische Kurzform von Dominik.

Donald
Der Name ist keltischen Ursprungs mit der Bedeutung *der Weltbeherrscher.* Seit über 60 Jahren schmunzeln wir über Donald Duck, die berühmteste Ente in Entenhausen, geschaffen von dem amerikanischen Comic-Zeichner Carl Barks (*1901).
Namenstage 15. Juli, 11. August

Ebbo
Kurzform von Eberhard.

Eberhard
Ein alter deutsche Name mit der Bedeutung *stark wie ein Eber.* Der Name war früher bei Herrschern beliebt.

Andere Formen sind Äbi, Ebbo, Ebert und Hardy. Bekannter Namensträger ist Graf Eberhard I. (1445–1496), Gründer der Tübinger Universität. Ein viel gesungenes Lied weiß über den beliebten Graf

Eberhard: *Eberhard im Bart, der sein Haupt kann ruhig legen jedem Untertan in Schoß.*
Namenstage 9. Januar, 24. Januar, 17. April, 22. Juni, 22. Juli, 14. August

Ebert
Kurzform von Eberhard.

Eckard
Nebenform von Eckehard. Andere Formen sind Eckart und Eike.

Eckart
Eine andere Schreibweise von Eckard (= Eckehard). Im Mittelalter fand der Name durch die Sagengestalt des getreuen Eckart eine gewisse Verbreitung. Von Johann Wolfgang von Goethe (1749–1832) kennen wir die Ballade *Der getreue Eckart.* Bekannter Namensträger ist der österreichische Spitzenkoch Eckart Witzigmann (*1941).

Eckehard
Ein alter deutscher Name, der so viel bedeutet wie *der mit dem harten Schwert.* Andere Formen sind Edzard, Eike, Ekkehard und Eckard/Eckart.
Namenstage 13. Februar, 28. Juni, 1. Juli

Eddie
Koseform von Edgar, Edmund und Eduard. Bekannter Namensträger ist der amerikanische Schauspieler Eddie Constantine (eigentlich Edward Constantine; *1917).

Ede
Kurzform von Edgar, Edmund und Eduard.

Edgar
Der Name ist englischen Ursprungs und bedeutet so viel wie *Speerbesitzer.* Kurzformen sind Eddie und Ede. Bekannter Namensträger ist der amerikanische Schriftsteller Edgar Allan Poe (1809–1849), Meister der Kurzgeschichte.
Namenstag 8. Juli

Edmund
Der Name kommt aus dem Englischen und bedeutet so viel wie *glücklicher Freund.* Kurzformen sind Eddie und Ede. Bekannter Namensträger ist der deutsche Politiker Edmund Stoiber (*1941).
Namenstage 20. November, 1. Dezember

Edouard
Französische Form von Eduard. Bekannter Namensträger ist der französische Maler Edouard Manet (1832–1883).

Eduard
Der Name kommt aus dem Französischen und bedeutet so viel wie *Beschützer des Eigentums.* Andere Formen sind Eddie, Ede, Edouard, Eduardo (in Spanien) und Edward. Bekannter Namensträger ist der österreichische Dichter Eduard von Bauernfeld (1802–1890).
Namenstage 18. März, 13. Oktober

Edward
Englische Form von Eduard. Edward ist ein englischer Königsname. Bekannter Namensträger ist der amerikanische Maler Edward Hopper (1882–1967).

Edzard
Friesische Form von Eckehard/Eckehart und Eckart. Der Name war besonders beim friesischen Adel beliebt. Bekannter Namensträger ist der deutsche Industriemanager Edzard Reuter (*1928).

Egbert
Ein alter deutscher Name, der so viel bedeutet wie *der mit dem glänzenden Schwert.* Egbert war ein beliebter Name der Nordseegermanen. Es war König Egbert von Wessex, der im 9. Jh. den englischen Einheitsstaat gründete. Andere Formen sind Eike und Bert.
Namenstage 24. April, 25. November

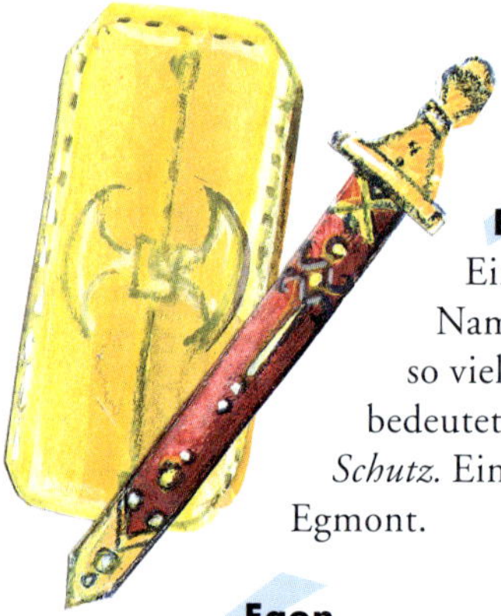

Egmont
Niederdeutsche Form von Egmund.

Egmund
Ein alter deutscher Name, dessen erste Silbe so viel wie *Schwertspitze* bedeutet und die zweite Silbe *Schutz.* Eine andere Form ist Egmont.

Egon
Diese Kurzform von Einhard und Eginhard ist heute wenig gebräuchlich. Aus der TV-Kultserie *Lindenstraße* kennen wir Egon Kling, den genervten Ex-Ehemann von Plaudertasche Else Kling. Bekannter Namensträger ist der tschechische Journalist Egon Erwin Kisch, genannt der rasende Reporter (1885–1948).

Ehrhard
Eine andere Schreibweise von Erhard/Erhart.

Eike
Die niederdeutsche Form von Eckehard, Eckard/Eckart und Egbert. Bekannter Namensträger ist der Sachse Eike von Repgow (um 1180 – etwa 1233), Verfasser des *Sachsenspiegels.*

Einhard
Moderne Form von Eginhard mit der Bedeutung der *Schwertstarke.* Eine andere Form ist Egon.
Namenstag 22. Juli.

Ekkehard
Eine andere Schreibweise von Eckehard. Die Verehrung der Mönche Ekkehard I. (gest. 973) und Ekkehard II. (gest. 990) aus St. Gallen und der Roman *Ekkehard* von Joseph Victor von Scheffel (1826–1886), der ihre Geschichte erzählt, haben zu einer größeren Verbreitung des Namens beigetragen.

Elias
Der Name wurde der Bibel entnommen und ist hebräischen Ursprungs. Er bedeutet so viel wie *mein Gott ist Jahwe.* Die russische Form ist Ilja.
Namenstag 24. März

Elmar
Ein alter deutscher Name, dessen erste Silbe so viel wie *Schwert* bedeutet und

die zweite Silbe *berühmt.* Andere Formen sind Elmer und Elmo.
Namenstage 22. März, 28. August

Emanuel
Lateinisch-griechische Form von Immanuel.

Emil
Der Name ist lateinischen Ursprungs und bedeutet so viel wie *der aus dem Geschlecht der Aemilier Stammende.* Der Name war im 18. und 19. Jh. sehr verbreitet. Andere Formen sind Emile, Emiliano (in Spanien) und Emilio (in Italien). Wir kennen den schlauen Jungen aus dem Kinderbuch *Emil und die Detektive* von Erich Kästner (1899–1974). Bekannter Namensträger ist der deutsche Maler Emil Nolde (1867–1956).
Namenstage 10. März, 22. Mai

Emile
Französische Form von Emil. Bekannter Namensträger ist der französische Schriftsteller Emile Zola (1840–1902).

Emmerich
Ein alter deutscher Name, der so viel bedeutet wie *mächtig.* Die ungarische Form ist Imre. Bekannter Namensträger ist der ungarische Komponist Emmerich Kálmán (1882–1953).
Namenstag 5. November

Engelbert
Ein alter deutscher Name mit der Bedeutung *glänzend wie ein Engel.* Ursprünglich hat der erste Namensteil mit Engeln nichts zu tun, sondern geht zurück auf die Angeln, die von Norddeutschland aus England besiedelten. Bekannter Namensträger ist der deutsche Komponist Engelbert Humperdinck (1854–1921), weltbekannt ist seine Märchenoper *Hänsel und Gretel.*
Namenstage 10. April, 8. Juni, 7. November

Enrico
Italienische Form von Heinrich. Bekannter Namensträger ist der italienische Sänger Enrico Caruso (1873–1921).

Ephraim
Der Name stammt aus dem Hebräischen und bedeutet so viel wie *Fruchtland, Land der Früchte.* Bekannter Namensträger ist der deutsche Schriftsteller und Philosoph Gotthold Ephraim Lessing (1729–1781).

Erasmus
Der Name stammt aus dem Griechischen und bedeutet so viel wie *der Liebenswerte.* Bekannter Namensträger ist der Niederländer Erasmus von Rotterdam (1469–1536), der bedeutendste Vertreter des europäischen Humanismus.
Namenstag 2. Juni

Erhard
Ein alter deutscher Name, dessen erste Silbe so viel wie *Ehre* bedeutet und die zweite Silbe *hart.* Andere Formen sind Erhart, Ehrhard und Hardy.
Namenstag 8. Januar

Eric
Englische Form von Erich.

Ermanno
Italienische Form von Hermann. Bekannter Namensträger ist der italienische Komponist Ermanno Wolf-Ferrari (1876–1948).

Erich
Der Name ist skandinavischen Ursprungs und bedeutet so viel wie *der allein Mächtige.* Andere Formen sind Erik und Eric. Bekannter Namensträger ist der deutsche Schriftsteller Erich Kästner (1899–1974). Er schrieb mit treffsicherem Witz gegen spießbürgerliche Moral, Militarismus und Faschismus. Weltbekannt sind auch seine Kinderbücher.
Namenstage 18. Mai, 10. Juli

Erik
Niederdeutsche Form von Erich.

Ernest
Die englische und französische Form von Ernst. Bekannter Namensträger ist der amerikanische Schriftsteller Ernest Hemingway (1899–1961).

Ernesto
Italienische Form von Ernst.

Erno
Kurzform von Ernst.

Ernst
Ein alter deutscher Name mit der Bedeutung *Ernst, Entschlossenheit, Beharrlichkeit.* Die Sage berichtet von der Freundestreue von Herzog Ernst von Schwaben im 12./13. Jh.. In den folgenden Jahrhunderten wurde Ernst ein beliebter Name in Adelskreisen. Andere Formen sind Ernest, Ernesto und Erno. Bekannter Namensträger ist der österreichische Maler Ernst Fuchs (*1930).
Namenstage 30. Juni, 7. November

Erwin
Ein alter deutscher Name, der sich aus der heute ungebräuchlichen Form Herwin entwickelt hat. Die erste Silbe bedeutet so viel wie *Heer* und die zweite Silbe *Freund.* Zur Verbreitung des Namens trug das Singspiel *Erwin und Elmire* von Johann Wolfgang von Goethe (1749–1832) bei.
Namenstag 25. April

Esra
Eine andere Schreibweise von Ezra.

Etienne
Französische Form von Stephan/Stefan.

Eugen
Der Name ist griechischen Ursprungs und bedeutet so viel wie *der Wohlgeborene.* Die Volksweise *Prinz Eugen, der edle Ritter* besingt die Tapferkeit von Prinz Eugen von Savoyen-Carignan (1663–1736), den österreichischen Staatsmann und Feldherrn, der das riesige Heer der Türken Ende des 17. Jhs. besiegte. Andere Formen sind Eugène und Jenö. Bekannter Namensträger ist der deutsche Schriftsteller, Lyriker und Essayist Eugen Roth (1895–1976).
Namenstag 2. Juni

Eugène
Französische Form von Eugen. Bekannter Namensträger ist der französische Dramatiker rumänischer Herkunft Eugène Ionesco (eigentlich Eugen Ionescu; 1912–1994), der wichtigste Vertreter des absurden Theaters.

Ewald
Ein alter deutscher Name mit der Bedeutung *der nach dem Gesetz Waltende.*
Namenstag 3. Oktober

Ezra
Der Name kommt aus dem Hebräischen und bedeutet so viel wie Hilfe. Eine andere Form ist Esra. Bekannter Namensträger ist der amerikanische Dichter Ezra Pound (1885–1972).

Ezzo
Italienische Kurzform von Adolfo = Adolf.

Fabian
Der Name kommt aus dem Lateinischen und bedeutet so viel wie *der aus dem Geschlecht der Fabier Stammende.* Andere internationale Formen sind Fabien und Fabio.
Namenstag 20. Januar

Fabien
Französische Form von Fabian.

Fabio
Italienische Form von Fabian.

Falco
Eine andere Form von Falko. Bekannter Namensträger ist der österreichische Sänger und Gitarrist Falco (eigentlich Johann Hölzel; *1957).

Falko
Ein alter deutsche Name mit der Bedeutung *der(West)fale, Falke.* Eine andere Schreibweise ist Falco.
Namenstage 20. Februar, 6. Juni

Federico

Italienische Form von Friedrich. Bekannter Namensträger ist der italienische Filmregisseur Federico Fellini (1920–1993), dessen erster großer Erfolg, *La strada* aus dem Jahr 1954, bis heute unvergessen ist. Er machte die bis dahin unbekannte Schauspielerin Giulietta Masina berühmt.

Fedor

Russische Form von Theodor. Eine andere Schreibweise ist Feodor.

Felipe

Spanische Form von Philipp.

Felix

Der Name ist lateinischen Ursprungs und bedeutet so viel wie *der Glückliche.* Bekannter Namensträger ist die Romanfigur Felix Krull in dem Roman *Die Bekenntnisse des Hochstaplers Felix Krull* von Thomas Mann (1875–1955).
Namenstage 18. Mai, 12. Juli, 30. August, 11. September, 30. Dezember

Feodor

Eine andere Schreibweise von Fedor (= Theodor).

Ferdinand

Diese Name wurde aus dem Spanischen übernommen, er bedeutet so viel wie *kühner Beschützer.* Durch die Habsburger kam der Name nach Österreich und wurde ein sehr beliebter Herrschername. Andere Formen sind Ferdi, Ferdl, Fernand, Fernando und Ferrante. Bekannter Namensträger ist der deutsche Luftschiffkonstrukteur Ferdinand Graf von Zeppelin (1838–1917).
Namenstag 30. Mai

Fernand

Die französische Form von Ferdinand. Bekannter Namensträger ist der Maler und Grafiker Fernand Léger (1881–1955).

Fernando

Spanische Form von Ferdinand.

Ferrante

Italienische Form von Ferdinand.

Fidelis

Der Name ist lateinischen Ursprungs und bedeutet so viel wie *der Treue.*
Namenstag 24. April

Filippo

Italienische Form von Philipp.

Fjodor

Ein russischer Name und eine andere Form von Fedor und Feodor (=Theodor).

Florens
Der Name ist lateinischen Ursprungs und bedeutet so viel wie *der Blühende, der Hochangesehene.* Andere Formen sind Florentin, Florenz und Flori.

Florentin
Eine andere Form von Florens/Florenz.

Florenz
Eine andere Schreibweise von Florens.

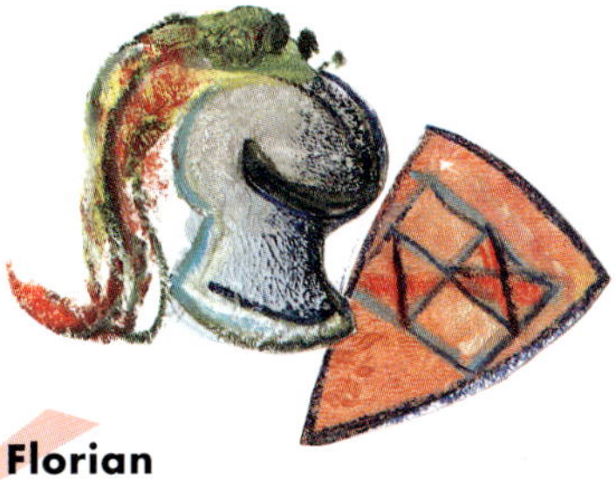

Florian
Der Name ist lateinischen Ursprungs und bedeutet so viel wie *der Prächtige.* Bekannter Namensträger ist der deutsche Reichsritter und Bauernführer Florian Geyer (1490–1525). 1896 schuf der deutsche Dichter Gerhart Hauptmann (1862–1946) das Drama *Florian Geyer.* Namenstage 4. Mai, 17. November

Florin
Eine andere Form von Florian.

Francesco
Italienische Form von Franz.

Francis
Englische Form von Franz.

François
Französische Form von Franz. Bekannter Namensträger ist der französische Regisseur François Truffaut (1937–1984), der auch Drehbücher und Kritiken schrieb.

Frank
Ein alter deutscher Name mit der Bedeutung *der Franke.* Bekannte Namensträger sind der amerikanische Sänger und Schauspieler Frank Sinatra (eigentlich Francis Albert Sinatra; *1915) und der österreichische Entertainer Frank Elstner (eigentlich Tim Maria Franz Elstner; *1942).

Frans
Niederländische Form von Franz. Bekannter Namensträger ist der niederländische Maler Frans Hals (um 1585–1666).

Franz
Die deutsche Kurzform des aus Italien stammenden Namens Francesco (= Franziskus). Der Name geht zurück auf den heiligen Franz von Assisi (gest. 1226; eigentlich Giovanni Bernardone). Wegen seiner französischen Mutter wurde er der kleine Franzose (= Francesco) genannt. Der Name ist besonders in Süddeutschland beliebt. Andere Formen sind Francesco, Francis, François, Frans und Fränzel. Bekannte Namensträger sind der österreichische Dichter Franz Grillparzer (1791–1872), der ungarisch-deutsche Komponist Franz Liszt (1811–1886), der österreichische Komponist Franz Schubert, der

deutsche Politiker Franz Josef Strauß (1915–1988) und der deutsche Fußballstar Franz Beckenbauer (*1945).
Namenstage 24. Januar, 2. April, 5. Mai, 24. Mai, 2. September, 4. Oktober

Franziskus
Latinisierte Form des italienischen Namens Francesco (= Franz). Der heilige Franziskus von Assisi begründete den Franziskanerorden.

Fred
Kurzform von Alfred, Frederik und Manfred. Bekannt ist Fred Astaire (eig. Frederik Austerlitz, 1899–1987).

Freddy
Koseform von Fred (= Alfred, Frederik, Manfred). Bekannter Namensträger ist der österreichische Sänger, Musiker, Artist und Entertainer Freddy Quinn (*1931), einer der erfolgreichsten deutschen Schlagersänger.

Frédéric
Französische Form von Friedrich.

Frederik
Niederdeutsche Form von Friedrich, die Kurzform lautet Fred.

Fridolin
Ein alter deutscher Name mit der Bedeutung *der kleine Friedrich.* Die Koseform heißt Friedel.
Namenstag 6. März

Friedel
Koseform von Fridolin und Friedrich.

Frieder
Kurzform von Friedrich.

Friedhelm
Diese Name ist eine beliebte Zusammensetzung aus den beiden Namen Friedrich und Wilhelm. Bekannter Namensträger ist der deutsche Politiker Friedhelm Ost (*1942).

Friedrich
Ein alter deutscher Name, der so viel bedeutet wie *Friedensherrscher.* Seit dem Hohenstaufenkaiser Friedrich Barbarossa (gest. 1122) ist Friedrich ein beliebter Kaiser- und Königsname. Aus dem Preußenkönig Friedrich dem Großen (1712–1786) wurde später der Alte Fritz. Andere Formen sind Federico, Frédéric, Frederik, Friedel, Frieder und Fritz. Bekannte Namensträger sind die deutschen Dichter Friedrich von Schiller (1759–1805), Friedrich Hölderlin (1770–1843) sowie der deutsche Philosoph Friedrich Nietzsche (1844–1900).
Namenstage 3. März, 19. April, 8. Mai, 18. Juli, 29. November

Frithjof
Dieser originelle Name ist nordischen Ursprungs, die erste Silbe bedeutet so viel wie *Friede* und die zweite *Räuber* oder *Fürst.* Bekannter Namensträger ist

der berühmte norwegische Polarforscher Frithjof Nansen (1861–1930).

Fritz
Eine weit verbreitete Koseform von Friedrich. Bekannt ist *Fritz the Cat,* der freche Comic-Kater von Robert Crumb (*1943).

Gabriel
Der Name wurde aus der Bibel übernommen und ist hebräischen Ursprungs mit der Bedeutung *Mann Gottes.* Der Erzengel Gabriel ist in Lukas 1, 26 der Verkünder der Geburt Jesu. Sein Symbol ist der Adler. Andere Formen sind Gabriele und Gawriil.
Namenstage 15. Januar, 29. September

Gabriele
Italienische Form von Gabriel. Bekannter Namensträger ist der italienische Dichter Gabriele D`Annunzio (1863–1938), Geliebter der berühmten Schauspielerin Eleonora Duse.

Gaetano
Italienische Form von Kajetan. Bekannter Namensträger ist der italienische Komponist Gaetano Donizetti (1797–1848).

Gajus
Der Name war in Römischen Reich verbreitet. Seine Bedeutung ist nicht bekannt. Andere Formen lauten Cajus und Kajus. Bekannter Namensträger ist Gajus Julius Cäsar, römischer Staatsmann und Schriftsteller (100–40 v. Chr.).
Namenstag 22. April

Gangolf
Ein alter deutscher Name, der sich aus der Silbenumkehrung des häufig gewählten Namens Wolfgang entwickelt hat.
Namenstag 11. Mai

Gauthier
Französische Form von Walter/Walther.

Gawriil
Russische Form von Gabriel.

Gebhard
Ein alter deutscher Name, der besonders im Mittelalter in Adelskreisen beliebt war. Die erste Silbe bedeutet so viel wie *Gabe* und die zweite Silbe *kühn, hart.*

Eine andere Schreibweise ist Gebhart.
Namenstage 15. Juli, 27. August

Geoffrey
Englische Form von Gottfried, auch Jeffrey geschrieben.

Geoffroy
Französische Form von Gottfried.

Georg
Der Name ist griechischen Ursprungs und bedeutet so viel wie *Bauer, Landmann.* Nach einer Legende hat der heilige Georg (4. Jh.) einen Drachen getötet. Nach einer anderen Legende führte der heilige Georg die Kreuzfahrer zum Sturm auf Jerusalem. In England ist Georg ein Königsname und seit dem 13. Jh. ist Georg der Schutzpatron Englands. Andere Formen sind Girgel, George, Georges, Jörg, Jörn, Jürgen, Jürn, Juri, Yorck und York. Bekannte Namensträger sind der deutsche Komponist Georg Friedrich Händel (1686–1759), der deutsche Dichter Georg Büchner (1813–1837) und der österreichische Dichter Georg Trakl (1887–1914).
Namenstage 23. April, 7. Oktober

George
Englische Form von Georg. Bekannte Namensträger sind der amerikanische Komponist George Gershwin (1898–1937), weltbekannt ist seine Oper *Porgy and Bess* (1935), und der amerikanische Boxweltmeister im Schwergewicht, George Foreman (*1949).

Georges
Französische Form von Georg. Bekannter Namensträger ist der französische Politiker Georges Pompidou (1911–1974).

Gerald
Ein alter deutscher Name mit der Bedeutung *der mit dem Schwert herrscht.* Andere Formen sind Géraud, Gero, Gerold und Giraldo.

Géraud
Französische Form von Gerald.

Gerd
Kurzform von Gerhard.

Gerhard
Dieser alte deutsche Name, dessen erste Silbe so viel wie *Speer* bedeutet und die zweite Silbe *kühn, hart.* Der Name war besonders am Niederrhein und in den Niederlanden beliebt. Schon vor 400 Jahren sagte man Kölner heißen Gerhard. Andere Formen sind Gerhart, Gerd/Gert, Gero,

Gerrit und Hardy. Bekannter Namensträger ist der deutsche Politiker Gerhard Schröder (eigentlich Gerhard Fritz Kurt Schröder; *1944).

Gerhart

Andere Schreibweise von Gerhard. Bekannter Namensträger ist der deutsche Schriftsteller Gerhart Hauptmann (1862–1946).

German

Der Name kommt aus dem Lateinischen und bedeutet so viel wie *der Germane.* Die Kurzform ist Gero.
Namenstage 21. Februar, 28. Mai, 31. Juli

Gernot

Ein alter deutscher Name, dessen erste Silbe *Speer* bedeutet und die zweite Silbe *Gefahr.* Gernot, Giselher und Gunther heißen in der *Nibelungensage* die Burgunderkönige, die Brüder von Kriemhild. Die Kurzform lautet Gero, siehe auch unter dem Namen Notger/Notker.

Gero

Die Kurzform von alten deutschen Namen, die mit der Silbe Ger- (Gernot, German, Gerhard/Gerhart, Gerwin) beginnen.
Namenstag 29. Juni

Gerold

Eine andere Schreibweise von Gerald.
Namenstage 19. April, 13. August, 7. Oktober

Geronimo

Er war der große Häuptling der Apachen. Geronimo (1829–1909) wurde bekannt als großartiger Kämpfer, der sagenhafte Heldentaten vollbrachte. Fast sein ganzes Leben hindurch kämpfte er unermüdlich gegen die Unterdrückung seines Volkes durch die Mexikaner und die eingewanderten Amerikaner.

Gerrit

Die vor allem in Friesland und in den Niederlanden verbreitete Form von Gerhard/Gerhart.

Gerwin

Ein alter deutscher Name, dessen erste Silbe so viel wie *Speer* bedeutet und die zweite Silbe *Freund.* Die Kurzform dieses Namens lautet Gero.

Gert

Kurzform von Gerhart.

Giacomo

Italienische Form von Jakob/Jacob. Bekannter Namensträger ist der italienische Opernkomponist Giacomo Puccini (1858–1924).

Gideon

Der Name kommt aus dem Hebräischen und bedeutet so viel wie *der mit der gebrochenen Hand.*

Gilbert

Eine andere Form von Gisbert.

Gioacchino
Die italienische Form von Joachim. Bekannter Namensträger ist der italienische Komponist Gioacchino Rossini (1792–1868).

Giovanni
Italienische Form von Johannes, die Koseform heißt Nino. *Don Giovanni* heißt die berühmte Oper von Wolfgang Amadeus Mozart (1756–1791). Bekannter Namensträger ist der italienische Maler Giovanni Battista Tiepolo (1696–1770), weltberühmt durch seine Deckenfresken im Treppenhaus der Würzburger Residenz.

Giraldo
Italienische Form von Gerald.

Girgel
Österreichische Form von Georg.

Gisbert
Dieser Name ist die moderne Form eines alten deutschen Namens, dessen zweite Silbe für *glänzend* steht, die Bedeutung der ersten Silbe ist unbekannt. Eine andere Form ist Gilbert.
Namenstage 6. August, 7. November

Giselher
Ein alter deutscher Name, dessen erste Silbe unklar ist, die zweite Silbe bedeutet so viel wie *Heer.* Giselher, Gunther und Gernot heißen in der *Nibelungensage* die Burgunderkönige, die Brüder von Kriemhild.
Namenstag 28. September

Giulio
Italienische Form von Julius.

Giuseppe
Italienische Form von Joseph/Josef.

Godot
Dieser literarische Phantasiename ist seit 1997 auch als Vorname zugelassen. Der Name Godot kann sowohl mit *Erlösung, Schuld, Tod* und *Gott,* aber auch mit *Hoffnung* gleichgesetzt werden. Das Theaterstück *Warten auf Godot* stammt von Samuel Beckett (1906–1989).

Golo
Die Kurzform von Namen, die mit der Silbe Gott- beginnen (Gottfried). Der Sage nach (um das Jahr 750) war Golo der Verleumder der heiligen Genoveva, Gemahlin des Pfalzgrafen Siegfried. Bekannter Namensträger ist der Historiker und Publizist Golo Mann (1909–1996), der Sohn von Thomas Mann (1875–1955).

Gösta
Schwedische Kurzform von Gustav/Gustaf.

Gottfried
Ein alter deutscher Name, der besonders im Mittelalter beliebt war, heute gilt er als veraltet. Die erste Silbe bedeutet so viel wie *Gott* und die zweite Silbe *Friede.* Andere Formen sind Geoffrey/Geoffroy, Jeffrey, Golo und Götz. Bekannter Namensträger ist der Schweizer Dichter

Gottfried Keller (1819–1890). Eines seiner bekanntesten Werke ist die Novelle *Kleider machen Leute.*
Namenstage 13. Januar, 14. März, 25. September, 12. Oktober, 8. November

Götz
Die Kurzform von Namen, die mit der Silbe *Gott* beginnen (Gottfried). Bekannt wurde der Name auch durch Götz von Berlichingen, Theaterstück von Johann Wolfgang von Goethe (1749–1832). Bekannter Namensträger ist der deutsche Schauspieler Götz George (*1938).

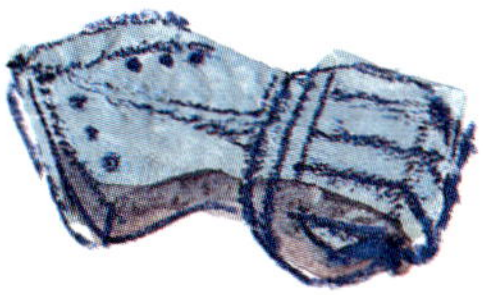

Gregor
Der Name kommt aus dem Griechischen und bedeutet so viel wie *der Wachsame.* Gregor war ein häufiger Papstname. Papst Gregor VII. (um 1030–1085) befahl Kaiser Heinrich IV. den Bußgang nach Canossa (1077). Papst Gregor XIII. (1502–1585) gilt als Erneuerer der katholischen Kirche und Reformer des Kalenders. Andere Formen sind Gregory und Grigori.
Namenstage 2. Januar, 10. Januar, 12. Februar, 25. Mai, 26. August, 3. Septem ber, 4. November, 8. November, 23. Dezember

Gregory
Englische Form von Gregor.

Grigori
Russische Form von Gregor.

Gualthier
Italienische Form von Walter/Walther.

Guglielmo
Italienische Form von Wilhelm.

Guido
Ein in Italien und auch in der Schweiz sehr beliebter Name, der dem alten deutschen Namen Witold/Withold (= Wido) entspricht.

Guillaume
Französische Form von Wilhelm.

Guillermo
Spanische Form von Wilhelm.

Gunnar
Die nordische Form von Gunther/Gunter (Günther/Günter).

Gunter
Eine andere Schreibweise von Gunther (= Günther/Günter). Bekannte Namensträger sind der deutsche Komponist, Texter und Sänger Gunter Gabriel (eigentlich Günther Caspelherr; *1942) und der deutsche Kunstsammler und Lebenskünstler Gunter Sachs (*1932).
Namenstage 9. Oktober, 28. November

Günter
Andere Schreibweise von Günther. Bekannter Namensträger ist der deutsche Schriftsteller Günter Grass (*1927), Autor des Erfolgsromans *Die Blechtrommel.*

Gunther
Andere Schreibweise von Gunter (= Günther/Günter). Gunther, Giselher und Gernot heißen in der *Nibelungensage* die Burgunderkönige, die Brüder von Kriemhild.

Günther
Ein alter deutscher Name. Die erste Silbe bedeutet so viel wie *Kampf* und die zweite Silbe *Heer.* Andere Formen sind Gunnar, Günter und Gunther/Gunter.

Gus
Eine Kurzform von August. Bekannter Namensträger ist der amerikanische Schlagersänger Gus Backus (eigentlich Donald Edgar Backus; *1937).

Gustaf
Andere Schreibweise von Gustav. Berühmter Namensträger ist der deutsche Schauspieler und Regisseur Gustaf Gründgens (1899–1963). Eine seiner herausragenden Rollen war der Mephisto in Johann Wolfgang von Goethes (1749–1832) *Faust;* das Bühnenstück wurde 1960 erfolgreich verfilmt.

Gustav
Der Name ist schwedischen Ursprungs und bedeutet so viel wie *Stütze der Goten.* In Deutschland wurde dieser Name besonders durch den schwedischen König Gustav Adolf bekannt und beliebt. König Gustav II. Adolf (1594–1632) fiel im Dreißigjährigen Krieg in der Schlacht bei Lützow gegen Wallenstein. Andere Formen sind Gustaf, Gösta, Gustave und Gustavo. Bekannter Namensträger ist auch der österreichische Komponist Gustav Mahler (1860–1911).
Namenstag 10. März

Gustave
Französische Form von Gustav. Bekannter Namensträger ist der französische Ingenieur Gustave Eiffel (1832–1923), der Erbauer des Eiffelturms in Paris.

Gustavo
Spanische Form von Gustav.

Gustel
Koseform von August, eine Schreibweise ist Gustl.

Guy
Französische Form von Wido.

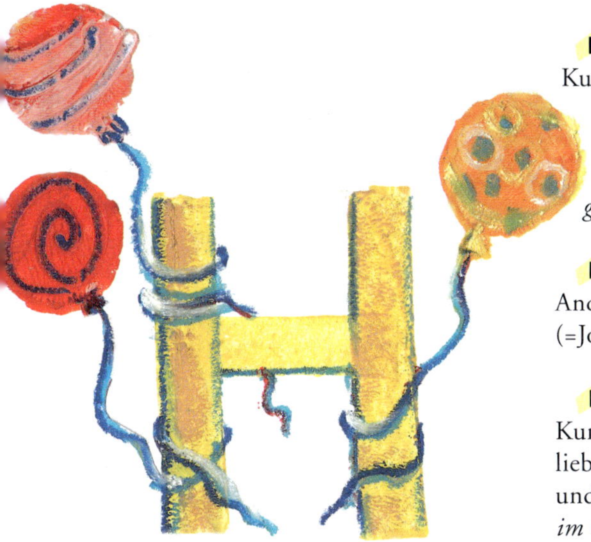

Hadamar
Ein alter deutscher Name, dessen erste Silbe so viel wie *Kampf* bedeutet und die zweite Silbe *berühmt.*

Hadrian
Die veraltete Form von Adrian. Hadrian war ein Papstname.

Hagen
Ein alter deutscher Name mit der Bedeutung *Gehöft, umhegter Wohnort.* Im *Nibelungenlied* ist Hagen von Tronje der unheimliche, heimtückische Mörder von Siegfried.

Hajo
Dieser altfriesische Name mit unbekannter Bedeutung gilt heute als modern. Hierbei kann es sich auch um die Kurzform des Doppelnamens Hans-Joachim oder Hans-Jochen handeln. Bekannter Namensträger ist der Fernsehmoderator Hajo Friedrichs (eigentlich Hanns Joachim Friedrichs; 1928–1995).

Hannes
Kurz- und Koseform von Johannes. Bekannter Namensträger ist der deutsche Liedermacher Hannes Wader (*1942), der *Heute hier, morgen dort* sang.

Hanns
Andere Schreibweise von Hans (=Johannes).

Hans
Kurzform von Johannes. Von der Beliebtheit des Namens zeugen in Märchen und Dichtung *Hänsel und Gretel, Hans im Glück, Hans Guck-in-die-Luft, Hans Huckebein* und das Lied *Hänschenklein,* aber auch Bezeichnungen wie *Prahlhans, Hanswurst, Hans-Dampf-in-allen-Gassen* und *Schmalhans.* Andere Formen sind Hanns, Hansi und John. Der Name Hans wird besonders gern für Doppelnamen verwendet; einer der beliebtesten Doppelnamen dieses Jhs. ist Hansjoachim, häufig anzutreffen sind auch Namen wie Hansjürgen, Hansgeorg usw. Die Doppelnamen können auch mit Bindestrich geschrieben werden. Bekannter Namensträger ist der deutsche Schauspieler und Sänger Hans Albers (1891–1960).

Hansgeorg
Ein beliebter Doppelname, der auch mit Bindestrich geschrieben werden kann.

Hansi
Koseform von Hans/Hanns (=Johannes).

Hansjoachim
Einer der beliebtesten deutschen Doppelnamen. Der Name wird auch mit Bindestrich geschrieben, die Kurzform lautet Hajo. Bekannter Namensträger ist der deutsche Quizmaster Hans-Joachim Kulenkampff (*1921).

Hansjürgen
Ein beliebter Doppelname, der auch mit Bindestrich geschrieben werden kann. Bekannter Namensträger ist der deutsche Eislaufstar und Entertainer Hans-Jürgen Bäumler (*1942).

Harald
Der Name kommt aus dem nordischen Sprachraum und gilt als dänisch-norwegischer Königsname. Er bedeutet so viel wie *Gebieter eines Heeres, Heerführer.* Bekannte Namensträger sind der österreichisch-deutsche Tänzer Harald Kreutzberg (1902–1968) und der deutsche Schauspieler, Sänger und Entertainer Harald Juhnke (eigentlich Harry Heinz Herbert Juhnke; *1929).
Namenstag 1. November

Hardy
Die Kurz- und Koseform von Namen, die mit der Silbe -hard enden (Eberhard, Erhard/Erhart, Gerhard/Gerhart). Bekannter Namensträger ist der deutsche Schauspieler Hardy Krüger (eigentlich Franz Eberhard August Krüger; *1928).

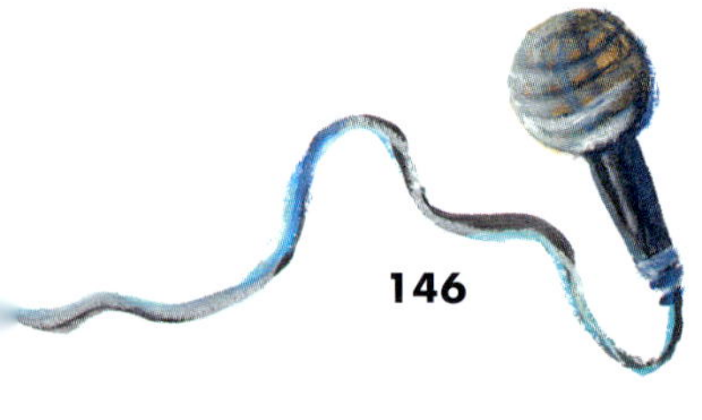

Haroun
Französische Form von Aaron.

Harry
Deutsche Form des englischen Namens Henry (= Heinrich). Bekannte Namensträger sind der deutsche TV-Moderator Harry Valérien (*1923) und der britische Prinz Harry (eigentlich Henry Charles Albert David; *1984).

Hartmut
Ein alter deutscher Name, der aber nie besonders häufig vorkam. Der Name bedeutet so viel wie *hart, kräftig, kühn.* In der Zeit vor und während des Zweiten Weltkriegs gewann er an Beliebtheit. Nach der *Gudrunsage* ist Hartmut der Sohn von König Ludwig von der Normandie und Entführer der Gudrun.
Namenstag 23. Januar

Hartwig
Ein alter deutscher Name mit der Bedeutung *kräftiger Krieger.*

Harun
Arabische Form von Aaron. Wir kennen den Namen durch Harun Al-Raschid, dem Kalifen von Bagdad, aus der Märchenerzählung *Tausendundeine Nacht.*

Hasso
Ein alter deutscher Name mit der Bedeutung *der Hesse.* Der Name war in Adelskreisen beliebt.

Hauke
Friesische Form von alten deutschen Namen, die mit der Silbe Hug- beginnen (Hugbert, Hugbald usw.). Aus dem *Schimmelreiter* von Theodor Storm

(1817–1888) ist uns die Figur Hauke Hayen bekannt.

Heiko
Friesische Kurzform von Heinrich. Bekannter Namensträger ist der Journalist und Korrespondent Heiko Engelkes (*1933).

Heimo
Kurzform von Namen, die mit der Silbe Heim- beginnen (Heimeran, Heimerad). Namenstage 27. März, 30. April

Heiner
Eine andere Form von Heinrich, landschaftlich auch Henner. Bekannter Namensträger ist der deutsche Schauspieler Heiner Lauterbach (*1953).

Heino
Eine Kurz- und Koseform von Heinrich. Bekannter Namensträger ist der deutsche Schlagersänger Heino (eigentlich Heinz Georg Kramm; *1938).

Heinrich
Ein alter deutscher Name, der sich aus Haganrich und/oder Heimrich entwickelt hat. Heinrich bedeutet so viel wie *Hag, umhegte Heimstätte, Herrscher.* Der Name war ein beliebter Herrschername in Europa. Bekannt sind Heinrich IV. (1050–1106) und sein Gang nach Canossa, Heinrich der Löwe, Herzog von Sachsen (1129–1195) als Städtegründer

und der englische König Heinrich VIII. (1491–1547) und seine sechs Frauen. Weite Verbreitung fand der Name durch Heinrich I., auch *der Vogler* genannt (um 10. Jh.). Von der Beliebtheit und der Verbreitung des Namens (gemeint sind Heinrich und Konrad) zeugt die Redewendung *Hinz und Kunz* (für Jedermann). Andere Formen sind Harry, Heiko, Heiner, Heino, Heinz, Henri, Henrik/Hendrik, Heintje, Henry, Henner, Henning, Hinnerk, Hinrich und Enrico. Bekannte Namensträger sind der deutsche Dichter und Publizist Heinrich Heine (1797–1856), der deutsche Physiker Heinrich Hertz (1857–1894), der deutsche Schriftsteller Heinrich Böll (1917–1985) und der Schweizer Pädagoge Johann Heinrich Pestalozzi (1746–1827).

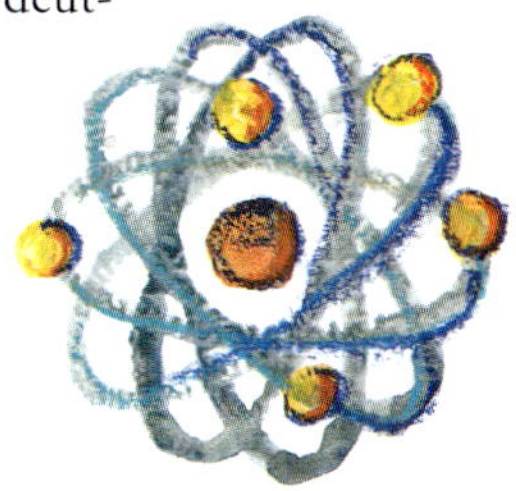

Namenstage 8. Januar, 19. Januar, 23. Januar, 10. März, 31. März, 4. April, 25. Mai, 10. Juni, 13. Juli, 20. Dezember

Heintje
Niederdeutsche Koseform von Henrik/Hendrik (= Heinrich). Bekannter Namensträger ist der niederländische Sänger und Schauspieler Heintje (eigentlich Hendrik Nikolaus Simon; *1955); sein größter Hit war *Mama.*

Heinz
Eine Kurzform von Heinrich. Bekannte Namensträger sind der deutsche Schauspieler und Komiker Heinz Erhard (1909–1979) und Deutschlands beliebtester Filmkomiker Heinz Rühmann (1902–1994).

Helge
Der Namen stammt aus dem nordischen Sprachraum und bedeutet so viel wie *der Heilige.* Die russische Form heißt Oleg. Bekannter Namensträger ist der deutsche Musiker und Komiker Helge Schneider (*1955).

Hellmuth
Andere Schreibweise von Hellmut (= Helmut). Bekannter Namensträger ist der deutsche Schriftsteller Hellmuth Karasek (*1934).

Helmut
Ein alter deutscher Name, dessen erste Silbe so viel wie *Helm* bedeutet und die zweite Silbe *Mut.* Andere Schreibweisen sind Helmuth, Hellmut/Hellmuth. Bekannte Namensträger sind der deutsche Politiker und frühere Bundeskanzler Helmut Schmidt (*1918) und der derzeitige Bundeskanzler Helmut Kohl (*1930).
Namenstag 29. März

Hendrik
Eine andere Schreibweise von Henrik (= Heinrich), die Kurzform ist Rik.

Henner
Die südwestdeutsche und pfälzische Form von Heiner (= Heinrich).

Henning
Niederdeutsche Form von Heinrich und Johannes. Bekannter Namensträger ist Henning Voscherau (*1941), ehemaliger Erster Bürgermeister des Stadtstaates Hamburg.

Henri
Französische Form von Henry (= Heinrich). Bekannter Namensträger ist der französische Maler, Grafiker und Bildhauer Henri Matisse (1869–1954).

Henrik
Niederländische Form von Heinrich, auch Hendrik geschrieben, die Kurzform ist Rik.

Henry
Englische Form von Heinrich. Andere Formen sind Harry und Henri. Bekannte Namensträger sind der amerikanische Schriftsteller Henry Miller (1891–1980) oder auch der deutsche Boxer Henry Maske (*1964).

Herbert
Ein alter deutscher Name, dessen erste Silbe so viel wie *Heer* bedeutet und die zweite Silbe *glänzend.* Eine andere Form lautet Heribert. Bekannter Namensträger ist der österreichische Dirigent Herbert von Karajan (1908–1989).
Namenstage 25. Mai, 30. August

Heribert
Eine andere Form von Herbert. Bekannter Namensträger ist der Sportjournalist und TV-Moderator Heribert Faßbender (*1941).

Herman
Englische Form von Hermann.

Hermann
Ein alter deutscher Name mit der Bedeutung *Mann des Heeres.* Der Name war im Mittelalter in Adelskreisen besonders häufig. Für eine weitere Verbreitung des Namens sorgten die deutschen Dichter Friedrich Gottlieb Klopstock (1724–1803) mit den Dramen *Hermanns Schlacht, Hermann und die Fürsten, Hermanns Tod* und Johann Wolfgang von Goethe (1749–1832) mit seinem Epos *Hermann und Dorothea.* Andere Formen heißen Armand, Armando, Ermanno und Herman. Bekannte Namensträger sind der deutsch-schweizerische Dichter Hermann Hesse (1877–1662) und der österreichische Dichter Hermann Broch (1886–1951).
Namenstage 25. April, 21. Mai, 6. August, 24. September, 28. September

Herwig
Ein alter deutscher Name, dessen erste Silbe so viel bedeutet wie *Heer* und die zweite Silbe *Kampf.* In der *Gudrunsage* ist Herwig von Seeland der Verlobte der Titelheldin Gudrun.
Namenstag 5. Dezember

Hieronymus
Der Name ist griechischen Ursprungs und bedeutet so viel wie *der mit dem heiligen Namen.* Bekannter Namensträger ist der niederländische Maler Hieronymus Bosch (eigentlich Jheronimus Bosch van Aken; um 1450–1516).
Namenstage 8. Februar, 30. September

Hilar
Der Name ist lateinischen Ursprungs (= Hilarius) und bedeutet so viel wie *der Heitere, der Fröhliche.*
Namenstag 13. Januar

Hilmar
Moderne Form des alten deutschen Namens Hildemar. Er bedeutet so viel wie *Kampf, berühmt.*

Hinnerk
Niederdeutsche Form von Heinrich.

Hinrich
Niederdeutsche Form von Heinrich.

Hiob
Der Name ist der Bibel entnommen und hebräischen Ursprungs, die Bedeutung unklar, vielleicht *der Verfolgte.* Eine andere Form ist Job. Nach der biblischen Geschichte des Hiob wird eine schlechte Nachricht Hiobsbotschaft genannt. *Dr. med. Hiob Prätorius* heißt eine Komödie von Curt Goetz (1888–1960).

Hjalmar
Der Name stammt aus dem schwedisch-dänischen Sprachraum, die erste Silbe bedeutet so viel wie *Helm* und die zweite Silbe *Heer.* Bekannter Namensträger ist der deutsche Politiker Hjalmar Schacht (1877–1970).

Holger
Der Name kommt aus dem Dänischen und ist isländischen Ursprungs mit der Bedeutung *Insel* und *Speer.* Holger ist der dänische Nationalheld, der dem Land bei Not zur Hilfe eilt.

Holm
Auch dieser Name ist isländischen Ursprungs und bedeutet so viel wie *der von der Insel.*

Horst
Ein alter deutscher Name mit der Bedeutung *der aus dem Gehölz.* Bekannter Namensträger ist der deutsche Schauspieler Horst Buchholz (*1933).

Hubert
Ein alter deutscher Name mit der Bedeutung *der im Denken Glänzende, der durch den Verstand Berühmte.* Andere Formen sind Bert und Berti. Aus der TV-Kultserie *Lindenstraße* kennen wir Hubert, von seiner Frau Rosi Hubertchen gerufen.
Namenstag 3. November

Hugo
Ein alter deutscher Name, der sich aus Namen entwickelt hat, die mit der Silbe Hug- beginnen (Hugbert, Hugdietrich). Bekannter Namenträger ist der österreichische Dichter Hugo von Hofmannsthal (1874–1929), der ein umfangreiches Werk schuf.
Namenstage 1. April, 28. April, 20. August

Humbert
Ein alter deutscher Name, dessen erste Silbe nicht zu deuten ist, die zweite Silbe besagt so viel wie *glänzend.* Die italienische Form lautet Umberto.
Namenstag 4. März

Huschke
Sorbische Form von Johannes. Berühmter Namensträger ist der deutsche Autorennfahrer Huschke von Hanstein (eigentlich Fritz Huschke Baron von Hanstein; 1911–1996).

Hüseyin
Türkische Form von Hussein.

Hussein
Der Name ist arabischen Ursprung und bedeutet so viel wie *kleiner Schöner.* Einer von Mohammeds Enkeln hieß Hussein. Die türkische Form lautet Hüseyin.

Ibo
Eine andere Form von Ivo. Die französische Form des Namens ist Yves.

Ibrahim
Arabische Form von Abraham.

Ignatz
Eine andere Schreibweise von Ignaz. Bekannter Namensträger ist Ignatz Bubis (*1927), Vorsitzender des Zentralrats der deutschen Juden.

Ignaz
Der Name entstammt dem Lateinischen und bedeutet so viel wie *Feuer.* Eine andere Schreibweise ist Ignatz.
Namenstage 31. Juli, 17. Oktober

Igor
Russische Form von Ingvar. Bekannter Namensträger ist der amerikanische Komponist russischer Herkunft Igor Strawinski (1882–1971).
Namenstag 19. September

Ilja
Russische Form von Elias. Bekannter Namensträger ist der deutsche Schauspieler, Sänger und Entertainer Ilja Richter (*1952), der in den 70-er Jahren die Fernsehsendung *Disco* moderierte.

Immanuel
Der Name stammt aus dem Hebräischen und bedeutet so viel wie *Gott mit uns.* Andere Formen sind Emanuel und Manuel. Bekannter Namensträger ist der deutsche Philosoph Immanuel Kant (1724–1804).
Namenstag 1. Oktober

Imre
Ungarische Form von Emmerich.

Ingbert
Ein alter deutscher Name, dessen erste Silbe auf den germanischen Gott Ingwio zurückgeht, die zweite Silbe bedeutet so viel wie *glänzend.* Die nicht mehr gebräuchliche Form lautet Ingobert, die moderne Kurzform ist Ingo.
Namenstag 28. März

Ingemar
Ein alter deutscher Name, dessen erste Silbe, wie bei Ingbert, auf den germanischen Gott Ingwio zurückgeht, die zweite Silbe bedeutet so viel wie *groß, berühmt.* Andere Formen lauten Ingomar, Ingmar und Ingo.

Ingmar
Schwedische Form von Ingemar, die Kurzform ist Ingo. Bekannter Namensträger ist der schwedische Regisseur Ingmar Bergman (*1918).

Ingo
Die Kurzform alter deutscher Namen, die mit der Silbe Ing- beginnen (Ingbert, Ingemar/Ingmar, Ingvar).

Ingvar
Der Name ist nordischen Ursprungs, die erste Silbe geht auf den germanischen Gott Ingwio zurück, die zweite Silbe bedeutet so viel wie *Herr.*

Irenäus
Der Name kommt aus dem Griechischen und bedeutet so viel wie *Friede.* Bekannter Namensträger ist der österreichisch-deutsche Verhaltensforscher Irenäus Eibl-Eibesfeld (*1928).
Namenstag 28. Juni

Isaac
Englische Form von Isaak. Bekannte Namensträger sind der englische Mathematiker, Physiker und Astronom Isaac Newton (1643–1727) und der amerikanische schwarze Musiker und Schauspieler Isaac Hayes (*1942).

Isaak
Der Name stammt aus der Bibel, ist hebräischen Ursprungs und bedeutet so viel wie *er wird lachen.* Die englische Form ist Isaac.
Namenstag 19. Oktober

Istvan
Russische Form von Stephan/Stefan.

Ivan
Eine andere Schreibweise von Iwan (= Johannes). Bekannter Namensträger ist der deutsche Sänger und Schauspieler Ivan Rebroff (eigentlich Hans Rippert; *1931), der häufig für einen Russen gehalten wird.

Ivo
Ein alter deutscher Name mit der Bedeutung *Eibe.* Andere Formen lauten Ibo, Yves, Yvo und Yvon. Bekannter Namensträger ist der kroatische Schlagersänger Ivo Robic (*1926).
Namenstage 19. Mai, 23. Dezember

Iwan
Russische Form von Johannes. Eine andere Schreibweise ist Ivan. Iwan war ein russischer Herrschername. Bekannter Namensträger ist der erste russische Zar Iwan IV. Wassiljewitsch, genannt Iwan der Schreckliche wegen seiner brutalen Willkürherrschaft. Obwohl er als sehr gebildet galt, erschlug er im Zorn einen seiner Söhne.

Jäckel
Schlesische Form von Jakob/Jacob.

Jacob
Eine andere Schreibweise von Jakob. Bekannte Namensträger sind der schweizerische Kultur- und Kunsthistoriker Jacob Burckhardt (1818–1897) und der deutsche Sprachforscher Jacob Grimm (1785–1863).

Jacques
Französische Form von Jakob/Jacob. Bekannter Namensträger ist der französische Komponist deutscher Herkunft Jacques Offenbach (eigentlich Jacob Offenbach; 1819–1880). Damals wie heute gern gehört sind seine Oper *Hoffmanns Erzählungen* und seine Operetten *Pariser Leben* und *Die schöne Helena.*

Jago
Eine spanische Form von Jakob/Jacob.

Jaime
Eine spanische Form von Jakob/Jacob.

Jakob
Der Name ist der Bibel entnommen und hebräischen Ursprungs mit der Bedeutung *Fersenhalter.* Jakob war der Zwillingsbruder von Esau (1. Mose 25, 26). Im 17. Jh. war Jakob bei den Protestanten ein beliebter Vorname. Andere Formen sind Jäckel, Jacob, Jago, Jaime, James, Jan, Jacques, Jascha, Giacomo, Köbes, Köpke und Kuba.
Namenstage 20. Januar, 3. Mai, 2. Juli, 25. Juli, 12. Oktober, 23. Oktober

James
Die englisch-schottische Form von Jakob/Jacob, die Kurzform ist Jim. Bekannte Namensträger sind die amerikanischen Schauspieler James Stewart (*1908) und James Garner (eigentlich James Baumgardner; *1928).

Jan
Die niederdeutsche Form von Jakob/Jacob und Johannes. Aus der *Blechtrommel* von Günter Grass (*1927) kennen wir die Figur Jan Bronski. Bekannte Namensträger sind der niederländische Maler Jan van Eyck (1390–1441) und der deutsche Radrennsportler Jan Ullrich (*1974), der als erster Deutscher 1997 das schwerste und längste Radrennen der Welt, die Tour de France, gewann.

Janos
Ungarische Form von Johannes.

Jarno
Finnische Form von Jeremias.

Jaromir
Der Name ist slawischen Ursprungs, die erste Silbe bedeutet so viel wie *zornig, mutig* und die zweite Silbe *Friede.* Andere Formen sind Jesco und Jesko. Wir kennen Jaromir aus dem Drama *Die Ahnfrau* des österreichischen Dichters Franz Grillparzer (1791–1872).

Jascha
Russische Form von Jakob/Jacob.

Jasper
Die niederdeutsche Form von Kaspar/Caspar.

Jean
Französische Form von Johannes. Die englisch-irische Form ist Sean. Bekannter Namensträger ist der französische Schauspieler Jean Gabin (eigentlich Jean Alexis Moncorgé; 1904–1976).
Namenstag 19. Oktober

Jeff
Englische Kurzform von Jeffrey (= Gottfried).

Jeffrey
Englische Form von Gottfried, die Kurzform ist Jeff.

Jenö
Ungarische Form von Eugen.

Jens
Dänische Form von Johannes.

Jeremias
Der Name wurde aus der Bibel übernommen, ist hebräischen Ursprungs und bedeutet so viel wie *Gott erhöht.* Jeremias ist einer der vier großen Propheten im Alten Testament. Die finnische Form ist Jarno, die englische lautete Jeremy. Bekannter Namensträger ist der schweizerische Erzähler Jeremias Gotthelf (eigentlich Albert Bitzius; 1797–1854).

Jeremy
Englische Form von Jeremias.

Jesco
Slawische Kurzform von Jaromir. Bekannter Namensträger ist der deutsch-amerikanische Weltraumexperte Jesco von Puttkamer (*1933).

Jesko
Eine andere Schreibweise von Jesco (= Jaromir).

Jim
Englische Kurzform von James (= Jakob/Jacob).

Jo
Die Kurzform von Namen, die mit der Silbe Jo- beginnen (Joachim, Johannes/Johann, Jonathan).

Joachim
Der Name kommt aus dem Hebräischen und bedeutet so viel wie *Gott richtet auf, Jehova macht stark.* Andere Formen sind Achim, Akim, Gioacchino, Jo, Joakim, Jochem, Jochen, Jokum und Kim. Bekannte Namensträger sind der deutsche Schriftsteller Joachim Ringelnatz (1883–1934) und der deutsche Schauspieler und Showmaster Joachim Fuchsberger (*1927).
Namenstage 11. Mai, 16. Juli

Job
Andere Form von Hiob und die Kurzform von Jost/Jobst.

Jobst
Dieser Name setzt sich zusammen aus Job und Jost. Eine andere Form lautet Justus.
Namenstag 13. Dezember

Jochem
Andere Form von Joachim.

Jochen
Eine sehr beliebte Kurzform des Namens Joachim.

Jodokus

Der Name ist bretonischen Ursprungs und bedeutet so viel wie *Krieger.* Der heilige Jodokus hat im 7. Jh. die Benediktinerabtei St.-Josse-sur-Mer gegründet. Andere, moderne Formen sind Jost und Jobst.
Namenstag 13. Dezember

Joe

Englische Kurzform von Joseph/Josef und Jonathan.

Johann

Kurzform von Johannes. Eine andere Form ist Yanneck/Yannick. Bekannte Namensträger sind der deutsche Dichter Johann Wolfgang von Goethe (1749–1832) und der österreichische Komponist Johann Strauß (1804–1845), der den Walzer gesellschaftsfähig machte, und sein Sohn, der Walzerkönig Johann Strauß (1825–1899).

Johannes

Der Name kommt aus dem Hebräischen und bedeutet so viel wie *Gott ist gnädig.* Nach Johannes dem Täufer (dem größten, der je vom Weib geboren wurde, Math. 11, 11) weihte man auf seinen Namen alle Taufkapellen, wodurch der Name eine weite Verbreitung fand. Andere Formen sind Giovanni, Hans/Hanns, Hannes, Henning, Huschke, Iwan/Ivan, Jan, Janos, Jean, Jens, Jo, Johann, John, Johnny, Juan, Nino und Sean. Bekannte Namensträger sind der deutsche Johannes Gutenberg (um 1397–1468), Erfinder des Buchdrucks, und der österreichisch-niederländische Schauspieler und Sänger Johannes Heesters (*1903).
Namenstage 11. Januar, 31. Januar, 8. März, 17. März, 7. April, 16. Mai, 18. Mai, 24. Juni, 26. Juni, 9. Juli, 4. August, 13. August, 19. August, 29. August, 13. September, 9. Oktober, 23. Oktober, 10. November, 21. November, 24. November, 2. Dezember, 4. Dezember, 14. Dezember, 23. Dezember, 27. Dezember

John

Englische Form von Hans (= Johannes). Die Koseform ist Johnny. Bekannte Namensträger sind der 35. amerikanische Präsident John F. Kennedy (1917–1963), sein Sohn John F. Kennedy (*1961) und der amerikanische Schauspieler und Westernheld John Wayne (1907–1979).
Namenstage 10. März, 22. Juni

Johnny

Die Koseform von John (= Hans = Johannes). Bekannter Namensträger ist der amerikanische Sportler, Schauspieler und beste Tarzandarsteller Johnny Weissmüller (1904–1984).

Jokum

Dänische Form von Joachim.

Jonas
Der Name stammt aus dem Hebräischen und bedeutet so viel wie *Taube.* Jonas ist der Name eines Propheten im Alten Testament. Ein Walfisch rettete ihn vor dem Ertrinken, indem er ihn verschluckte und später an Land wieder ausspie.
Namenstag 21. September

Jonathan
Der Name hat hebräischen Ursprung und bedeutet so viel wie *Gott hat gegeben.* Andere Formen sind Nathan, Jo und Joe. Bekannter Namensträger ist der irisch-englische Schriftsteller Jonathan Swift (1667–1745).

Jordan
Ein alter deutscher Name mit der Bedeutung *Erde* und *kühn.*
Namenstag 20. Januar

Jörg
Süddeutsche Form von Georg.

Jörgen
Dänische Form von Jürgen.

Jörn
Friesische Form von Georg und Jürgen.

José
Spanische Form von Joseph/Josef. Bekannter Namensträger ist der spanische Sänger José Carreras (*1946).

Josef
Eine andere Schreibweise von Joseph. Bekannter Namensträger ist der deutsche Unternehmer und Sportförderer Josef Neckermann (1912–1992).

Joseph
Der Name ist hebräischen Ursprungs und bedeutet so viel wie *Gott möge vermehren.* Im Neuen Testament ist Joseph der Ehemann von Maria. Im Mittelalter war Joseph hauptsächlich als jüdischer Name bekannt. Erst im 18. Jh. fand der Name Interesse bei den Katholiken. Joseph/Josef gehörte zu den beliebtesten Vornamen in Bayern und Österreich, hier war Joseph ein häufiger Herrschername. Andere Formen lauten Giuseppe, Joe, José, Josef, Jupp, Ossip, Sepp/Seppl und Yussuf. Bekannte Namensträger sind der österreichische Schriftsteller Joseph Roth (1894–1939) und der deutsche Künstler Joseph Beuys (1921–1986).
Namenstage 19. März, 1. Mai, 3. Juli, 25. August

Jost
Kurzform des nicht mehr gebräuchlichen Namens Jodokus.

Josua
Der Name ist der Bibel entnommen und hebräischen Ursprungs mit der Bedeutung *Gott ist Rettung, der Herr ist Hilfe.*

Juan
Spanische Form von Johannes/Johann. Bekannter Namensträger ist der spanische König Juan Carlos I. (*1938).

Jules
Französische Form von Julius.

Julian
Eine andere, moderne Form von Julius. Die französische Form ist Julien.

Julio
Spanische Form von Julius. Bekannter Namensträger ist der spanische Komponist, Sänger und Frauenschwarm Julio Iglesias (eigentlich Julio José Iglesias de la Cueva; *1944).

Julius

Der Name kommt aus dem Lateinischen und bedeutet so viel wie *der aus dem Geschlecht der Julier.* Während der römischen Republik galten die Julier als das vornehmste Geschlecht, dem auch Julius Cäsar angehörte. Der Monat Juli erinnert heute noch an seine Kalenderreform mit 365 Tagen plus einem Schalttag. Andere Formen sind Giulio, Julian, Julio und Jules.
Namenstage 9. Februar, 12. April

Jupp
Die rheinische Kurz- und Koseform von Joseph/Josef ist dort überaus geläufig. Bekannter Namensträger ist der deutsche Fußballer Jupp Heinkes (eigentlich Josef Heinkes; *1945).

Jürg
Die Kurzform und schweizerische Bezeichnung für Jürgen. Bekannter Namensträger ist der schweizerische Freiheitskämpfer Jürg Jenatsch (1596–1639).

Jürgen
Niederdeutsche Form von Georg. Andere Formen lauten Jürg, Jörgen und Jörn. Bekannte Namensträger sind der deutsche Entertainer Jürgen von der Lippe (eigentlich Jürgen Dohrenkamp; *1948) und der deutsche Sänger Jürgen Drews (*1948).

Juri
Russische Form von Georg. Bekannter Namensträger ist der UdSSR-Kosmonaut Juri Gagarin (1934–1968).

Jürn
Friesische Form von Georg.

Justin
Englische und französische Form von Justinus.

Justinus
Der Name ist lateinischen Ursprungs und bedeutet so viel wie *der Gerechte.* Die englische und französische Form ist Justin, die moderne Form lautet Justus.
Namenstag 14. April

Justus

Der Name ist die moderne Form von Justinus. Der Name entwickelte sich um das 16. Jh. auch aus Jost/Jobst (=Jodokus).
Justus Jonas, ein Freund des deutschen Reformators Martin Luther (1483–1546), hieß ursprünglich Jobst. Bekannter Namensträger ist der deutsche Chemiker Justus Freiherr von Liebig (1803–1873).
Namenstag 10. November

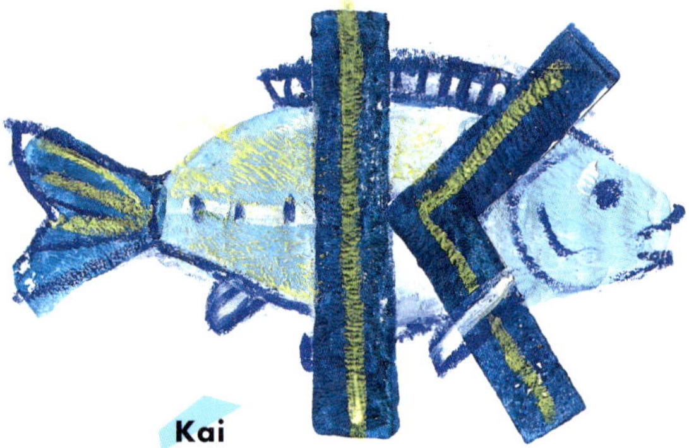

Kai
Der Name ist nordischer Herkunft und die Bedeutung unbekannt. Kai ist sowohl ein männlicher als auch ein weiblicher Vorname, deshalb ist ein zweiter Name vorgeschrieben, aus dem eindeutig das Geschlecht des Kindes hervorgeht. Bekannter Namensträger ist der deutsche Politiker Kai Uwe von Hassel (1913–1997).

Kajetan
Der Name ist lateinischen Ursprungs und bedeutet so viel wie der *aus der Stadt Gaeta Kommende.* Der heilige Cajetan (15./16. Jh.) ist der Gründer des Theatinerordens. Namenstag 7. August.

Kajus
Eine andere Form von Gajus, auch Cajus geschrieben.

Karel
Niederländische und tschechische Form von Karl/Carl. Bekannter Namenträger ist der tschechische Sänger, Komponist und Entertainer Karel Gott (*1939).

Karl
Ein alter deutscher Name mit der Bedeutung *freier Mann.* Durch Karl den Großen (747–814) wurde der Name bei Herrschern beliebt, aber erst im Mittelalter wurde er populär durch den Kardinal und Erzbischof von Mailand, Karl Borromäus, der 1584 starb und 1610 heililig gesprochen wurde. Karl/Carl ist wie Hans besonders bei Doppelnamen beliebt. Diese zusammengesetzten Namen können mit und ohne Bindestrich geschrieben werden: Karlheinz, Karl-August u. a. Andere Formen lauten Carl, Carlo, Carlos, Charles, Charlie/Charly, Karel, Karol und Károly. Bekannte Namensträger sind der deutsche Kabarettist Karl Valentin (eigentlich Valentin Ludwig Fey; 1882–1942), der deutsche Philosoph Karl Jaspers (1883–1969), der österreichische Dirigent Karl Böhm (1894–1981) und der deutsche Modezar Karl Lagerfeld (eigentlich Karl Otto Lagerfeld; *1938). Namenstage 28. Januar, 2. März, 24. April, 3. Juni, 24. August, 4. November

Karlheinz
Ein beliebter Doppelname aus Karl und Heinz. Wie andere Kombinationen mit Karl kann der Name kann auch mit Bindestrich geschrieben werden. Bekannter Namensträger ist der deutsche Fußballspieler Karl-Heinz Rummenigge (*1955).

Karol
Polnische Form von Karl/Carl. Bekannter Namensträger ist der Pole Karol Wojtyla, seit 1978 Papst Johannes Paul II. (*1920).

Károly
Ungarische Form von Karl/Carl.

Karsten
Niederdeutsche Form von Christian/Kristian. Andere Formen sind Carsten und Kersten. Bekannter Namensträger ist der deutsche Schauspieler und Entertainer Karsten Speck (*1960).

Kasimir
Der Name kommt aus dem Slawischen und bedeutet so viel wie *Friedensstifter.* Zur Verbreitung trug der heilige Kasimir (15. Jh.) bei, der Schutzpatron Polens. Eine andere Schreibweise ist Casimir.
Namenstag 4. März

Kaspar
Der Name ist persischen Ursprungs und bedeutet so viel wie *Schatzbewahrer.* Kaspar gehört mit Balthasar und Melchior zu den Heiligen Drei Königen aus der Bibel. Weil der Mohr Kaspar in den Dreikönigsspielen stets recht lustig auftrat, entwickelte sich daraus im Lauf der Zeit die lustige Kasperfigur im Kasperletheater. Andere Formen sind Caspar und Jasper. Berühmt ist das Nürnberger Findelkind Kaspar Hauser (um 1812, ermordet 1833).
Namenstag 6. Januar

Kastor
Der Name ist griechischen Ursprungs und bedeutet so viel wie *Biber.* Eine andere Schreibweise ist Castor.
Namenstag 13. Februar

Kay
Andere Schreibweise von Kai.

Kersten
Niederdeutsche Form von Christian/Kristian.

Kevin
Der Name ist irischer Herkunft und bedeutet so viel wie *anmutig von Geburt an.* Der Name wurde beliebt durch den amerikanischen Spielfilm *Kevin allein zu Haus.*
Namenstag 6. Juni

Kilian
Der Name kommt aus dem Keltischen und bedeutet so viel wie *Mann der Kirche.* Im 7. Jh. wurde der heilige Kilian Bischof von Würzburg und ist seitdem der Schutzpatron dieser fränkischen Stadt. Bekannt ist Bauer Kilian aus der Oper *Der Freischütz* von Carl Maria von Weber (1786–1826).
Namenstag 8. Juli

Kim
Englische Form von Joachim. Kim ist ein männlicher wie ein weiblicher Vorname, deshalb ist ein zweiter Vorname

vorgeschrieben, aus dem eindeutig das Geschlecht des Kindes hervorgeht.

Kirsten
Niederdeutsche Form von Christian/ Kristian. Kirsten gilt sowohl als männlicher als auch als weiblicher Vorname, deshalb sollte ein zweiter Vorname eindeutig auf das Geschlecht des Kindes hinweisen.

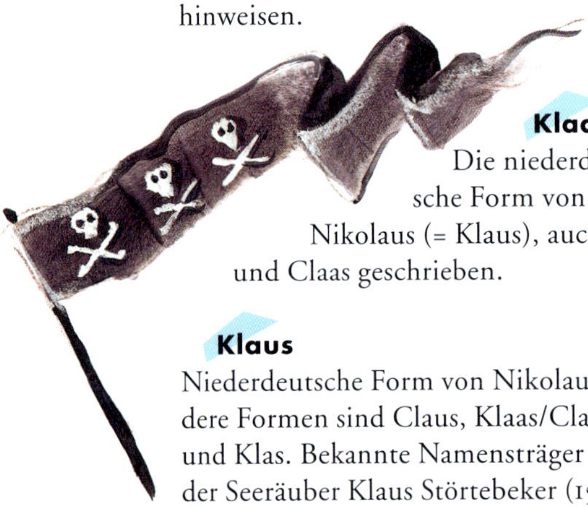

Klaas
Die niederdeutsche Form von Nikolaus (= Klaus), auch Klas und Claas geschrieben.

Klaus
Niederdeutsche Form von Nikolaus. Andere Formen sind Claus, Klaas/Claas und Klas. Bekannte Namensträger sind der Seeräuber Klaus Störtebeker (15. Jh.) und der deutsche Politiker Klaus von Dohnanyi (*1928).

Klausjürgen
Der Name ist eine beliebte Zusammensetzung aus den beiden Vornamen Klaus und Jürgen. Er kann auch mit Bindestrich geschrieben werden. Bekannter Namensträger ist der deutsche Schauspieler Klausjürgen Wussow (*1929).

Klemens
Andere Schreibweise von Clemens.

Knut
Der Name kommt aus dem nordischen Sprachraum und bedeutet so viel wie *waghalsig*. Bekannter Namensträger ist der norwegische Schriftsteller Knut Hamsun (eigentlich Knut Pedersen; 1859–1952). Auch die Schreibweise Knud ist geläufig.
Namenstage 7. Januar, 10. Juli

Köbes
Rheinische Form von Jakob/Jacob. Köbes heißen in Düsseldorf die Kellner in den Altbierkneipen. Wer hier nach dem Herrn Ober ruft, bekommt nichts zu trinken.

Konrad
Ein alter deutscher Name mit der Bedeutung *kühner Ratgeber.* Aus dem *Struwwelpeter* des deutschen Arztes und Schriftstellers Dr. Heinrich Hoffmann (1809–1894) kennen wir Konrad, den Daumenlutscher. Andere Formen lauten Conrad, Chonz/Conz und Kord. Bekannter Namensträger ist der deutsche Politiker Konrad Adenauer (1876–1967).
Namenstage 15. Januar, 14. März, 17. März, 4. April, 9. April, 21. April, 2. Mai, 19. Mai, 28. September, 26. November

Konstantin
Der Name ist lateinischen Ursprungs und bedeutet so viel wie *der Standhafte.* Es ist der Name von Herrschern. Konstantin der Große (um 280–337), der erste christliche Kaiser von Rom, gründete Konstantinopel (heute Istanbul). Bekannte Namensträger sind der ehemalige griechische König Konstantin II. (*1940), der seit dem Militärputsch 1967 in England im Exil lebt,

und der deutsche Liedermacher Konstantin Wecker (*1947).
Namenstag 8. Dezember

Köpke
Niederdeutsche Form von Jakob/Jacob.

Kord
Niederdeutsche Form von Konrad/Conrad.

Kornelius
Andere Schreibweise von Cornelius, die Koseform ist Conny.

Kristian
Nordische Schreibweise von Christian.

Kuba
Polnische Form von Jakob/Jacob.

Kurt
Ein alter deutscher Name, der sich wahrscheinlich aus Konrad/Conrad entwickelt hat. Von dem deutschen Dichter Johann Wolfgang Goethe (1749–1832) kennen wir die Ballade *Ritter Kurts Brautfahrt.* Andere Formen sind Curt und Curd. Bekannte Namensträger sind der deutsche Journalist und Schriftsteller Kurt Tucholsky (1890–1935) und der deutsche Komponist Kurt Weill (1900–1950).

Kyrill
Eine andere Schreibweise von Cyrill.

Ladislaus
Lateinische Form des polnischen Namens Wladyslaw. Die ungarische Form ist Lászlo. Ladislaus I., in Polen geborener König von Ungarn und Kroatien, wurde 1192 heilig gesprochen.
Namenstag 29. Juli

Lambert
Ein alter deutscher Name, dessen erste Silbe so viel wie *Land* bedeutet und die zweite Silbe *glänzend.* Andere Formen sind Lampert und Lando. Zur Verbreitung des Namens hat der heilige Lampert beigetragen, der im Jahr 705 ermordet wurde.
Namenstage 9. Februar, 31. März, 18. September

Lando
Dieser Name kann die Kurzform von allen Namen sein, die mit der Silbe Lan- und Lam- beginnen (Lambert/Lampert).

Lars
Die nordische Form des Namens Lorenz (= Laurentius).

Lászlo
Die ungarische Form von Wladysla (= Ladislaus).

Laurence
Englische Form von Laurentius, auch Lawrence geschrieben. Bekannter Namensträger ist der britische Regisseur und Schauspieler Sir Laurence Olivier (*1907).

Laurent
Französische Form von Laurentius.

Laurentius
Der Name ist lateinischen Ursprungs und bedeutet so viel wie *der aus Laurentum Kommende* oder *der mit Lorbeer Bekränzte.* Der Name fand weite Verbreitung durch die Verehrung des heiligen Laurentius (3. Jh.), dessen Überreste in einer der sieben Hauptkirchen in Rom ruhen. Andere Formen sind Lorenz, Lorenzo, Laurent, Laurence, Lawrence, Laurids, Lauritz und Lars.
Namenstage 21. Juli, 10. August, 5. September

Laurids
Dänisch-schwedische Form des Namens Laurentius.

Laurin
Die Herkunft und Bedeutung dieses Namens sind unbekannt. In der *Dietrichsage* heißt der Zwergenkönig Laurin.

Lauritz
Deutsche Form von Laurids (= Laurentius). Bekannter Namensträger ist der deutsche Politiker Lauritz Lauritzen (1910–1980).

Lawrence
Englische Form von Laurentius, auch Laurence geschrieben. Bekannter Namensträger ist Lawrence of Arabia, britischer Schriftsteller und Archäologe (eigentlich Thomas Edward Lawrence; 1888–1935). Vielen von uns unvergessen ist der Film *Lawrence von Arabien* mit dem Schauspieler Peter O´Toole (*1934).

Lazarus
Der Name stammt aus der Bibel und ist hebräischer Herkunft mit der Bedeutung *Gott hilft.* Im Neuen Testament (Joh. 11, 1–44) erweckt Jesus Lazarus von Bethanien wieder zum Leben. Die Kurzform lautet Lazar.
Namenstag 17. Dezember

Leander
Der Name ist griechischen Ursprungs und bedeutet so viel wie *Mann des Volkes.* Nach der griechischen Sage von Hero und Leander dichtete Friedrich von Schiller (1759–1805) die Ballade *Hero und Leander.*
Namenstag 13. März

Leif
Der Name stammt aus dem Norwegischen und hat die Bedeutung *Sohn, Erbe.* Bekannter Namensträger ist der norwegische Wikinger Leif Eriksson, der um das Jahr 1000 die Küste von Nordamerika erreichte und als ursprünglicher Entdecker Amerikas gilt.

Lennert
Schwedische Form von Leonhard.

Leo
Der Name ist lateinischen Ursprungs und bedeutet *Löwe.* Er ist auch die Kurzform von Leonhard und Leopold. Andere Formen sind Léo, Leone, Lion und Lionel. Leo war im Mittelalter ein häufiger Papstname. Bekannte Namensträger sind der russische Schriftsteller Leo Tolstoi (eigentlich Lew Nikolajewitsch Graf Tolstoi; 1828–1910) und der österreichische Komponist Leo Fall (1873–1925).
Namenstage 22. März, 19. April, 12. Juni, 10. November

Leon
Kurzform von Leonhard. Wir kennen Leon aus der RTL-Kultserie *Gute Zeiten – schlechte Zeiten* als liebevollen Vater von Töchterchen Lea.

Leonard
Englische Form von Leonhard. Berühmter Namensträger ist der amerikanische Komponist *(Westside Story)* und Dirigent Leonard Bernstein (1918–1990).

Leonardo
Italienische Form von Leonhard. Bekannter Namensträger ist der italienische Bildhauer, Maler und Baumeister Leonardo da Vinci (1452–1519), Schöpfer des weltberühmten Gemäldes *Mona Lisa,* heute im Louvre in Paris.

Leone
Italienische Form von Leo.

Leonhard
Der Name ist lateinischen Ursprungs mit der Bedeutung *löwenstark.* Im 6. Jh. soll der heilige Leonhard aus dem Frankenland ein Kloster in Saint-Léonard-de-Noblat gegründet haben. Nach einer Legende gilt der heilige Leonhard als Patron der Schwangeren, der Gefangenen und vor allem der Pferde. Noch heute werden nach altem Brauchtum beim Leonhardi-Ritt die Pferde gesegnet. Andere Formen sind Lennert, Leo, Leon, Léonard (in Frankreich), Leonardo und Lienhard.
Namenstag 6. November

Leonid
Russische Form von Leonidas. Bekannter Namensträger ist der sowjetische Politiker Leonid Iljitsch Breschnew (1906–1982).

Leonidas
Der Name hat griechischen Ursprung und bedeutet so viel wie *der Löwengleiche.* Andere Formen sind Leonid, Leônidas (in Spanien) und Leonides. Bekannter Namensträger ist König Leonidas, der 480 v. Chr. im Kampf um die Thermopylen fiel.
Namenstag 22. April

Leopold
Ein alter deutscher Name, dessen erste Silbe *Volk* und die zweite Silbe *kühn* bedeutet. Der österreichische Markgraf Leopold gründete Burg und Kirche von Klosterneuburg, er wurde 1485 heilig gesprochen und 1683 zum österreichischen Landespatron erhoben. Andere Formen sind Leo, Luitpold und Poldi. Bekannte Namensträger sind der schöne Kellner Leopold aus der Operette *Im weißen Rössl* und der österreichische Komponist Leopold Mozart (1719–1787), Vater von Wolfgang Amadeus Mozart (1756–1791).
Namenstag 15. November

Lewis
Englische Form von Ludwig.

Lex
Eine Kurzform von Alexander. Bekannter Namensträger ist der amerikanische Schauspieler Lex Barker (1919–1973).

Lienhard
Schweizerische Form von Leonhard. Bekannter Namensträger ist Lienhard Nunnenbeck, ein Lehrer des Meistersingers und Dichters Hans Sachs (1494–1576). Ihm setzte Richard Wagner (1813–1883) mit seiner Oper *Die Meistersinger von Nürnberg* ein Denkmal.

Lion
Die englische Form von Leo, die Koseform lautet Lionel.

Lionel
Koseform von Lion (= Leo). Bekannter Namensträger ist der amerikanische Jazzmusiker Lionel Hampton (*1913).

Lois
Andere Schreibweise von Alois/Aloys.

Lorenz
Deutsche Form von Laurentius. Die italienische Variante ist Lorenzo.

Lothar
Ein alter deutscher Name, dessen erste Silbe so viel wie *berühmt* bedeutet und die zweite Silbe *Heer.* Lothar ist ein alter Herrschername. Nach Lothar II. (um 835–869) nannte man sein Reich Lotharingien (= Lothringen). Eine andere Form ist Lüdecke. Beliebter Namensträger ist der deutsche Fußballer Lothar Matthäus (*1961).
Namenstage 15. Juni, 29. Dezember

Louis
Französische Form von Ludwig und auch in Frankreich beliebter Name für Könige, z.B. Louis XIV, der Sonnenkönig.

Lucas
Andere Schreibweise von Lukas. Bekannte Namensträger sind die deutschen Maler, Zeichner und Kupferstecher Lucas Cranach d. Ä. (1472–1553) und sein Sohn, Lucas Cranch d. J. (1515–1586), deutscher Maler und Zeichner.

Luciano
Italienische Form von Lucius. Bekannter Namensträger ist der italienische Sänger Luciano Pavarotti (*1935).

Lucius
Der Name stammt aus dem Lateinischen und bedeutet so viel wie *der im Licht Glänzende.* Lucius war im Mittelalter ein häufiger Papstname. Andere Formen sind Luciano und Luzius.
Namenstag 4. März

Lüdecke
Niederdeutsche Form von Lothar.

Ludwig
Ein alter deutscher Name, der so viel bedeutet wie *berühmter Krieger, einer, der Ruhm und Kampf liebt.* Ludwig war ein beliebter Name von Herrschern. Andere Formen sind Lewis, Louis, Luigi, Luis und Lutz. Bekannter Namensträger ist der bayerische König Ludwig II. (1845–1886, im Starnberger See ertrunken). Er ließ die heute noch viel bestaunten Schlösser Neuschwanstein, Herrenchiemsee u. a. erbauen. Andere berühmte Namensträger sind der deutsche Komponist Ludwig van Beethoven (1770–1827) und der deutsche Politiker Ludwig Erhard (1897–1977).
Namenstage 25. August, 11. September, 25. Oktober

Luigi
Italienische Form von Ludwig.

Luis
Spanische Form von Ludwig.

Luitpold
Die ältere Form von Leopold. Die Koseform ist Poldi.

Lukas
Dieser biblische Name ist lateinischen Ursprungs und bedeutet so viel wie *der aus Lucania Stammende.* Lucania ist eine antike Landschaft in Süditalien, die in etwa der heutigen Region Basilicata entspricht. Lukas ist der Verfasser des Lukas-Evangeliums, in dem Leben und Wirken von Jesus beschrieben werden. Sein Symbol ist der Stier. Andere Formen sind Lucas und Lux.
Namenstag 18. Oktober

Luzius
Andere Schreibweise von Lucius.

Lux
Kurzform von Lukas/Lucas.

Lutz
Kurzform von Ludwig.

Bekannter Namensträger ist der deutsche Jagdflieger, genannt der rote Baron, Manfred Freiherr von Richthofen (1892–1918). Namenstag 28. Januar

Magnus
Der Name stammt aus dem Lateinischen und bedeutet so viel wie *der Große*. Magnus entwickelte sich als Vorname nach Karl dem Großen (747–814), lateinisch Carolus Magnus. Bekannter Namensträger ist der deutsche Schriftsteller Hans Magnus Enzensberger (*1929). Namenstag 6. September

Maik
Eingedeutschte Form des englischen Namens Mike (= Michael).

Malte
Der Name ist dänischen Ursprungs, die Bedeutung unbekannt. Der Name fand eine gewisse Verbreitung durch den Roman *Die Aufzeichnungen des Malte Laurids Brigge* von Rainer Maria Rilke (eigentlich René Maria Rilke; 1875–1926).

Manfred
Ein alter deutscher Name, dessen erste Silbe so viel bedeutet wie *Mann* und die zweite Silbe *Frieden*. Andere Formen sind Manfredo, Fred und Freddy.

Manuel
Die spanische Form von Emanuel.

Marc
Die französische Form von Markus/Marcus. Bekannter Namensträger ist der russisch-französische Maler Marc Chagall (1887–1985).

Marcel
Französische Form des lateinischen Namens Marcellus (= Markus/Marcus). Bekannter Namensträger ist der französische Schriftsteller Marcel Proust (1871–1922).

Marcello
Die italienische Form von Marcellus (= Markus/Marcus). Bekannter Namensträger ist der italienische Schauspieler Marcello Mastroianni (1924–1996).

Marcellus
Der Name kommt aus dem Lateinischen und wird abgeleitet von Mars, dem römischen Kriegsgott. Andere Formen sind Marc/Mark, Marco/Marko, Marcel, Marcello und Markus/Marcus. Namenstage 16. Januar, 2. Juni

Marco
Italienische Form von Markus/Marcus.

Marcus
Andere Schreibweise von Markus.

Marinus
Der Name geht auf das Lateinische zurück und bedeutet so viel wie *der am Meer Wohnende.*

Mario
Italienische Form von Marius. Bekannter Namensträger ist der deutsche Schauspieler Mario Adorf (*1930).

Marius
Der Name stammt aus dem Lateinischen und bedeutet so viel wie *der aus dem Geschlecht der Marier.* Die italienische Form ist Mario. Bekannter Namensträger ist der deutsche Sänger Marius Müller-Westernhagen (*1948).

Mark
Kurzform von Markus. Bekannt sind der römische Politiker Mark Anton (1. Jh.) und der römische Kaiser Mark Aurel (2. Jh.).

Marko
Andere Schreibweise von Marco (= Markus).

Markus
Der Name kommt aus dem Lateinischen (= Marcellus) und bedeutet so viel wie *der Kriegerische.* Die Legende erzählt, dass die Reliquien von Markus von Alexandrien (= Markus, Verfasser des Markus-Evangeliums) nach Venedig überführt wurden. Markus ist der Patron Venedigs, wo Markuskirche und Markusplatz touristische Anziehungspunkte sind, die man heute vor dem Verfall zu retten versucht. Sein Symbol ist der Löwe. Andere Formen sind Marco/Marko, Marc/Mark, Marcel, Marcello und Marcus. Namenstage 25. April, 13. August

Markward
Ein alter deutscher Name, der so viel bedeutet wie *Grenzhüter.*
Namenstage 2. Januar, 27. Februar, 5. Mai

Martin
Der Name hat lateinischen Ursprung mit der Bedeutung *der Kriegerische.* Der heilige Martin, Bischof von Tours, der der Legende nach seinen Mantel mit einem Bettler teilte, gründete die ersten abendländischen Klöster. Andere Formen sind Marten (in den Niederlanden) und Morten. Bekannter Namensträger ist der deutsche Reformator Martin Luther (1483–1546).
Namenstage 13. April, 3. November, 11. November

Mathieu
Französische Form von Matthias.

Mathis
Eine Nebenform von Matthias. Der Name wurde bekannt durch die Oper von Paul Hindemith (1885–1963) *Mathis der Maler.* Gemeint ist der deutsche Maler Matthias Grünewald (wahrscheinlich identisch mit Mathis Gothart, gen. Nithart; um 1470–1529).

Matteo
Italienische Form von Matthias.

Matthäus
Eine andere Form von Matthias. Das Matthäus-Evangelium ist das erste im Neuen Testament aufgeführte Evangelium. Berühmt ist das Vokalwerk *Die Matthäuspassion* von Johann Sebastian Bach (1685–1750). Bekannter Namensträger ist der schweizerische Kupferstecher Matthäus Merian d. Ä. (1593–1650).

Matthew
Englische Form von Matthias.

Matthias
Der Name ist hebräischen Ursprungs und bedeutet so viel wie *Himmelsgeschenk.* Andere Formen sind Matthäus, Matthew, Mathieu, Mathis und Matteo. Bekannter Namensträger ist der deutsche Maler Matthias Grünewald (wahrscheinlich identisch mit Mathis Gothart, gen. Nithart; um 1470–1529). Weltberühmt ist der Isenheimer Altar von Matthias Grünewald.
Namenstag 24. Februar

Maurice
Französische Form von Moritz. Bekannter Namensträger ist der französische Schauspieler und Chansonnier Maurice Chevalier (1888–1972).

Mauritius
Aus dem heute ungebräuchlichen Namen wurde im Laufe der Zeit Moritz.

Maurits
Die niederländische Form von Moritz. Bekannter Namensträger ist der niederländische Künstler Maurits Cornelis Escher (1898–1972), dessen Verwandlungsbilder und unmögliche Konstruktionen ihn berühmt machten.

Max
Kurzform von Maximilian. Die Koseform ist Maxi. Bei Groß und Klein beliebt sind die Streiche der beiden Lausbuben *Max und Moritz* des deutschen Zeichners, Malers und Schriftstellers Wilhelm Busch (1832–1908). Bekannter Namensträger ist die deutsche Boxlegende Max Schmeling (*1905).

Maximilian
Der Name kommt aus dem Lateinischen und bedeutet so viel wie *der Größte.* Maximilian ist besonders in Bayern und Österreich in Adelskreisen beliebt. Maßgeblich an der Verbreitung des Namens beteiligt war Kaiser Maximilian I. (1459–1519). Andere Formen sind Max und Maxi. Bekannter Namensträger ist der schweizerische Schauspieler, Regisseur und Bühnenautor Maximilian Schell (*1931), Bruder von Maria Schell (*1926).
Namenstage 14. August, 12. Oktober

Melchior
Der Name hat hebräischen Ursprung und bedeutet so viel wie *König des Lichts.* Melchior gehört mit Balthasar und Kaspar zu den Heiligen Drei Königen aus der Bibel.
Namenstage 6. Januar, 7. September

Michael
Der Name kommt aus dem Hebräischen und bedeutet so viel wie *wer ist wie Gott?* Michael gehört zu den vier Erzengeln, die den Teufel besiegt haben. Der wohl größte Künstler des Abendlandes heißt denn auch Michelangelo = großer Engel (eigentlich Michelagniolo Buonarroti; 1475–1564). Andere Formen sind Maik, Michel, Michele, Miguel, Mike, Mick und Mischa. Bekannte Namensträger sind der deutsche Schriftsteller Michael Ende (1929–1995), unvergessen durch seine Romane *Momo* und *Die unendliche Geschichte,* der deutsche Formel-1-Fahrer Michael Schumacher (*1969), der amerikanische Schauspieler Michael Douglas (*1944) und der amerikanische Popstar Michael Jackson (*1958).

Michel
Kurzform von Michael. Wie August, Hans und Karl wurde Michael ein häufig gewählter Vorname, sodass im Lauf der Zeit der Name Michel für den gemeinen Mann schlechthin benutzt wurde. Satiriker stellen denn auch dem gutmütigen deutschen Michel die französische Marianne und den Amerikaner Jonathan zur Seite. Bekannter Namensträger ist der deutsche Politiker Michel Friedman (*1956).

Michele
Italienische Form von Michael.

Mick
Englische Form von Michael.

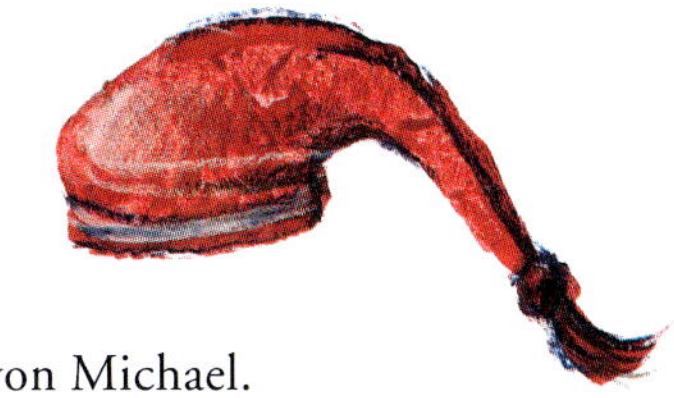

Miguel
Spanische Form von Michael.

Mike
Die englische Form von Michael. Bekannter Namensträger ist der deutsche Entertainer Mike Krüger (eigentlich Michael Friedrich Wilhelm Krüger; *1951).

Miklôs
Ungarische Form von Nikolaus.

Milan
Slawische Kurzform von Miloslav. Bekannter Namensträger ist der tschechische Schriftsteller Milan Kundera (*1929).

Miloslav
Der Name kommt aus dem Russischen und bedeutet so viel wie *Ruhm, Ehre.* Eine andere Form ist Milan.

Mirko
Kurzform von Miroslav.

Miroslav
Die Name kommt aus dem slawischen Sprachraum und bedeutet so viel wie *Ruhm, Ehre.* Eine andere Form ist Mirko.

Mischa
Russische Form von Michael.

Modest
Dieser originelle Name hat lateinischen Ursprung und bedeutet so viel wie *der Bescheidene.* Die italienische Form ist Modesto.
Namenstage 19. Juni, 27. November

Morgan
Der Name ist wahrscheinlich keltischen Ursprungs und bedeutet so viel wie *der auf See Geborene.*

Moritz
Dieser heute wieder sehr gern gewählte Name ist eine Weiterbildung des lateinischen Namens Mauritius und bedeutet so viel wie *der aus Mauretanien Kommende,* oder *der aus arabisch Nordwestafrika Stammende.* Es gibt zahlreiche Schutzpatrone dieses Namens, am bekanntesten ist sicherlich der heilige Moritz (= Mauritius; um 280), über dessen Gebeinen die Abtei St. Moritz errichtet wurde. Dieser Heilige wird häufig als Schwarzer dargestellt (Maurus = Mohr). Andere Formen sind Maurice, Mauritius, Maurits und Morris. Wir alle kennen die Streiche der pfiffigen Lausbuben *Max und Moritz* von Wilhelm Busch (1832–1908). Bekannter Namensträger ist der österreichisch-deutsche Maler Moritz von Schwind (1804–1871).
Namenstage 16. Januar, 22. September

Morris
Englische Form von Moritz.

Morten
Nordische Form von Martin.

Nasir
Der türkische Name ist arabischen Ursprungs und bedeutet so viel wie *Helfer.*

Nathan
Dieser biblische Name ist hebräischen Ursprungs und bedeutet so viel wie *Gott hat gegeben.* Zur Zeit Davids ist Nathan der erste israelitische Prophet. Nathan ist auch die Kurzform von Jonathan. Von Gotthold Ephraim Lessing (1729–1781) kennen wir das Schauspiel *Nathan der Weise.*

Nepomuk
Der Name kommt aus dem slawischen Sprachraum und bedeutet so viel wie *der Mann aus Pomuk.* Der heilige Nepomuk (14. Jh.), der Patron der unschuldig Verdächtigten, bewahrte das Beichtgeheimnis seiner Frau und wurde dafür in der Moldau ertränkt. Bekannter Namensträger ist der österreichische Komponist Johann Nepomuk David (1895–1977).
Namenstag 16. Mai, 3. Dezember

Niccolò
Die italienische Form von Nikolaus. Kurz- und Koseformen sind Nico und Nicoletto.

Nicholas
Die englische Form von Nikolaus. Die Kurzform ist Nick. Bekannter Namensträger ist der amerikanische Regisseur *(...denn sie wissen nicht, was sie tun)* Nicholas Ray (eigentlich Nicholas Raymond; 1911–1979).

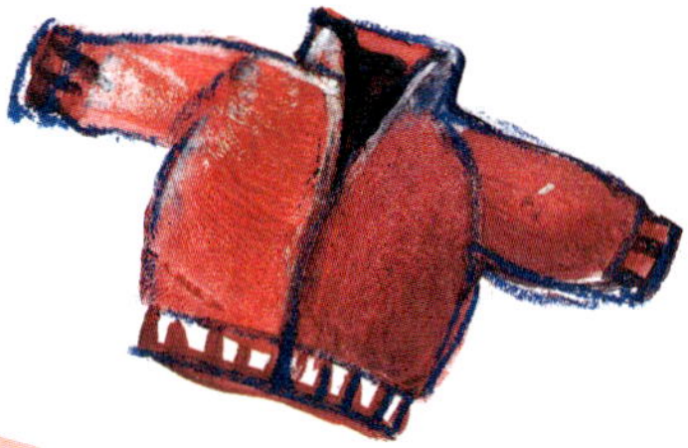

Nick
Englische Kurzform von Nicholas (= Nikolaus). Bekannter Namensträger ist der amerikanische Schauspieler Nick Nolte (*1941).

Nico
Italienische Kurzform von Niccolò (= Nikolaus).

Nicol
Französische Form von Nikolaus.

Nicolai
Andere Schreibweise von Nikolai (= Nikolaus).

Nicolas
Französische und spanische Form von Nikolaus. Bekannter Namensträger ist der amerikanische Schauspieler Nicolas Cage (*1964).

Nicoletto
Italienische Koseform von von Niccolò (= Nikolaus).

Niels
Andere Schreibweise von Nils (= Nikolaus).

Niklas
Andere Form von Nikolaus.

Niklaus
Schweizerische Form von Nikolaus.

Niko
Andere Schreibweise von Nico (= Nikolaus).

Nikolai
Die russische Form von Nikolaus, auch Nicolai geschrieben. Bekannter Namensträger ist der russische Schriftsteller Nikolai Wassilijewitsch Gogol (1809–1852).

Nikolaus
Der Name kommt aus dem Griechischen und bedeutet so viel wie *Sieger des Volkes.* Nikolaus war ein beliebter Name bei Päpsten und Herrschern. Zur Verbreitung des Namens trug der heilige Nikolaus (4. Jh.), Bischof von Myra, bei. Nikolaus ist der Schutzpatron der Seeleute (daher finden wir auch zahlreiche Nikolaikirchen an den Küsten der Nord- und Ostsee) und der Kinder, denen er am 6. Dezember, dem Nikolaustag, kleine Geschenke bringt.

Andere Formen sind Klas, Klaas/Claas, Klaus/Claus, Niccolò, Nicholas, Nick, Nico/Niko, Nicol, Nicolas, Nicoletto, Niklas, Niklaus, Nikolai/Nicolai, Niels/Nils und Miklôs. Bekannte Namensträger sind der deutsche Astronom Nikolaus Kopernikus (eigentlich Nikolaus Koppernigk; 1473–1543) und der österreichische Dichter Nikolaus Lenau (eigentlich Nikolaus Franz Niembsch, Edler von Strehlenau; 1802–1850).
Namenstage 22. Januar, 11. August, 10. und 25. September, 6. Dezember

Nils

Die nordische Form von Nikolaus, auch Niels geschrieben.
Namenstag 5. Dezember

Nino

Koseform von Giovanni (= Johannes/Johann). Bekannter Namensträger ist der italienische Modeschöpfer Nino Cerruti (*1931).

Noah

Der Name wurde aus der Bibel übernommen und ist hebräischen Ursprungs mit der Bedeutung *der Ruhebringer.* Noah ist im Alten Testament der erste Weinbauer und als Überlebender in seiner Arche nach der Sintflut gilt er als Gründer neuer Generationen. Bekannter Namensträger ist Noah Gabriel Becker (*1994), der Sohn des Tennisstars Boris Becker (*1967).

Norbert

Ein alter deutscher Name, der so viel bedeutet wie *der im Norden Glänzende.* Zur Verbreitung des im Norden beliebten Namens trug die Verehrung des heiligen Norbert (12. Jh.) aus Xanten bei. Bekannter Namensträger ist der deutsche Politiker Norbert Blüm (*1935).
Namenstag 6. Juni

Norman

Ein alter deutscher Name, der so viel bedeutet wie *der Mann aus dem Norden.* Bekannter Namensträger ist der amerikanische Journalist und Schriftsteller Norman Mailer (*1923). Eines seiner bekanntesten Werke ist *Die Nackten und die Toten.*

Notger

Ein alter deutsche Name, dessen erste Silbe so viel bedeutet wie *Gefahr* und die zweite Silbe *Speer* (vgl. hierzu auch den Namen Gernot). Im 10. und 11. Jh. sorgte die Verehrung der beiden Dichter und Mönche dieses Namens im Kloster St. Gallen für eine gewisse Verbreitung des Namens. Eine andere Form ist Notker.
Namenstage 6. April, 28. Juli

Notker

Andere Schreibweise von Notger.
Namenstag 7. Mai

Octavian
Andere Form von Octavius, auch Oktavian geschrieben.

Octavius
Der Name kommt aus dem Lateinischen und bedeutet so viel wie *der Achte, der aus der Familie der Octavier Stammende.* Der römische Kaiser Augustus (63 v. Chr.–14 n. Chr.) hieß ursprünglich Gajus Octavius. Andere Formen sind Octavian/Oktavian und Oktavius.

Odin
Der Name eines nordgermanischen Gottes (= Wotan).

Odo
Die Kurzform von Namen, die mit der Silbe Ot- beginnen, beispielsweise Otmar.
Namenstag 18. November

Oktavian
Andere Schreibweise von Octavian (= Octavius/Oktavius).

Oktavius
Andere Schreibweise von Octavius.

Olaf
Der Name stammt aus dem nordischen Sprachraum und bedeutet so viel wie *Nachfahre des verehrten Urahns.* Olaf ist in Norwegen ein beliebter Herrschername. Die Christianisierung Norwegens begann, nachdem sich König Olaf I. Tryggvesson im Jahr 994 während einer Wikingerfahrt in England taufen ließ. Andere Formen sind Olof und Oluf. Bekannter Namensträger ist der norwegische Maler Olaf Gulbransson (1873–1962).
Namenstage 10. Juli, 29. Juli

Ole
Die Kurzform von Namen, die mit der Silbe Ul- beginnen, wie beispielsweise Ulrich. Wir kennen Ole Bienkopp aus dem Roman von Erwin Strittmatter (1912–1994). Bekannter Namensträger ist der deutsche Politiker Ole von Beust (*1955).

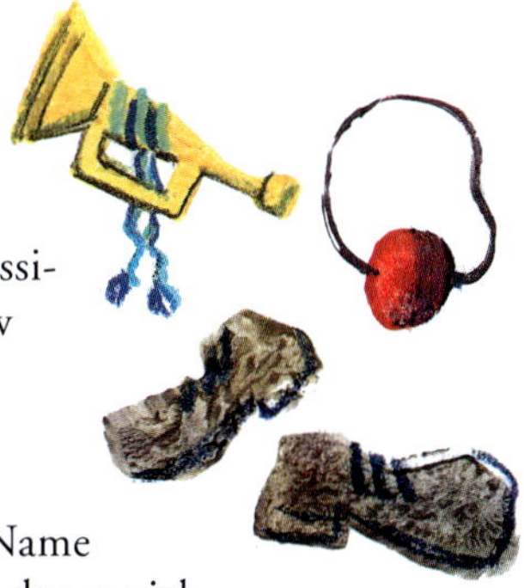

Oleg
Russische Form von Helge. Bekannter Namensträger ist der russische Clown Oleg Popow (*1930).

Oliver
Ein alter französischer Name lateinischen Ursprungs, der so viel bedeutet wie *Ölbaumpflanzer.* Andere Formen sind Olivier und Oliviero. Wir kennen aus dem fränkischen *Rolandslied* Oliver als Freund und Kampfgefährten des Helden. Unvergessen ist auch die Geschichte von *Oliver Twist,* ein Roman von Charles Dickens 1812–1870).
Namenstag 11. Juli

Olivier
Französische Form von Oliver.

Oliviero
Italienische Form von Oliver.

Olof
Schwedische Form von Olaf.

Oluf
Dänische Form von Olaf.

Omko
Nordische Form von Otmar/Othmar.

Ommo
Eine Kurzform von Otmar/Othmar/Ottmar.

Operli
Schweizerische Form für Otmar/Othmar/Ottmar.

Orlando
Spanische und italienische Form von Roland. Bekannt ist die schillernde Titelfigur in Virginia Woolfs Roman *Orlando.*

Oscar
Eine andere Schreibweise von Oskar. Seit 1928 wird in den USA jährlich der Oscar für die besten Leistungen in der Filmkunst verliehen. Bekannter Namensträger ist der britische Schriftsteller Oscar Wilde (eigentlich Oscar Fingal O'Flaherti Wills; 1854–1900).

Oskar
Die moderne Schreibweise des veralteten deutschen Namens Ansgar. Die Begeisterung der Deutschen für die *Ossianlieder* mit ihrem Helden Oskar des schottischen Dichters James Macpherson (1736–1796) sorgte für eine weite Verbreitung des Namens. Aus der *Blechtrommel* von Günter Grass (*1927) kennen wir Oskar Matzerath, den Jungen, der nicht wachsen will und Glas zersingt. Eine andere Schreibweise ist Oscar. Bekannte Namensträger sind der österreichische Maler und Dichter Oskar Kokoschka (1886–1980) und der österreichische Schauspieler Oskar Werner (eigentlich Josef Bschließmayer; 1922–1984).
Namenstag 3. Februar

Osman
Der türkische Name geht zurück auf den Begründer des osmanischen Reichs, Osman I. (1288–1326).

Ossip
Russische Form von Joseph/Josef.

Oswald
Ein alter deutscher Name, dessen erste Silbe *Gott* bedeutet und die zweite Silbe *walten, herrschen.* Der heilige Oswald von Northumbrien (gest. 642) gilt als Apostel Englands. Der heilige Oswald ist auch Patron der Schnitter. Noch heute wird in Niederbayern die letzte, auf dem Feld stehende Garbe dem heiligen Oswald gewidmet. Bekannter Namensträger ist der Tiroler Sänger und Dichter des Spätmittelalters Oswald von Wolkenstein (1377–1445).
Namenstag 5. August

Othmar
Andere Schreibweise des Namens Otmar.

Otil
Eine andere Form von Otto.

Ötli
Schweizerische Form für Otmar/Othmar.

Otmar
Ein alter deutscher Name, dessen erste Silbe so viel wie *Besitz* bedeutet und die zweite Silbe *Gut.* Für eine Verbreitung des Namens sorgte die Verehrung des heiligen Otmar von St. Gallen (gest. 751). Andere Formen sind Odo, Omko, Ommo, Othmar, Ottmar, Otto, Operli und Ötli. Bekannter Namensträger ist der deutsche Maler Otmar Alt (*1940).
Namenstag 16. November

Otto
Die Kurzform von Namen, die mit der Silbe Ot- beginnen (Otmar/Othmar/Ottmar). Otto war ein beliebter Herrschername. Besonders durch die Verehrung des heiligen Otto von Bamberg, des Apostels Pommerns (um 1060–1139), fand der Name im Mittelalter weite Verbreitung. Andere Formen sind Otil und Otmar/Othmar/Ottmar. Bekannter Namensträger ist der deutsche Komiker Otto Waalkes (*1948), auch Schöpfer der beliebten Ottifanten.
Namenstage 3. Februar, 30. Juni, 7. September, 28. Dezember

Pablo
Spanische Form von Paul. Bekannter Namensträger ist der spanische Maler Pablo Picasso (eigentlich Pablo Ruiz Picasso; 1881–1973).

Paolo
Italienische Form von Paul.

Pars
Dieser türkische Name ist persischen Ursprungs und bedeutet so viel wie *der Leopard.*

Pascal
Der Name kommt aus dem Französischen und bedeutet so viel wie *der zu Ostern Geborene.*
Namenstage 14. Mai, 17. Mai

Pat
Kurzform von Patricius/Patrizius. Pat ist sowohl weiblicher als auch männlicher Vorname, deshalb ist ein zweiter Name vorgeschrieben, aus dem eindeutig das Geschlecht des Kindes hervorgeht.

Patricius
Der Name ist lateinischer Herkunft und bedeutet so viel wie *der Patrizier, der Edle.* Andere Formen sind Pat, Patricio

(in Spanien), Patrizio (in Italien), Patrick und Patrizius.
Namenstag 17. März

Patrick
Der Name ist irischen Ursprungs und stellt die Kurzform von Patricius/Patrizius dar. Bekannter Namensträger ist der deutsche Sänger Patrick Lindner (eigentlich Friedrich Günter Raab; *1960).

Patrizio
Die italienische Form von Patricius/Patrizius.

Patrizius
Andere Schreibweise von Patricius.

Paul
Der Name stammt aus dem Lateinischen und bedeutet so viel wie *der Kleine.* Der Apostel Paulus hieß vor der Bekehrung Saulus. Daher auch die Redewendung *aus Saulus einen Paulus machen.* Wir kennen rund 100 Märtyrer namens Paul(us). Im 17. Jh. und um 1900 zählte Paul zu den beliebtesten Vornamen und ist heute wieder modern. Andere Formen sind Pablo, Paolo, Pavel, Pawel und Pole. Bekannte Namensträger sind die französischen Maler Paul Cézanne (1839–1906) und Paul Gauguin (1848–1903), die deutschen Komponisten Paul Lincke (1866–1946) und Paul Hindemith (1895–1963), der amerikanische Schauspieler Paul Newman (*1924) und der britische Komponist und Sänger Paul McCartney (*1942), der Bassgitarrist der legendären Popgruppe *The Beatles.*
Namenstage 10. Januar, 25. Januar, 13. April, 22. Juni, 26. Juni, 29. Juni, 31. August, 20. September, 19. Oktober, 18. November

Pavel
Slawische Form von Paul. Bekannter Namensträger ist der tschechische Schriftsteller Pavel Kohout (*1928).

Pawel
Russische Form von Paul.

Pedro
Spanische Variante von Peter.

Peider
Eine im Engadin (Schweiz) gebräuchliche Form von Peter.

Pérez
Eine spanische Form von Peter.

Pete
Englische Kurzform von Peter.

Peter
Der Name hat griechischen Ursprung (= Petros) und bedeutet so viel wie *der Fels.* Christus gab dem Apostel Simon den Beinamen Petrus und als solcher ging er in die Kirchengeschichte ein. Petrus, der Gründer des Bistums Rom, starb hier den Märtyrertod. Über seinem Grab wurde die Peterskirche errichtet. Wir kennen die Märchenoper *Peter und der Wolf* von Sergej Prokofjew (1891–1953) und *Peter Pan* von James Matthew Barrie (1860–1937). Peter zählt seit Jahrhunderten zu den beliebtesten Vorna-

men. Wie August, Fritz, Hans und Karl wurde auch Peter zum Allerweltsnamen, und so sprechen wir denn auch vom Struwwelpeter, Schwarzen Peter, Miesepeter, Ziegenpeter und Schmierpeter. Andere Formen sind Pedro, Peer, Peider, Pérez, Pete, Petros, Petrus, Piedro, Pierre, Piet, Pieter, Pitt und Pjotr. Bekannte Namensträger sind der russische Zar Peter der Große (1672–1725), der österreichische Schriftsteller Peter Rosegger (eigentlich Peter Roßegger; 1843–1918) und der englische Schriftsteller und Schauspieler Peter Ustinov (eigentlich Petrus Alexandrus von Ustinov; *1921).
Namenstage 21. Februar, 6. April, 27. April, 2. Juni, 29. Juni, 30. Juli, 1. August, 18. November, 10. Dezember, 19. Dezember, 21. Dezember.

Petros
Griechische Form von Peter.

Petrus
Lateinische Form von Peter.

Phil
Kurzform von Philipp.

Philip
Englische Schreibweise von Philipp.

Philipp
Der Name kommt aus dem Griechischen und bedeutet so viel wie *Pferdefreund.* Bekannt wurde der Name durch König Philipp von Mazedonien (4. Jh. v. Chr.), den Vater von Alexander dem Großen, und durch den Jünger Philippus. Besonders in Spanien und Frankreich war Philipp im Mittelalter ein beliebter Herrschername. Aus dem *Struwwelpeter* von Heinrich Hoffmann (1809–1894) kennen wir den *Zappelphilipp.* Andere Formen sind Phil, Philip, Philippe, Felipe und Filippo. Bekannte Namensträger sind der deutsche Reformator Philipp Melanchthon (eigentlich Philipp Schwarzerdt; 1497–1560), der deutsche Physiker Johann Philipp Reis (1834–1874), Erfinder des Telefons, und Prinz Philipp von Großbritannien, Herzog von Edingburgh (*1921), Ehemann von Elizabeth II., Königin von Großbritannien (*1926).
Namenstage 8. Februar, 3. Mai, 26. Mai, 18. Dezember

Philippe
Französische Form von Philipp.

Piedro
Italienische Form von Peter.

Pierre
Französische Form von Peter. Bekannter Namensträger ist der französische

Schauspieler und Winnetou-Darsteller Pierre Brice (eigentlich Pierre Louis de Bris; *1929).

Pieter
Niederländische Form von Peter, die Kurzform ist Piet.

Pinkas
Eine andere Form von Pinkus. Bekannter Namensträger ist der deutsche Schauspieler Pinkas Braun (*1923).

Pinkus
Der Name kommt aus dem Hebräischen und bedeutet so viel wie *der Gesegnete.*

Pitt
Eine Kurzform von Peter.

Pius
Der Name stammt aus dem Lateinischen und bedeutet so viel wie *der Fromme.* Weil der römische Kaiser Antonius (gest. 161) für Gerechtigkeit und Freiheit eintrat, erhielt er den Beinamen Pius. Pius ist ein häufiger Papstname, der aber nur selten als Vorname benutzt wird. Bekannter Namensträger ist Papst Pius XII. (vorher Eugenio Pacelli; 1878–1958).
Namenstage 30. April, 11. Juni, 21. August

Pjotr
Russische Form von Peter.

Poldi
Österreichische Koseform von Leopold und Luitpold.

Pole
Die niederdeutsche Form von Paul. Wir kennen *Pole Poppenspäler,* eine Novelle von Theodor Storm (1817–1888).

Prosper
Der Name kommt aus dem Lateinischen und bedeutet so viel wie *der Glückliche.* Bekannter Namensträger ist der französische Schriftsteller Prosper Mérimée (1803–1870). Nach seiner Novelle *Carmen* schrieb Georges Bizet (eigentlich Alexandre César Léopold Bizet; 1838–1875) die gleichnamige Oper.

Quentin
Englische und französische Form von Quintus (= Quintinus).

Quint
Kurzform von Quintin (= Quintinus).

Quintin
Eine andere Form von Quintinus, die Kurzform ist Quint.

Quintinus
Der Name aus dem Lateinischen bedeutet so viel wie *der Fünfte*. Er fand eine gewisse Verbreitung durch die Verehrung des heiligen Quintinus (Märtyrer im 4. Jh.). Andere Formen sind Quentin, Quint, Quintin und Quintus.
Namenstage 1. April, 25. Juni, 31. Oktober

Quintus
Eine andere Form von Quintinus. Wir kennen den Titelhelden aus dem Roman *Das Leben des Quintus Fixlein* von Jean Paul (eigentlich Johann Paul Friedrich Richter; 1763–1825).

Quirin
Eine andere Form von Quirinus.
Namenstag 30. April

Quirinus
Der Name hat lateinischen Ursprung und wurde als Beiname des Kaisers Augustus und des Kriegsgottes Mars bekannt. Die Verehrung für den heiligen Quirinus von Neuß (gest. 130) und den heiligen Quirinus von Tegernsee (gest. 270) ließ den Namen früher häufig vorkommen. Eine andere Form ist Quirin. Bekannter Namensträger ist der deutsche Dichter Quirinus Kuhlmann (1651–1689).
Namenstag 25. März

Rabanus
Der Name kommt aus dem Lateinischen und bedeutet so viel wie *Rabe*. Durch den Mainzer Erzbischof Rabanus Maurus (8./9. Jh.) wurde dieser Name vereinzelt in der Mainzer Umgebung vergeben.
Namenstag 4. Februar

Radolf
Ein alter deutscher Name, dessen erste Silbe so viel wie *Rat* bedeutet und die zweite Silbe *Wolf*. Durch die Verehrung des heiligen Radolf, Erzbischof von Bourges (gest. 866), wurde der Name geläufig. Andere Formen: Radolph, Raoul, Raúl und Ralf/Ralph.
Namenstag 21. Juni

Rafael
Die slawische Form von Raphael. Bekannter Namensträger ist der tschechische Dirigent Rafael Kubelik (*1914).

Raffaelo
Italienische Form von Raphael.

Ragnar
Nordische Form von Rainer/Reiner.

Raimar
Eine andere Schreibweise von Reimar.

Raimund
Ein alter deutscher Name, der so viel bedeutet wie *Richter, Beschützer*. Andere Formen sind Reimund, Ramôn und Raymond.
Namenstage 7. Januar, 23. Januar, 31. August

Rainer
Ein alter deutscher Name, der so viel bedeutet wie *Richter, Krieger.* Der Name war früher besonders beim rheinischen und österreichischen Adel beliebt. Andere Formen sind Ragnar, Rainier, Régnier und Reiner. Bekannte Namensträger sind der österreichische Dichter Rainer Maria Rilke (eigentlich René Maria Rilke; 1875–1926) und der deutsche Schauspieler und Regisseur Rainer Werner Fassbinder (1946–1982).
Namenstage 14. Januar, 11. April, 17. Juni

Rainhard
Eine andere Schreibweise von Reinhard/Reinhart. Bekannter Namensträger ist der österreichische Sänger und Entertainer Rainhard Fendrich (*1955).

Rainier
Die französische Form von Rainer/Reiner.
Bekannter Namensträger ist Fürst Rainier III. von Monaco (*1923).

Ralf
Kurzform von Radolf. Eine andere Schreibweise ist Ralph. Bekannter Namensträger ist der deutsche Formel-1-Fahrer Ralf Schumacher (*1975), Bruder von Michael Schumacher (*1969).

Ralph
Andere Schreibweise von Ralph. Bekannter Namensträger ist der österreichische Operettenkomponist Ralph Benatzky (eigentlich Rudolph Benatzky; 1884–1957).

Ramôn
Spanische Form von Raimund/Reimund.

Raoul
Die französische Form von Radolf/Radolph. Bekannter Namensträger ist der französische Maler Raoul Dufy (1877–1953).

Raphael
Die Name stammt aus dem Hebräischen und hat die Bedeutung *Heil von Gott.* Im Alten Testament ist Raphael der Engelsbote Gottes und einer der vier Erzengel. Andere Formen: Rafael und Raffaelo.
Namenstag 29. September

Raúl
Spanische Form von Radolf/Radolph.

Raymond
Die französische und englische Form von Raimund/Reimund. Bekannter Namensträger ist der amerikanische Kriminalschriftsteller Raymond Thornton Chandler (1888–1959).

Reginald
Die englische Form von Reinold.

Régnier
Die französische Namensform von Rainer/Reiner.

Reimar
Ein alter deutscher Name, der so viel bedeutet wie *berühmt durch Rat.* Eine andere Form ist Raimar.
Namenstag 21. April

Reimund
Andere Schreibweise von Raimund.

Reiner
Andere Schreibweise von Rainer.

Reinhard
Ein alter deutscher Name, der so viel bedeutet wie *unabhängig im Urteil.* Andere Schreibweisen sind Rainhard und Reinhart. Bekannter Namensträger ist der deutsche Liedermacher Reinhard Mey (*1942), Interpret von *Über den Wolken.*
Namenstag 4. November

Reinhold
Eine andere Schreibweise von Reinold. Bekannter Namensträger ist der italienische Bergsteiger Reinhold Messner (*1944).
Namenstag 7. Januar

Reinold
Ein alter deutscher Name, der so viel bedeutet wie *Richter, Herrscher.* Andere Formen sind Reinhold, Reginald, Rinaldo und Ronald.
Namenstag 7. Januar

Renato
Italienische Form von Renatus.

Renatus
Der Name ist ursprünglich lateinisch und bedeutet so viel wie *der Wiedergeborene.* Andere Formen: Réne und Renato.
Namenstag 6. Oktober

René
Die französische Form von Renatus. Bekannter Namensträger ist der belgische Maler René Magritte (1898–1967).

Riccardo
Italienische Form von Richard.

Richard
Ein alter deutscher Name, der so viel bedeutet wie *kühn, mächtig und stark.* Richard ist ein beliebter Name für englische Herrscher , z. B. Richard I. Löwenherz (1157–1199). Maßgeblich an der Verbreitung des Namens beteiligt ist das Drama *Richard III.* von William Shakespeare (1564–1616). Andere Formen sind Riccardo, Richart und Rick. Bekannte Namensträger sind die deutschen Komponisten Richard Wagner (1813–1883) und Richard Strauss (1864–1949) sowie der deutsche Politiker Richard Freiherr von Weizsäcker (*1920).
Namenstage 7. Februar, 26. April, 21. Dezember, 30. Dezember

Rick
Englische Kurzform von Richard/ Richart.

Rik
Kurzform von Hendrik und Henrik (= Heinrich).

Rinaldo
Die italienische Form von Reinold. Der Schwager von Johann Wolfgang von Goethe, Christian August Vulpius (1762–1827), schrieb den schaurig-schönen Ritterroman *Rinaldo Rinaldini, der Räuberhauptmann.*

Robert
Eine andere Form des alten deutschen Namens Rupert. In England und Frankreich war Robert ein beliebter Herrschername. Andere Formen sind Bob, Bobby, Robby, Roberto, Robin und Ruprecht. Bekannte Namensträger sind der deutsche Komponist Robert Schumann (1810–1856), der deutsche Industrielle Robert Bosch (1861–1942) und der österreichische Schriftsteller Robert Musil (1889–1942).
Namenstage 7. Juni, 17. September

Roberto
Die italienische Form von Robert. Bekannter Namensträger ist der deutsche Sänger kubanischer Herkunft Roberto Blanco (Roberto Zerguera; *1937).

Robin
Die Kurzform von Robert. Wir kennen die abenteuerlichen Geschichten des englischen Volkshelden *Robin Hood.* Zahlreiche Balladen aus aus dem 14./15. Jh. führten in den vergangenen Jahrhunderten bis heute zu vielen Romanen, Vertonungen und Verfilmungen.

Rocco
Italienische Form von Rochus.

Roch
Französische Form von Rochus.

Roche
Spanische Form von Rochus.

Rochus
Die latinisierte Form von Namen, die mit der Silbe Roc- und Roch- beginnen. Der Name hat die Bedeutung von *Kriegsgeschrei.* Von Johann Wolfgang von Goethe (1749–1832) kennen wir den Reisebericht *Sankt Rochus-Fest zu Bingen.* Der heilige Rochus (seine Lebensdaten sind nicht bekannt), der Schutzpatron gegen Pest und Cholera, wird gern mit Pestbeule, Engel und Hund dargestellt. Andere Formen sind Rocco, Roch, Roche, Rock und Rocky.
Namenstag 16. August

Rock
Die englische Form von Rochus, die Koseform ist Rocky. Bekannter Namensträger ist der amerikanische Schauspieler Rock Hudson (eigentlich Roy Fitzgerald; 1925–1985).

Roderich
Ein alter deutscher Name, der so viel bedeutet wie *mächtig durch Ruhm*. Aus der Geschichte kennen wir den Westgotenkönig Roderich, der 711 bei Jerez de la Frontera starb. Sein Gegner war der arabische Feldherr Tarik, nach dem Gibraltar (Gebel al Tarik) seinen Namen erhielt. Andere Formen sind Roderick, Rodrigo und Rodrigue.
Namenstage 26. Februar, 13. Juni

Rodolfo
Italienische Form von Rudolf/Rudolph.

Rodolphe
Französische Form von Rudolf/Rudolph.

Rodrigo
Die spanische Form von Roderich. Aus der Nachdichtung *Cid* von Johann Gottfried von Herder (1744–1803) kennen wir das geflügelte Wort *Rückwärts, rückwärts, Don Rodrigo!*

Rodrigue
Französische Form von Roderich.

Roger
Eine Nebenform von Rüdiger. Obwohl ein deutscher Name, ist er fast nur im englischen und französischen Sprachraum gebräuchlich. Bekannter Namensträger ist der britische Schauspieler Roger Moore (*1927).
Namenstage 4. Januar, 1. März

Roland

Ein alter deutscher Name, dessen erste Silbe so viel wie *Ruhm* bedeutet und die zweite Silbe *kühn*. Das deutsche *Rolandslied* entstand nach dem französischen Vorbild um 1135 und besingt Niederlage und Tod von Roland, Markgraf der Bretagne, im Jahr 778. Aus norddeutschen Städten kennen wir die Rolandsäulen, die u. a. das Marktrecht des Orts symbolisieren. Die berühmteste Rolandsfigur steht auf dem Marktplatz in Bremen. Eine andere Form ist Orlando. Bekannter Namensträger ist der deutsche Sänger Roland Kaiser (eigentlich Roland Keiler; *1952).
Namenstage 18. Mai, 14. Juli, 15. September, 9. November

Rolf
Eine Nebenform von Rudolf. Bekannter Namensträger ist der deutsche Schriftsteller Rolf Hochhuth (*1931). Eines seiner bekanntesten Werke ist das umstrittene Drama *Der Stellvertreter*.

Roman
Der Name kommt aus dem Lateinischen und hat die Bedeutung *der Römer*. Bekannter Namensträger ist der deutsche Bundespräsident Roman Herzog (*1934).

Ronald
Die englische Form von Reinold. Bekannter Namensträger ist der 40. amerikanische Präsident Ronald W. Reagan (*1911).
Namenstag 20. August

Rötger
Niederdeutsche Form von Rüdiger.

Roy
Der Name kommt aus dem Irischen und bedeutet so viel wie *der Rote.* Bekannter Namensträger ist der deutsche Sänger Roy Black (eigentlich Gerd Höllerich; 1943–1991).

Ruben
Der Name stammt aus dem Hebräischen und bedeutet so viel wie *sehet, ein Sohn!*

Rudi
Die Koseform von Rudolf/Rudolph. Bekannter Namensträger ist der niederländische Entertainer Rudi Carrell (eigentlich Rudolf Carell; *1934).

Rüdiger
Ein alter deutscher Name, der etwa bedeutet *ruhmvoller Speerkrieger.* Aus dem *Nibelungenlied* kennen wir den Markgrafen Rüdiger. Andere Formen sind Roger, Rötger, Rütger und Rutger.

Rüedi
Die schweizerische Form von Rudolf/Rudolph. Aus dem Schauspiel *Wilhelm Tell* von Friedrich von Schiller (1759–1759) kennen wir den Fischer Ruedi. Seit altersher rufen die schweizerischen Kinder am Neujahrsmorgen *ruedi, ruedi,* um Apfel, Nuss und Mandelkern von den Erwachsenen zu bekommen. Dieses *ruedi* kommt jedoch von *rueden* = Lärm machen.

Rudolf
Ein alter deutscher Name, der so viel bedeutet wie *ruhmvoller Wolf.* Rudolf zählte im Mittelalter zu den beliebtesten Vornamen. Andere Formen sind Dolf, Rodolfo, Rodolphe, Rolf, Rüedi und Rudi. Bekannter Namensträger ist der österreichische Maler Rudolf Hausner (1914–1995).
Namenstage 17. April, 29. Oktober, 6. November

Rupert
Ein alter deutscher Name, der so viel bedeutet wie *durch Ruhm glänzend.* Der heilige Rupert (gest. um 718) ist der Apostel von Bayern und Schutzpatron von Kärtnen und Salzburg. Andere Formen sind Robert und Ruprecht.
Namenstage 4. März, 15. Mai, 15. August, 24. September

Ruprecht
Eine andere Form von Rupert. Zur Weihnachtszeit gehört der Nikolaus, der die Kinder am 6. Dezember mit kleinen Gaben erfreut; ihm zur Seite steht

Knecht Ruprecht, der Kinderschreck, landschaftlich auch als Rüpel, Beelzebub, schwarzer Mann oder schwarzer Piet bezeichnet. Eine andere Form ist Robert. Bekannter Namensträger ist der Gründer der Heidelberger Universität Ruprecht I. (1309–1390).

Rutger
Niederländische Form von Rüdiger.

Rütger
Rheinische Form von Rüdiger.

Sacha
Die französische Form von Sascha (= Alexander). Bekannter Namensträger ist der französische Schriftsteller Sacha Guitry (1885–1957).

Salim
Eine Kurzform von Salomon.

Salo
Ebenso eine Kurzform von Salomon.

Salomon
Der Name hat hebräischen Ursprung und bedeutet so viel wie *der Friedliche.* Das salomonische Urteil, ein gerechtes Urteil, geht zurück auf den weisen und gerechten König Salomon von Isreal und Juda (gest. 925 v. Chr.). Andere Formen sind Salim, Selim, Salo, Soliman und Suleiman.

Salvador
Die englische und spanische Form von Salvator. Bekannter Namensträger ist der spanische Maler Salvador Dalí (1904–1989).

Salvator
Der Name kommt aus dem Lateinischen und bedeutet so viel wie *der Erlöser.* Andere Formen sind Salvador und Salvatore (in Italien).

Sam
Englische Kurzform von Samuel.

Sameli
Schweizerische Form von Samuel.

Sammy
Die englische Koseform von Samuel. Bekannter Namensträger ist der amerikanische Sänger und Schauspieler Sammy Davis jr. (1925–1990).

Samuel
Der Name kommt aus dem Hebräischen und bedeutet etwa *von Gott erhört.* Der Prophet Samuel salbte nach der Bibel David zum König. Bis zum Mittelalter

war Samuel ein beliebter Vorname, heute wird er bei uns nur selten gewählt. Andere Formen sind Sam, Sameli und Sammy. Bekannte Namensträger sind der deutsche Verleger Samuel Fischer (1859–1934) und der irisch-französische Schriftsteller Samuel Beckett (1906–1990).
Namenstag 20. August

Sandro
Eine russische Kurz- und Koseform von Aleksandr (= Alexander).

Sanja
Eine russische Kurz- und Koseform von Aleksandr (= Alexander).

Sascha

Russische Kurz- und Koseform von Aleksandr (= Alexander). Eine andere Form ist Sacha. Bekannter Namensträger ist der deutsche Schauspieler Sascha Hehn (*1955).

Saul
Der Name kommt aus dem Hebräischen und bedeutet so viel wie *der Erbetene.*

Sean
Englisch-irische Form von Johannes. Der Name geht jedoch auf die englische Bezeichnung für Johannes = Jean zurück. Bekannter Namensträger ist der schottische Schauspieler Sean Connery (*1930), ein beliebter James-Bond-Darsteller.

Sebald
Ein alter deutscher Name, der so viel bedeutet wie *siegreich und kühn*, auch die Bedeutung *kühn auf See* ist denkbar. Der heilige Sebaldus (8. Jh.) ist der Schutzpatron von Nürnberg.
Namenstag 19. August

Sebastian
Der Name kommt aus dem Griechischen und bedeutet so viel wie *der Ehrwürdige.* Die Verehrung des heiligen Sebastian (gest. um 304) im 15. Jh. trug viel zur Verbreitung des Namens bei. Die Legende erzählt, dass der Soldat Sebastian wegen seines Bekenntnisses zum christlichen Glauben mit Pfeilen durchbohrt und mit Keulen erschlagen wurde. Andere Formen sind Bastian, Sebastiano und Sébastien. Bekannte Namensträger sind der deutsche Komponist Johann Sebastian Bach (1685–1750) und der deutsche Pfarrer und Naturheilkundler Sebastian Kneipp (1821–1897).
Namenstag 20. Januar

Sebastiano
Italienische Form von Sebastian.

Sébastien
Französische Form von Sebastian.

Sedat
Ein türkischer Name arabischer Herkunft mit der Bedeutung *der Rechtschaffende.*

Selim
Arabische Form von Salomon.

Semjon
Russische Form von Simon.

Sepp
Bayerische und österreichische Kurzform von Joseph/Josef. Bekannter Namensträger ist der deutsche Fußball-Bundestrainer Sepp Herberger (1897–1977).

Seppl
Bayerische und österreichische Koseform von Sepp (= Joseph/Josef).

Seraphin
Der Name hat hebräischen Ursprung, die Bedeutung ist nicht bekannt. Die russische Form ist Serafim.
Namenstag 12. Oktober

Serenus
Der Name kommt aus dem Lateinischen und bedeutet so viel wie *der Heitere.*

Serge
Französische und englische Form von Sergius.

Sergej
Russische Form von Sergius. Bekannter Namensträger ist der sowjetrussische Regisseur Sergej Michailowitsch Eisenstein (1898–1948); sein Film *Panzerkreuzer Potemkin* errang Weltruhm.

Sergio
Italienische und spanische Form von Sergius.

Sergius
Der Name stammt aus dem Lateinischen und bedeutet so viel wie *der aus dem Geschlecht der Sergier.* Andere Formen sind Serge, Sergej und Sergio.
Namenstage 9. September, 7. Oktober

Servatius
Der Name kommt aus dem Lateinischen und bedeutet so viel wie *der Gerettete.* Servatius ist mit Bonifatius und Pankratius einer der Eisheiligen, der gefürchteten Nachtfröste im Mai. Die niederländische Form ist Servaas, die französische Servais und die italienische Servazio.
Namenstag 13. Mai

Severin
Der Name ist aus dem Lateinischen und bedeutet so viel wie *streng, ernst.* Der heilige Severin (gest. um 400) ist der Schutzpatron von Nordwestdeutschland. In Passau wird der heilige Severin (gest. 482) verehrt, der die römischen Einwohner vor den einfallenden Germanen schützte. Eine andere Form ist Sören.
Namenstage 8. Januar, 1. Februar, 22. Oktober

Sidonius
Dieser Name kommt aus dem Lateinischen und bedeutet so viel wie *der aus Sidon Kommende.* Sidon war im Altertum eine phönizische Handelsstadt. Eine andere Form ist Zdenko.
Namenstag 14. November

Siegbert
Ein alter deutscher Name, der so viel bedeutet wie *glänzender Sieg.* König Siegbert (Sigibert), verheiratet mit der Westgotin Brunhilde, wurde 575 auf Veranlassung seiner Schwägerin Fredegunde ermordet. Er gilt als Vorbild für den Helden Siegfried in der *Nibelungensage.* Der heilige Siegbert aus dem 7. Jh. ist der Schutzpatron Lothringens.
Namenstage 1. Februar, 11. Juli

Siegfried
Ein alter deutscher Name, der so viel bedeutet wie *Schutz vor (Waffen)gewalt.* Siegfried war vom Mittelalter bis zur Neuzeit ein beliebter Vorname. Aus der *Nibelungensage* kennen wir den Drachentöter Siegfried, der heimtückisch von Hagen ermordet wird. Diese Sage um Siegfried wurde im vergangenen Jahrhundert vielfach musikalisch und literarisch verarbeitet, u. a. im *Ring der Nibelungen* von Richard Wagner (1813–1883), in *Jung Siegfried* von Ludwig Uhland (1787–1862) und in den *Nibelungen* von Christian Friedrich Hebbel (1813–1863). Bekannte Namensträger sind der Komponist und Dirigent Siegfried Wagner (1869–1930), Sohn von Richard Wagner, und der Schriftsteller Siegfried Lenz (*1926), der u. a. durch seinen Roman *Die Deutschstunde* berühmt wurde.
Namenstage 15. Februar, 22. August

Siegmund
Die moderne Form des alten deutschen Namens Sigismund. Die erste Silbe bedeutet so viel wie *Sieg* und die zweite Silbe *Schutz.* Eine andere Schreibweise ist Sigmund.

Sigismund

Die ältere Form von Siegmund. Sigismund ist ein Herrschername. Aus dem 6. Jh. kennen wir den heiligen Sigismund, König von Burgund. Nachdem im 14. Jh. seine Reliquien nach Böhmen und Polen kamen, hießen in Böhmen und Polen mehrere Könige Sigismund. Aus der Operette *Im Weißen Rößl* von Ralph Benatzky (eigentlich Rudolph Benatzky; 1884–1957) kennen wir den schönen Sigismund.
Namenstag 2. Mai

Sigmund
Eine andere Schreibweise von Siegmund (= Sigismund). Bekannter Namensträger ist der österreichische Arzt und Psychologe Sigmund Freud (1856–1939).

Silvain
Französische Form von Silvius.

Silvan
Kurzform von Silvanus. Die kürzere Variante ist die gebräuchlichere.
Namenstag 13. Juli

Silvano
Italienische Form von von Silvanus.

Silvanus
Der Name kommt aus dem Lateinischen und bedeutet so viel wie *Waldmensch, Waldbewohner.* Andere Formen sind Silvain, Silvan, Silvano, Silvio und Silvius.

Silvester
Der Name stammt ebenfalls aus dem Lateinischen und bedeutet so viel wie *der im Wald Lebende.* Nach dem heiligen Silvester, Papst von 324 bis 335, fand der Name eine gewisse Verbreitung. Silvester ist auch die Bezeichnung für den letzten Tag im Jahr der christlichen Zeitrechnung, den 31. Dezember. Bis in unsere Zeit haben sich die heidnischen Jahreswendbräuche, nämlich das Vertreiben der Dämonen durch allerlei Lärm, erhalten. Eine andere Form ist Sylvester.
Namenstag
26. November

Silvio
Italienische Form von Silvanus. Bekannter Namensträger ist der italienische Sänger Silvio Francesco (*1927), der Bruder von Caterina Valente (*1931).

Silvius
Eine andere Form von Silvanus. Aus William Shakespeares (1564–1616) *Wie es euch gefällt* kennen wir die Figur des Silvius.

Simeon
Eine Weiterentwicklung von Simon. Aus dem Alten Testament kennen wir Simeon, als den zweiten Sohn von Jakob und Lea.
Namenstage 5. Januar, 18. Februar

Simon
Der Name ist aus dem aus Hebräischen und bedeutet so viel wie *Gott hat erhört.* Aus der Bibel kennen wir den Apostel Petrus, der ursprünglich Simon hieß. In Österreich und Süddeutschland wird Simon scherzhaft als Patron der Ehemänner bezeichnet, die von ihren Frauen beherrscht werden. So spricht man scherzhaft von Sie-Mann und Er-Weib. Andere Formen sind Semjon und Simeon. Bekannter Namensträger ist der isrealische Politiker Simon (Shimon) Peres (*1923).
Namenstage 18. Februar, 1. Juni, 8. Oktober, 28. Oktober

Sixtus
Der Name kommt aus dem Griechischen und bedeutet so viel wie *der Feine, der Sechste.* Für eine gewisse Verbreitung des Namens sorgten verschiedene Märtyrer, insbesondere zwei Päpste, Sixtus I. um 125 und Sixtus II. um 258 zu Tode gemartert. Von ihren Qualen berichten die weltberühmten Fresken von Michelangelo (1475–1564) in der Sixtinischen Kapelle in Rom. Eine andere Form ist Sixt.
Namenstage 28. März, 6. April, 6. August

Soliman
Türkische Form von Salomon.

Söncke
Der Name kommt aus dem friesischen Sprachraum und bedeutet so viel wie *kleiner Sohn, Söhnchen.*

Sönke
Andere Schreibweise von Söncke. Bekannter Namensträger ist der deutsche Filmemacher Sönke Wortmann (*1959).

Sören
Andere Form von Severin.

Stan
Kurzform von Stanley. Bekannter Namensträger ist Stan Laurel (eigentlich Arthur Stanley Jefferson; 1890–1965). Zusammen mit Oliver Norvelle Hardy (1892–1957) ging das Komikerpaar als *Dick und Doof* (englisch *Laurel and Hardy*) in die Filmgeschichte ein.

Stanislaus
Die latinisierte Form des polnischen Namens Stanislaw. Stanislaus ist der Schutzpatron von Polen.
Eine andere Form ist Stenzel.
Namenstage 11. April, 5. August, 13. November

Stanislaw
Der Name kommt aus dem Polnischen und bedeutet ungefähr so viel wie *durch Standhaftigkeit berühmt.* Andere Formen sind Stanislaus und Stenzel.

Stanley
Der Name ist englischen Ursprungs und bezeichnete früher eine Ortschaft, aus deren Name sich der Vorname entwickelte. Die Kurzform ist Stan.

Stefan
Eine andere Schreibweise von Stephan. Bekannter Namensträger ist der österreichische Schriftsteller Stefan Zweig (1881–1942).

Stefano
Italienische Form von Stephan/Stefan.

Steffen
Die niederdeutsche Form von Stephan/Stefan.

Stenzel
Die schlesische Kurzform von Stanislaus (= Stanislaw).

Stephan
Der Name stammt aus dem Griechischen und bedeutet so viel wie *Kranz, Krone.* Der Name fand weite Verbreitung durch die Verehrung des heiligen Stephan, dem ersten christlichen Märtyrer, der vor den Toren Jerusalems gesteinigt wurde. Nach der Taufe nannte sich der erste König von Ungarn Stephan (gest. 1038). Sein Haupt ruht im Stephansdom in Wien. Andere Formen sind Etienne, Istvan, Stefan, Steffen, Stefano, Stephen, Stepke, Steve und Steven.
Namenstage 2. Februar, 2. Juni, 16. August, 7. September, 26. Dezember

Stephen
Englische Form von Stephan/Stefan. Eine andere Form ist Steve. Bekannter Namensträger ist der amerikanische Schriftsteller Stephen King. Die größten Erfolge in der langen Reihe seiner Gruselromane heißen *Friedhof der Kuscheltiere, Cujo, Shining* und *Christine.* Sie wurden in viele Sprachen übersetzt.

Stepke
Die niederdeutsche Koseform von Stephan/Stefan. Als Bezeichnung für einen kleinen Jungen, einen »Dreikäsehoch« ist der Name überregional verbreitet.

Steve
Im englischen Sprachraum weit verbreitete Kurzform von Stephen und Steven (= Stephan/Stefan). Bekannter Namensträger ist der amerikanische Schauspieler Steve McQueen (1930–1980).

Steven
Englische Form von Stephan/Stefan. Die Kurzform ist Steve. Bekannter Namensträger ist der amerikanischen Regisseur Steven Spielberg (*1947). Seine großen Erfolge heißen *Jurassic Park* und *Schindlers Liste.*

Suleiman
Die arabische und türkische Form von Salomon.

Sulpiz
Der Name ist aus dem Lateinischen und bedeutet so viel wie *der aus dem Geschlecht der Sulpicier.* Der Name fand eine gewisse Verbreitung durch die Verehrung des heiligen Sulpiz, Bischof von Bourges.
Namenstag 17. Januar

Sven
Der Name kommt aus dem nordischen Sprachraum und bedeutet so viel wie *junger Krieger, junger Mann.* Die dänische Namensform ist Svend. Aus der RTL-Kultserie *Unter uns* kennen wir den smarten Sven, den Freund von Jenny.

Svend
Dänische Form von Sven.

Sylvester
Eine andere Schreibweise von Silvester. Bekannter Namensträger ist der amerikanische Schauspieler und Rambo- und Rocky-Darsteller Sylvester Stallone (*1946).

Tankred
Der Name ist eine Weiterentwicklung des normannischen Namens Dankrad mit der Bedeutung *der denkende Ratgeber.* Eine andere Schreibweise ist Thankred. Bekannter Namensträger ist der deutsche Schriftsteller Tankred Dorst (*1925).

Tassilo
Koseform von Tasso. Herzog Tassilo III. (um 741–794) errichtete in Bayern eine unabhängige Herrschaft. Nach einem Aufstand wurde er von Karl dem Großen 787 zu lebenslanger Klosterhaft verurteilt. Eine andere Form ist Thassilo.

Tasso
Ein alter deutscher Name, dessen Bedeutung nicht bekannt ist. Andere Formen sind Tassilo und Thassilo.
Namenstag 16. Januar

Tebaldo
Italienische Form von Theobald.

Ted
Englische Kurz- und Koseform von Theodor.

Thaddäus
Der Name hat hebräischen Ursprung, die Bedeutung ist nicht bekannt. Thaddäus war ein Beiname von Judas, einem der zwölf Apostel. Bekannter Namensträger ist der deutsche Schriftsteller Thaddäus Troll (eigentlich Hans Bayer; 1914–1980).
Namenstag 28. Oktober

Thankred
Andere Schreibweise von Tankred.

Thassilo
Andere Schreibweise von Tassilo.

Theo
Die Kurzform von Namen, die mit der Silbe Theo- beginnen (Theobald, Theodor usw.).

Theobald
Latinisierte Form des alten deutschen Namens Dietbold. Die erste Silbe bedeutet so viel wie *Volk* und die zweite Silbe *kühn.* Der Name wurde durch den heiligen Theobald bekannt: Er verweigerte den Kriegsdienst und lebte fortan, obwohl aus adeliger Familie, als Bauer. Theobald starb 1066 als Einsiedler und wurde schon 1073 heilig gesprochen. Andere Formen sind Tebaldo, Theo und Thibaut.
Namenstage 16. Januar, 30. Juni

Theodor
Der Name stammt aus dem Griechischen und bedeutet so viel wie *Gottesgeschenk.* Theodor war ein häufiger Vorname von Fürsten, Bischöfen und Theologen. Besondere Verehrung genießt in der Schweiz der heilige Theo-

dor von Sitten (genannt Sante Jodel/Jode; gest. 390). Volkstümlich ist der Name jedoch erst durch den deutschen Dichter und Freiheitskämpfer Theodor Körner (eigentlich Karl Theodor Körner; 1791–1813) geworden. Andere Formen sind Ted, Theo, Théodore (in Frankreich), Theodore (in England), Fedor, Feodor und Fjodor. Bekannte Namensträger sind die deutschen Dichter Theodor Storm (1817–1888) und Theodor Fontane (1819–1898).
Namenstage 11. Februar, 24. April, 16. August, 19. September, 9. November

Thibaut
Französische Form von Theobald.

Thilo
Die Kurzform von Namen, die mit der Silbe Diet- beginnen. Eine andere Schreibweise ist Tilo. Bekannter Namensträger ist der deutsche Journalist Thilo Koch (*1920).

Thimotheus
Eine andere Schreibweise des Namens Timotheus.

Thomas
Der Name kommt aus dem Hebräischen und bedeutet so viel wie *Zwilling.* Die Verehrung des Apostels Thomas, auch Thomas der Ungläubige genannt, weil er nicht an die Auferstehung Christi glauben wollte, und des heiligen Thomas von Aquin(um 1225–1274) sorgten für eine weite Verbreitung des Namens. Die Geschichte von Thomas Becket, Erzbischof von Canterbury (1118–1170, 1173 heilig gesprochen), und seiner Ermordung, wurde mehrfach literarisch verarbeitet; *Mord im Dom* heißt die Tragödie von T. S. Eliot (1819–1889) und *Becket oder Die Ehre Gottes* das Drama von Jean Anouilh (1910–1987). Andere Formen sind Thomé, Tom, Tommaso und Tommy. Bekannte Namensträger sind der amerikanische Schriftsteller Tom Wolfe (eigentlich Thomas Wolfe; *1931) und der deutsche Entertainer Thomas Gottschalk (*1950).
Namenstage 28. Januar, 22. Juni, 3. Juli, 25. Juli, 29. Dezember

Thomé
Französische Form von Thomas.

Thorben
Andere Schreibweise von Torben (= Thorbjörn/Torbjörn).

Thorbjörn
Der Name kommt aus dem nordischen Sprachraum. Die erste Silbe geht zurück auf *Thor,* den germanischen Donnergott, die zweite Silbe -björn bedeutet so viel

wie *Bär, Häuptling.* Andere Formen sind Thorben/Torben und Torbjörn.

Thore
Der Name kommt aus dem nordischen Sprachraum. Thor ist der der Name des germanischen Donnergottes. Andere Formen sind Thure und Ture.

Thorsten
Der Name stammt ebenfalls aus dem nordischen Sprachraum. Die erste Silbe geht zurück auf Thor, den germanischen Donnergott, die zweite Silbe bedeutet so viel wie *Stein.* Durch die Begeisterung für isländische Sagen, beispielsweise Thorstein Stangennarbe, fand der Vorname auch bei uns eine gewisse Verbreitung. Andere Schreibweise: Torsten.

Thorwald
Der Name kommt aus dem nordischen Sprachraum. Die erste Silbe geht zurück auf den germanischen Donnergott Thor, die zweites Silbe bedeutet so viel wie *walten, herrschen.*

Thure
Eine andere Form von Thore. Bekannter Namensträger ist der deutsche Anthropologe Thure von Uexküll (*1908).

Tiberius
Der Name hat lateinischen Ursprung und bedeutet so viel wie *dem Gott des Tiber (italienischer Fluss) geweiht.* Dieser römische Name wurde besonders durch Kaiser Tiberius (eigentlich Tiberius Claudius Nero; 42 v. Chr.–37 n. Chr.) bekannt. Die ungarische Form ist Tibor.

Tibor
Ungarische Form von Tiberius.

Til
Die Kurzform von Tilman/Tilmann und eine andere Schreibweise von Till (= Tillmann = Dietrich).

Till
Kurzform von Tillmann (= Dietrich). Eine andere Schreibweise ist Til. Uns allen bekannt sind die Schelmenstreiche von Till Eulenspiegel (wahrscheinlich um 1350 in Mölln gestorben). Der erste hochdeutsche Text über Till Eulenspiegel erschien 1515.

Tillmann
Die friesische Form von Dietrich. Andere Formen sind Til/Till, Tilman und Tilmann.

Tilman
Eine andere Schreibweise von Tillmann/Tilmann (= Dietrich). Die Kurzform dieses Namens ist Til. Bekannter

Namensträger ist der Bildhauer und Bilderschnitzer Tilman Riemenschneider (1460–1531), der den berühmten Heiligenaltar in Rothenburg o. T. erschuf.

Tilmann
Andere Schreibweise von Tillmann (= Dietrich). Die Kurzform ist Til.

Tilo
Eine andere Schreibweise von Thilo. Der heilige Tilo wurde als Kind in Gallien entführt, vom heiligen Eligius freigekauft und zum Goldschmied ausgebildet. Später wurde er Wanderprediger und starb 702 in Limoges als Einsiedler. Namenstag 7. Januar

Tim

Die moderne Form von alten deutschen Namen, die mit der Silbe Thie- oder Tie- beginnen. Tim ist auch die Kurzform von Timotheus/Thimotheus. Bei Groß und Klein beliebt sind die Comic-Figuren *Tim und Struppi* des belgischen Künstlers Hergé (eigentlich Georges Remi; *1907–1983). Eine andere Schreibweise ist Timm.

Timo
Kurzform von Timotheus/Thimotheus.

Timofej
Russische Form von Timotheus/Thimotheus.

Timothée
Die französische Form von Timotheus/Thimotheus.

Timotheus
Der Name kommt aus dem Griechischen und bedeutet so viel wie *Gott und Ehre.* Der heilige Timotheus war ein Mitstreiter des heiligen Paulus. In der Ballade Die *Kraniche des Ibikus* von Friedrich von Schiller (11759–1805) heißt es: *Sieh da, sieh da, Timotheus.* Andere Formen sind Thimotheus, Tim/Timm, Timo, Timofej, Timothée und Timothy. Namenstag 26. Januar

Tito
Andere Form von Titus.

Titus
Der Name kommt aus dem Lateinischen, die Bedeutung ist unklar. Er fand bei uns nie eine große Verbreitung. Aus der Geschichte kennen wir den römischen Kaiser Titus (eigentlich Titus Flavius Vespasianus; 39–81), zu dessen Ehren nach der Zerstörung Jerusalems in Rom der Triumphbogen errichtet wurde. Er vollendete das Kolosseum und erbaute die Thermen in Rom. Bekannter Namensträger ist Titus Rembrandt (1641–1668), der Sohn des niederländischen Malers Rembrandt (eigentlich Rembrandt Harmensz van Rijn; 1606–1669). Andere Formen sind Tito und Tizian. Namenstag 26. Januar

Tizian
Die italienische Form von Titus. Bekannter Namensträger ist der italienische Maler Tizian (eigentlich Tiziano Vecellio; um 1477–1576).

Tobias
Der Name hat hebräischen Ursprung und bedeutet so viel wie *Gott ist gnädig.* Im Alten Testament erfahren wir von der glücklichen Reise des jungen Tobias, die dieser mit Gottes Hilfe antrat. Wenn jemand als scherzhafte Reaktion auf ungebührliches Gähnen Tobias 6, Vers 3 zitiert, denkt er an den Ausspruch von Tobias, den dieser beim Anblick eines großes Fisches tat: *O Herr, er will mich fressen!*
Namenstage 3. März, 13. September

Tom
Kurzform von Thomas. Bekannter Namensträger ist der amerikanische Schauspieler Tom Cruise (eigentlich Thomas Cruise Mapother IV; *1962).

Tommaso
Italienische Form von Thomas.

Tommy
Englische Kurz- und Koseform von Thomas. Wegen der Häufigkeit dieses Namens in ihrem Land nannte man alle englischen Soldaten in Deutschland Tommy.

Toni
Kurz- und Koseform von Anton. Eine andere Schreibweise ist Tony. Bekannter Namensträger ist der österreichische Skisportler Toni Sailer (eigentlich Anton Sailer; *1936).

Tonio
Kurzform von Antonio (= Anton).

Tony
Eine andere Schreibweise von Toni (= Anton). Bekannter Namensträger ist der amerikanische Schauspieler Tony Curtis (eigentlich Bernard Schwartz; *1925).

Torben
Die dänische Form von Thorbjörn/Torbjörn. Eine andere Schreibweise ist Thorben.

Torbjörn
Andere Schreibweise von Thorbjörn.

Torsten
Schwedische Form von Thorsten.

Tristan
Der Name kommt aus dem keltischen Sprachraum, die Bedeutung ist unbekannt. Bei den Ureinwohner von Britannien war Drestan ein Herrschername. Um das Jahr 800 wurde der Name Tristan von den Mönchen in St. Gallen verbreitet. Von Richard Wagner (1813–1883) kennen wir die Oper *Tristan und Isolde.*

Trotz
Ein alter deutscher Name, der so viel bedeutet wie *Widerstand.* Eine andere Form ist Trutz.

Trutz
Andere Schreibweise von Trotz.

Ture
Andere Schreibweise von Thure (= Thore).

Udo
Ein alter deutscher Name, die Nebenform von Ulrich. Bekannte Namensträger sind der deutscher Rock-Musiker Udo Lindenberg (*1946) und der österreichische Sänger und Komponist Udo Jürgens (eigentlich Udo Jürgen Bockelmann; *1934).

Ulf
Der Name kommt aus dem nordischen Sprachraum und bedeutet so viel wie *Wolf.* Andere gebräuchliche Namensformen sind Wolf und Wulf.

Ulfried
Ein alter deutscher Name, die erste Silbe bedeutet so viel wie *Heimat* und die zweite Silbe *Friede.*
Namenstag 18. Januar

Uli
Die Kurzform von Ulrich, auch Ulli geschrieben.

Ulrich
Ein alter deutscher Name, die erste Silbe bedeutet so viel wie *Heimat* und die zweite Silbe *reich.* Die Verehrung des deutschen Humanisten Ulrich von Hutten (1488–1523) und des schweizerischen Reformators Ulrich Zwingli (1484–1531) war maßgeblich an der Verbreitung des Namens im Mittelalter beteiligt. Andere Formen sind Ole, Udo, Uli/Ulli und Utz/Uz. Bekannter Namensträger ist in der Gegenwart der deutsche TV-Moderator und erfolgreicher Buchautor Ulrich Wickert (*1943).
Namenstage 16. Januar, 26. Februar, 10. März, 8. Mai, 4. Juli, 14. Juli, 1. August

Umberto
Die italienische Form von Humbert. Im Gegensatz zu seiner deutschen Form ist der Name Umberto aber weit verbreitet. Bekannter Namensträger ist der italienische Wissenschaftler und Schriftsteller Umberto Eco (*1932), weltbekannt durch seinen vielfach übersetzten und bereits verfilmten Roman *Der Name der Rose.*

Urban
Der Name kommt aus dem Lateinischen und hat die Bedeutung *Stadtbewohner*. Der heilige Urban ist der Schutzpatron der Winzer und Gärtner.
Namenstag 25. Mai

Urs
Der Name stammt aus dem Lateinischen und bedeutet so viel wie *Bär*. Die Verehrung des heiligen Urs von Solothurn (gest. 302) sorgte besonders in der Schweiz für eine gewisse Verbreitung des Namens. Bekannter Namensträger ist der schweizerische Schriftsteller Urs Widmer (*1938).
Namenstag 30. September

Utz
Eine Kurzform von Ulrich, auch Uz geschrieben.

Uwe
Der Name kommt aus dem friesischen Sprachraum und ist die Kurzform von Namen, die mit der Silbe Ol- oder Ul- beginnen. Bekannter Namensträger ist der deutsche Fußballstar Uwe Seeler (*1936).

Václav
Die tschechische Form von Wenzel. Bekannter Namensträger ist der tschechische Schriftsteller und Politiker Václav Havel (*1936).

Valentin
Der Name ist lateinischen Ursprungs und bedeutet so viel wie *gesund*. Als Namenspatron gelten der heilige Valentin, Bischof von Terni (gest. 269) – Schutzpatron der Fallsüchtigen und der Liebenden (Valentinstag) – und der heilige Bischof Valentin von Passau (gest. 475), Schutzpatron von Passau. Eine andere Form ist Valentino. Bekannter Namensträger ist der deutsche Kabarettist Karl Valentin (eigentlich Valentin Ludwig Fey; 1882–1942).
Namenstage 7. Januar, 14. Februar

Valentino
Italienische Form von Valentin.

Valerius
Der Name kommt aus dem Lateinischen und bedeutet so viel wie *der aus dem Geschlecht der Valerier*.
Namenstag 29. Januar

Vasco
Der Name stammt aus dem spanisch-portugiesischem Spachraum und bedeutet so viel wie *der Baske.* Bekannter Na-

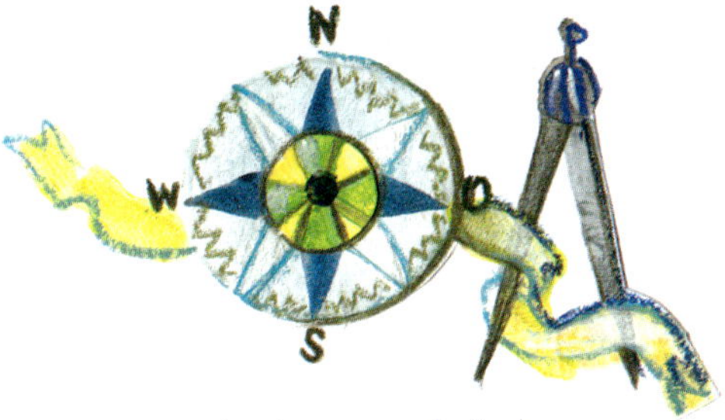

mensträger ist der portugiesische Seefahrer Vasco da Gama, Graf von Vidigueira (um 1468–1524).

Veit
Eine Nebenform von Vitus. In Deutschland wird besonders der heilige Veit (gest. 305) verehrt. Etwa 150 Orte besitzen Reliquien von ihm. Bekannter Namensträger ist der deutsche Maler, Bildhauer und Kupferstecher Veit Stoß (um 1448–1533).
Namenstag 15. Juni

Vico
Die italienische Kurzform von Victor/Viktor. Bekannter Namensträger ist der schweizerische Sänger Vico Torriani (eigentlich Vico Oxens; *1920).

Victor
Die englische und französische Form von Viktor. Bekannter Namensträger ist der französische Schriftsteller Victor Hugo (1802–1885).

Viktor
Der Name kommt aus dem Lateinischen und bedeutet so viel wie *Sieger.* Ursprünglich war Viktor ein Ehrenname für Märtyrer, der sich in Laufe der Zeit zu einem Vornamen entwickelt hat.
Der heilige Viktor (gest. 160) wird als Schutzheiliger in Genf verehrt. Der um das Jahr 200 zu Tode gemarterte Papst Viktor I. ist im Vatikan begraben. Weil ein heiliger Viktor in Xanten als Drachentöter dargestellt wird, ist hier auch die Sage von Siegfried dem Drachentöter beheimatet. Andere Formen sind Vico, Victor und Vittorio.
Namenstage 30. September, 10. Oktober

Vilmar
Ein alter deutscher Name, der so viel bedeutet wie *der Vielgerühmte.*
Namenstag 20. Juli

Vincent
Die französische Form von Vinzent (= Vinzenz). Bekannter Namensträger ist der niederländische Maler Vincent van Gogh (eigentlich Willem van Gogh; 1853–1890).

Vinzenz
Der Name stammt aus dem Lateinischen und bedeutet so viel wie *Sieger.* Vinzenz ist wie Viktor ein Märtyrername. Der heilige Vinzenz wird angerufen, um Verlorenes wiederzufinden und wenn Gefahr auf See droht. Andere Formen sind Vincent, Vincenz und Vinzent.
Namenstage 22. Januar, 5. April, 19. Juli, 27. September

Virgil
Der Name hat lateinischen Ursprung, die Bedeutung ist unklar. Virgilius ist

ein altrömischer Geschlechtername. Der heilige Virgil (gest. 784) kam als Mönch aus Irland nach Salzburg, wurde Bischof und führte in der Folgezeit in Kärnten das Christentum ein.
Namenstage 26. Juni, 24. September, 27. November

Vitalis
Der Name kommt aus dem Lateinischen und bedeutet so viel wie *der Lebenskräftige.* Der heilige Vitalis (gest. als Märtyrer in Bologna um 300) gilt als Schutzpatron der Dienstboten. Der heilige Vitalis, Bischof von Salzburg, starb 730.
Namenstage 28. April, 20. Oktober, 4. November

Vito
Eine Nebenform von Vitus.

Vittorio
Italienische Form von Viktor, die Kurzform ist Vico.

Vitus
Der Name stammt aus dem Lateinischen, seine genaue Bedeutung ist aber noch unklar. Andere Formen sind Veit und Vito.
Namenstag 15. Juni

Volker
Ein alter deutscher Name, dessen erste Silbe *Volk* bedeutet und die zweite Silbe *Heer.* In der *Nibelungensage* ist der Fiedler Volker von Alzey ein ebenbürtiger Gefährte von Hagen, der heimtückisch Siegfried ermordete. Die Begeisterung für die *Nibelungensage* sorgte für eine weite Verbreitung des Namens.
Namenstag 7. März

Volkmar
Ein alter deutscher Name, dessen erste Silbe *Volk* bedeutet, die zweite Silbe *berühmt.* Volkmar war im Mittelalter beliebt, heute wird der Name nur selten gewählt. Andere Formen sind Volmar und Völmy.
Namenstag 9. Mai

Volmar
Andere Form von Volkmar.

Völmy
Schweizerische Koseform von Volkmar.

Waldemar
Ein alter deutscher Name, dessen erste Silbe so viel bedeutet wie *walten, herrschen* und die zweite Silbe *berühmt.* Im Mittelalter war Waldemar ein Herrschername. Den falschen Waldemar nannte man 1347 den Mann, der sich in betrüge-

rischer Absicht als Markgraf von Brandenburg ausgab. In dem Soldatenlied vom Marielein heißt es: *Mein Sohn heißt Waldemar, weil es im Walde war.* Eine andere Form ist Wladimir. Bekannter Namensträger ist der deutsche Schriftsteller Waldemar Bonsels (1880–1952). Sein größter Erfolg ist der Kinderroman *Die Biene Maja und ihre Abenteuer.*
Namenstag 15. Juli

Walt
Die englische Kurzform von Walter/Walther. Bekannter Namensträger ist der amerikanische Trickfilmzeichner Walt Disney (eigentlich Walter Elias Disney; 1901–1966), der Erfinder der Mickymaus.

Walter
Ein alter deutscher Name, dessen erste Silbe so viel bedeutet wie *walten, herrschen* und die zweite Silbe *Heer.* Walter war ein beliebter germanischer Herrschername. Andere Formen sind Gauthier, Gualthiere, Walt und Walther. Bekannte Namensträger sind der österreichische Schriftsteller Walter von Molo (1880–1958), der deutsche Architekt Walter Gropius (1883–1969) und der deutsche Schriftsteller Walter Jens (*1923).
Namenstage 22. Januar, 8. April, 17. Mai, 20. Oktober, 16. November

Walther
Eine andere Schreibweise von Walter. Berühmt ist der deutsche Minnesänger Walther von der Vogelweide (um 1170–1230), auch bekannt wegen seiner politischen Spruchdichtungen. Ein anderer bekannter Namensträger ist der deutsche Politiker Walther Rathenau (1867–1922), der ermordet wurde.

Wazlaw
Polnische Form von Wenzel.

Wendelin
Moderne Form von alten deutschen Namen, die mit Wendel- beginnen. Der Name erinnert an die Zeit der Vandalen. Das Grab des heiligen Wendelin (gest. 617) befindet sich in St. Wendel, einem bedeutenden Wallfahrtsort an der Saar. Wendelin soll ein Königssohn gewesen sein, der als Eremit lebte und Schafe hütete.
Namenstag 20. Oktober

Wenzel
Die eingedeutschte Form des polnischen Namens Wenzeslaus. Der Name fand weite Verbreitung durch die Verehrung des heiligen Wenzel, Herzog von Böhmen (um 903 geboren und ermordet 935). Er ist im Prager Sankt-Veits-Dom begraben. Die Wenzelskrone im Prager Dom, im 14. Jh. von Karl IV. gestiftet, wurde 1860 zum Symbol des böhmischen Staatsrechts. Andere gebräuchliche Namensformen sind Václav und Wazlaw.
Namenstag 28. September

Wenzeslaus
Der Name kommt aus dem Polnischen und bedeutet so viel wie *mehr Ruhm*. Eine andere Form ist Wenzel.

Werner
Ein alter deutscher Name, dessen Bedeutung unklar ist, vielleicht *der zum Germanenstamm der Warnen Gehörende*. Der Name war im Mittelalter häufig. Für die Beliebtheit dieses Namens um die Jahrhundertwende sorgte der Held Werner Kirchhof aus dem Roman von Joseph Victor von Scheffel (1826–1886) *Der Trompeter von Säckingen*. Eine andere Form ist Wernher.
Namenstage 19. April, 4. Juni, 1. Oktober

Wernher
Andere Schreibweise von Werner. Bekannter Namensträger ist der deutsch-amerikanische Physiker und Raketeningenieur Wernher von Braun (1912–1977).

Wido
Die Kurzform von Witold/Withold. Der Name fand eine gewisse Verbreitung durch die Verehrung des heiligen Wido von Anderlecht (gest. 1012) und den heilige Wido, Abt von Pomposa (gest. 1046). Andere Namensformen sind Guido und Guy.
Namenstage 31. März, 12. September

Wieland
Ein alter deutscher Name, dessen Bedeutung unklar ist, vielleicht *kühner Kämpfer*. Die Sage erzählt von Wieland dem Schmied, der im 5. Jh. ein berühmter Goldschmied war. Daher war Wieland auch ein beliebter Vorname bei Schmieden. Ein Wieland-Lied finden wir in der *Edda*. Bekannter Namensträger ist der deutsche Regisseur und Bühnenbildner Wieland Wagner (1917–1966), der Sohn von Siegfried Wagner (1869–1930) und Enkel von Richard Wagner (1813–1883).

Wigand
Alter deutscher Name, der so viel bedeutet wie *der Kämpfer*.

Wilfried
Ein alter deutscher Name, dessen erste Silbe so viel bedeutet wie *Wille* und die zweite Silbe *Friede*.
Namenstage 24. April, 12. Oktober

Wilhelm
Alter deutscher Name, dessen erste Silbe *Wille* bedeutet und die zweite Silbe *Helm*. Wilhelm ist ein Herrschername. Seit Wilhelm dem Eroberer (um 1027–1087) ist der Name verbreitet. Die Geschichte erzählt von einer Feier in Bayeux, an der allein 117 Ritter namens Wilhelm teilgenommen hatten.

Die Epoche, die die beiden deutschen Kaiser (Wilhelm I.; 1797–1888, und Wilhelm II.; 1859–1941) prägten, wird Wilhelminismus genannt. In der Schweiz wird der Freiheitskämpfer Wilhelm Tell verehrt, dem Friedrich von Schiller (1759–1805) ein gleichnamiges Schauspiel widmete.

Andere Formen sind Guglielmo, Guillaume, Guillermo, Willem, Willi/Willy und William. Bekannte Namensträger sind der deutsche Dichter, Maler und Zeichner Wilhelm Busch (1832–1908), der deutsche Schriftsteller Wilhelm Raabe (1831–1910) und der deutsche Dirigent Wilhelm Furtwängler (1886–1954). Namenstage 1. Januar, 10. Januar, 10. Februar, 28. März, 6. April, 20. April, 28. Mai, 22. Juni, 30. Juni, 13. November

Willem
Niederländische Form von Wilhelm. Bekannter Namensträger ist der niederländische Prinz Willem Alexander (*1967).

William
Englische Form von Wilhelm. Bekannter Namensträger ist der britische Prinz William Arthur Philip Louis (*1982).

Willibald
Alter deutscher Name, dessen erste Silbe *Wille* bedeutet und die zweite Silbe *kühn*. Andere Formen sind Willi/Willy. Bekannter Namensträger ist der deutsche Komponist Christoph Willibald Ritter von Gluck (1714–1787). Namenstage 7. Juli, 7. November

Winfried
Alter deutscher Name, dessen erste Silbe so viel bedeutet wie *Freund* und die zweite Silbe *Friede*. Der Name fand eine gewisse Verbreitung durch die Verehrung des heiligen Bonifatius (um 672–754), des Apostels Deutschlands, der auf den Namen Winfried getauft war. Namenstage 24. April, 3. November

Witold
Ein alter deutscher Name mit der Bedeutung *Herrscher des Waldes*. Andere Formen sind Guido, Wido und Withold.

Wladimir
Russische Form von Waldemar. Bekannter Namensträger ist der sowjetrussische Politiker Wladimir Iljitsch Lenin (eigentlich Wladimir Iljitsch Uljanow; 1870–1924).

Wladyslaw
Der Name ist polnischen Ursprungs und bedeutet so viel wie *Macht, Herrschaft*. Andere Formen sind Ladislaus und Lászlo.
Namenstag 29. Juli

Wolf
Die Kurzform von Namen, die mit der Silbe Wolf- beginnen (Wolfgang, Wolfram, Wolfrad). Andere Formen sind Ulf und Wulf.

Wolfgang
Ein alter deutscher Name mit der ungefähren Bedeutung *Verteidiger wie ein Wolf*. Der Name fand eine weite Verbreitung durch die Verehrung des heiligen Wolfgang, Bischof von Regensburg

(gest. 994); er wird besonders in Bayern, Böhmen und Österreich verehrt. Der berühmteste Wallfahrtsort ist St. Wolfgang am Wolfgangsee (Österreich). Aus *Dichtung und Wahrheit* von Johann Wolfgang von Goethe (1749–1832) wissen wir, dass er in jugendlichem Alter in seine Vornamen vernarrt war. Andere Formen sind Wolf und Wulf. Bekannte Namensträger sind der österreichische Komponist Wolfgang Amadeus Mozart (1756–1791), der deutsche Schriftsteller Wolfgang Borchert (1921–1947), dessen größter Erfolg das Heimkehrerdrama *Draußen vor der Tür* war, und der deutsche Schriftsteller Wolfgang Koeppen (1906–1996), bekannt u. a. durch seine Romane *Das Treibhaus* und *Der Tod in Rom* sowie den autobiografischen Bericht *Jugend*.
Namenstag 31. Oktober

Wolfrad
Alter deutscher Name, dessen erste Silbe *Wolf* bedeutet und die zweite Silbe *Ratschlag*. Andere Formen sind Wolf und Wulf.
Namenstag 27. Oktober

Wolfram
Alter deutscher Name, dessen erste Silbe *Wolf* bedeutet und die zweite Silbe *Rabe*. Andere Formen sind Wolf und Wulf. Bekannter Namensträger ist der deutsche Dichter Wolfram von Eschenbach (um 1170–1220).
Namenstage 25. Januar, 20. März

Wulf
Eine andere Form von Ulf und Wolf sowie anderen Namen mit Wolf- (Wolfgang, Wolfrad und Wolfram).

Xander
Kurzform von Alexander.

Xaver
Der Name stammt aus dem Spanischen. Das Schloß Javier (= Xavier) gilt als Geburtsort des heiligen Franziskus (eigentlich Francisco de Jassu y Xavier; 1506–1552), des Mitbegründers des Jesuitenordens. Eine andere Form ist Xavier. Bekannter Namensträger ist der deutsche Dramatiker Franz Xaver Kroetz (*1946).
Namenstag 3. Dezember

Xavier
Englische und französische Form von Xaver.

Yanneck
Schweizerische Form von Johann, auch Yannick geschrieben.

Yannick
Andere Schreibweise von Yanneck.

Yilmaz
Der Name kommt aus dem Türkischen und bedeutet so viel wie *furchtlos, unerschrocken.*

Yorck
Slawische Form von Georg. Die englische Variante ist York.

Yussuf
Türkische Form von Joseph/Josef.

Yves
Französische Form von Ivo und Ibo. Bekannter Namensträger ist der französische Chansonnier und Schauspieler Yves Montand (eigentlich Ivo Levi; 1921–1991).

Yvo
Eine andere Schreibweise von Ivo und Yvon.

Yvon
Schweizerische Form von Ivo.

Zacharias
Der Name hat hebräischen Ursprung und bedeutet so viel wie *der Herr hat sich erinnert.*
Namenstag 15. März

Zdenko
Slawische Form von Sidonius.

Zeno
Der Name kommt aus dem Griechischen und ist eine Kurzform von Namen, die mit Zeno- beginnen.
Namenstag 12. April

Zoltán
Der Name ist ungarischer Herkunft und bedeutet so viel wie *Sultan.*

Diese Namen gefallen uns am besten (Eltern):

Mädchennamen

Jungennamen

Diese Namen gefallen uns am besten (Großeltern):

Mädchennamen	Jungennamen

Diese Namen gefallen uns am besten (Freunde):

Mädchennamen	Jungennamen